Reinhard Schlepper

WAS IST WO interpretiert?

Eine bibliographische Handreichung
für das Lehrfach Deutsch

8., völlig überarbeitete Auflage

Ferdinand Schöningh · Paderborn

© 1991 Verlag Ferdinand Schöningh Paderborn.
(Verlag Ferdinand Schöningh, Jühenplatz 1, D 4790 Paderborn)

Printed in Germany. Herstellung Ferdinand Schöningh.

Druck 5 4 3 2   Jahr 95 94 93 92

ISBN 3-506-77895-1

Abkürzungsverzeichnis: Buchtitel

(Zeitschriften s. Seite 25)

Abitur	Berger/Haugg/Migner. Deutsch-Vorbereitung für das Abitur. Textanalysen und Interpretationen. Anleitungen und Lösungen (Moderne Verlags GmbH). 3. Aufl. 1978
AbL 5, 9, 10	Lehrerhandbuch 5 (11205), 9 (11209), 10 (11210) zu „Arbeitsbuch Literatur" (Schwann). 1972 ff.
AM 1-3	Arbeitsmöglichkeiten. Lehrerhandbuch zu „Aufrisse" 1, 2, 3 (Schöningh)
Anal. I-III	Didaktisch-methodische Analysen. Handreichungen für den Lehrer zum Lesebuch „Kompaß" (Schöningh). 1970 bis 1972
Anregung	s. Zeitschriften, S. 25
Anth. 1-13	Frankfurter Anthologie. Gedichte und Interpretationen. Bd. 1-13. Hrsg. von Marcel Reich-Ranicki (Insel). 1990
AR 1-59	Analysen und Reflexionen. Interpretationen im Taschenbuchformat (Beyer)
ASL	Analysen zur Sprache und Literatur. Hrsg. von Bernhard Sowinski und Reinhard Meurer (Oldenbourg) Gerhard Köpf. Friedrich Schiller. Der Verbrecher aus verlorener Ehre (10781) Therese Poser. Das Volksmärchen (17671) Dieter Lieverscheidt. Die Dramen des jungen Schiller (85031) Georg Pilz. Deutsche Kindesmordtragödien (19941) Dieter Lieverscheidt. Gottfried Benns Lyrik (17721) Klaus Hildebrandt. Naturalistische Dramen Gerhart Hauptmanns (85621) Helmut Schwimmer. Karl Valentin (03401)
Auswahl 5-10	Kommentar zum Lesebuch „Auswahl". 5. - 10. Schuljahr (Kamp). 1974
Bachmann	Bachmann, Doris u. a. Interpretationen zu „Erzählungen der Gegenwart I-VIII" (Hirschgraben). 1975-80
Basis 1-6	Basisinterpretationen für den Literatur- und Deutschunterricht der Sekundarstufen, Bd. 1-6 (Bange). 1979
Bauer 5-9	Lernziele, Kurse, Analysen zum Lesewerk „schwarz auf weiß" (Gymnasium) (Schroedel). 1974-83
Bauer, Lyrik	Lyrik interpretiert. Lernzielplanung und Unterrichtsmodelle für das 7.-10. Schuljahr zum Lesewerk „schwarz auf weiß — Gedichte". Hrsg. von Johann Bauer (Schroedel). 1972 (32801)
Baumgärtner	Baumgärtner, Alfred Clemens. Literaturunterricht mit dem Lesebuch (Kamps pädagogische Taschenbücher) (Kamp). 2. Aufl. 1983
Baumgärtner, Ballade	Baumgärtner, Alfred Clemens. Ballade und Erzählgedicht im Unterricht. Ein Beitrag zur literarischen Erziehung (Schroedel). 3. Aufl. 1979 (00633)

Baumgärt- ner 12	Zwölf Beiträge zum Literaturunterricht. Hrsg. von Alfred Clemens Baumgärtner (Kamp). 1980
Beck	Beck'sche Elementarbücher. Epoche — Werk — Wirkung (Beck) Barner u. a. Lessing. 4. Aufl. 1981 Brummack (Hrsg.). H. Heine. 1980 Meid. Grimmelshausen. 1984 Sprengel. Hauptmann. 1984 Cormean/Störmer. Hartmann von Aue. 1985

Beck 1 - 45   Autorenbücher (Beck) (z. T. nur kurze Angaben)
   1 Heinz F. Schafroth. Günter Eich
   2 Hans Wagener. Siegfried Lenz
   3 Jan Knopf. Friedrich Dürrenmatt
   4 Alexander Stephan. Christa Wolf
   5 Rainer Taëni. Rolf Hochhuth
   6 Peter Schünemann. Gottfried Benn
   7 Bernhard Sorg. Thomas Bernhard
   8 Rainer Nägele/Renate Voris. Peter Handke
   9 Klaus Sauer. Anna Seghers
 10 Rolf-Peter Carl. Franz Xaver Kroetz
 11 Heinz Puknus. Wolfgang Hildesheimer
 12 Jochen Vogt. Heinrich Böll
 13 Franz Schonauer. Max von der Grün
 14 U. Hahn/M. Töteberg. Günter Wallraff
 15 Wolfgang Proß. Arno Schmidt
 16 Erhard Bahr. Nelly Sachs
 17 Hanspeter Brode. Günter Grass
 18 Anthony Waine. Martin Walser
 19 Rainer Lewandowski. Alexander Kluge
 20 Manfred Lauffs. Walter Jens
 21 Heinrich Vormweg. Peter Weiss
 22 Wolfgang von Wangenheim. Hubert Fichte
 23 Erhard Schütz. Alfred Andersch
 24 Roland Links. Alfred Döblin
 25 Georg Wieghaus. Heiner Müller
 26 Helmuth Kiesel. Erich Kästner
 27 Joseph Kraus. Hans Erich Nossack
 28 Reinhard K. Zachau. Stefan Heym
 29 Hans Helmreich. Dieter Wellershoff
 30 Günter Häntzschel u. a. Gabriele Wohmann
 31 Jay Rosellini. Volker Braun
 32 P. Bekes/M. Bielefeld. Peter Rühmkorf
 33 Burckhard Dücker. Peter Härtling
 34 Hans Wagener. Carl Zuckmayer
 35 Wulf Köpke. Lion Feuchtwanger
 36 B. P. Grenville. Kurt Tucholsky
 37 Alexander Stephan. Max Frisch
 38 Edgar Piel. Elias Canetti
 39 Manfred Dierks. Walter Kempowski
 40 Elsbeth Pulver. Marie Luise Kaschnitz
 41 Siegfried Mews. Ulrich Plenzdorf
 42 Renate Voris. Adolf Muschg
 43 Walter Schmitz. Uwe Johnson
 44 Peter Schünemann. Georg Heym
 45 Dietrich Weber. Heimito von Doderer

© Schöninghbuch 3 506 77895 1

Bengeser	Bengeser, Jos. Schuld und Schicksal (Buchner). 1988
Berg	Berg, Jan u. a. Von Lessing bis Kroetz. Kursmodelle und sozialgeschichtliche Materialien (Scriptor). 3. Aufl. 1979
Berger	Berger, Norbert. Motivgleiche Gedichte im Unterricht (Bayr. Schulbuch Verlag). 1988
Bernáth	Bernáth, Arpád. Texttheorie und Interpretation (Scriptor). 1975
Beth	Heinrich Böll. Eine Einführung in das Gesamtwerk in Einzelinterpretationen. Hrsg. von Hanno Beth (Scriptor). 2. Aufl. 1980
BfDL	s. Zeitschriften, S. 25
Binder	Ça ira. Deutsche politische Lyrik vom Mittelalter bis zum Vormärz. (Teil 1: Unterrichtsmodelle und Analysen). Ausgewählt und bearbeitet von Alwin Binder und Dietrich Scholle (Hirschgraben). 1978
Bohusch	Bohusch, Otmar. Das Gedicht in der Sekundarstufe I. Texte, Interpretationen, Motivationen, Metrik, Biographien (Don Bosco). 1979
Brauneck	Das deutsche Drama vom Expressionismus bis zur Gegenwart. Interpretationen. Hrsg. von Manfred Brauneck (Buchner). 1977
Brauneck I, II	Der deutsche Roman im 20. Jahrhundert. Bd. I und II. Hrsg. von Manfred Brauneck (Buchner). 2. Aufl. 1984
Buddecke	Buddecke, Wolfram und Fuhrmann, Helmut. Das deutschsprachige Drama seit 1945. Schweiz — BRD — Österreich — DDR (Winkler). 1981
Catholy	Catholy, Eckehard. Das deutsche Lustspiel. Von der Aufklärung bis zur Romantik (Kohlhammer). 1982
Christiansen	Christiansen, Annemarie. Benn. Einführung in das Werk (Klett). 1976
Denkler	Gedichte der „Menschheitsdämmerung". Interpretationen expressionistischer Lyrik. Hrsg. von Horst Denkler (Fink). 1971
DD	s. Zeitschriften, S. 25
Deutsch Kurs 2 - 4, 8 - 11	Deutsch in der Sekundarstufe II. Lehrerbände (Metzler) Kurs 2: Ottfried Hoppe. Hermann Hesse. Der Steppenwolf Kurs 3: Herbert von der Heide. Eichendorff. Aus dem Leben eines Taugenichts Kurs 4: Clausen/Segeburg. Soziale Maschinen Kurs 8: Fingerhut. Zwischen Romantik und Realismus. Hoffmann. Das Fräulein von Scuderi Kurs 9: Friedwart Uhland. Hauptmann. Bahnwärter Thiel. Holz. Papa Hamlet Kurs 10: Fingerhut. Franz Kafka Kurs 11: Bürger/von der Heide. Vom Sturm und Drang

© Schöninghbuch 3 506 77895 1

DGD 1, 2	Deutsche Gegenwartsdramatik, Bd. 1 und 2 (Vandenhoeck)
Distanz	Syltemeyer, Ingeborg. Distanz zur Sprache. Linguistische Theorie und experimentelle Dichtung. Lehrerheft (Hirschgraben). 1977
Dörfler	Dörfler, Heinz. Moderne Romane im Unterricht (Scriptor). 1988
Dramen 1	Dramen des Naturalismus (Reclam) 8412
Dramen 2	Dramen des Sturm und Drang (Reclam) 8410
dtv	Deutsche Erzählungen des 19. Jahrhunderts. Von Kleist bis Hauptmann. Hrsg. von Joachim Horn u. a. (dtv). 1982
DU	s. Zeitschriften, S. 25
DUK 1, 2	Deutschunterricht konkret. Hrsg. von Johannes Anderegg und Klaus Gerth (Schroedel) 1. Klaus Gerth. Elemente des Erzählens. 1983 (39202) 2. Krohn/Wunderlich. Mittelalterliche Literatur in der Sekundarstufe I. 1983 (39200)
Durzak, Handke	Durzak, Manfred. Peter Handke und die deutsche Gegenwartsliteratur: Narziß auf Abwegen (Sprache und Literatur 108) (Kohlhammer). 1982
Durzak, Kg.	Durzak, Manfred. Die deutsche Kurzgeschichte der Gegenwart (Reclam). 2. Aufl. 1983
Durzak, Sternheim	Zu Carl Sternheim. Hrsg. von Manfred Durzak (Klett). 1982
Ecker	Ecker, Egon. Wie interpretiere ich Novellen und Romane? (Bange). 1988
Eckermann	Deutsch. Gymnasium, Sekundarstufe II. Hrsg. von Wilfried Hartmann. Moderne Lyrik und Realität. Bearbeitet von Karin Eckermann (Schwann). 2. Aufl. 1978
Ehrismann	Ehrismann/Kaminski. Literatur und Geschichte im Mittelalter (Athenäum). 1976
Emrich	Emrich, Wilhelm. Franz Kafka (Athenäum). 9. Aufl. 1981
Enders	Die Werkinterpretation (Wege der Forschung, Bd. 36). Hrsg. von Horst Enders (Wissenschaftliche Buchgesellschaft). 2. Aufl. 1978
Epochen 480 – 487	Epochen deutscher Literatur. Abhandlungen für den Deutschunterricht an weiterführenden Schulen (Bange). 1988
Ertzdorff	Ertzdorff, Xenja von. Romane und Novellen des 15. und 16. Jahrhunderts in Deutschland (Wissenschaftliche Buchgesellschaft) 1990
Eversberg	Eversberg, Gerd. Textanalyse I. Umgang mit fiktionalen Texten. Sekundarstufe II (Bange)
Fabel	Leibfried, Erwin. Fabel. Themen – Texte – Interpretationen, Bd. 3 (Buchner). 1984
Festschrift	Festschrift für Richard Brinkmann (Niemeyer). 1981

© Schöninghbuch 3 506 77895 1

Frank	Frank/Riethmüller. Deutschstunden in der Sekundarstufe (Klett). 3. Aufl. 1976
Freitag	Freitag, Christian. Ballade. Themen, Texte, Interpretationen (Buchner). 1986
Freund	Freund, Winfried. Die deutsche Kriminalnovelle von Schiller bis Hauptmann. Einzelanalysen unter sozialgeschichtlichen und didaktischen Aspekten (Schöningh). 1975 (72816)
Freund, Ballade	Freund, Winfried. Die deutsche Ballade. Theorie, Aufgaben, Didaktik (Schöningh). 1978 (72716)
Fritsch, Ballade	Fritsch, Gerolf. Die deutsche Ballade. Ein literaturdidaktischer Kurs (Metzler). 1976
Fritsch, Natur	Fritsch, Gerolf. Das deutsche Naturgedicht (Metzler). 1978
Gärditz	Deutsch. Materialien zum Unterricht in der gymnasialen Oberstufe. Abonnement Sammlung. Hrsg. von Hans-Peter Gärditz (M. Stark GmbH). 1984
Giehrl	Giehrl/Müller. Gedichte, Balladen, Songs in der Hauptschule (Ehrenwirth). 3. Aufl. 1978
Goes	Goes, Albrecht. Dichter und Gedicht (Fischer Taschenbuch). 1983
Goette	Goette/Goette. Interpretationen für den kritischen Deutschunterricht (Merkur). 2. Aufl. 1978
Graf	Graf, Günter. Literaturkritik und ihre Didaktik (Francke)
Grundlagen	Grundlagen und Gedanken zum Verständnis des Dramas und der erzählenden Literatur (Diesterweg)

Ältere:
    Büchner. Dantons Tod. 6392
    Büchner. Lenz. 6031
    Büchner. Woyzeck. 6393
    Büchner. Leonce und Lena. 6411
    Droste-Hülshoff. Die Judenbuche. 6057
    Fontane. Effi Briest. 6040
    Fontane. Irrungen, Wirrungen. 6054
    Goethe. Egmont. 6466
    Goethe. Faust I. 6360
    Goethe. Faust II. 6358
    Goethe. Götz. 6465
    Goethe. Iphigenie. 6467
    Goethe. Tasso. 6410
    Goethe. Werther. 6032
    Grimmelshausen. Simplizissimus. 6033
    Ibsen. Nora. 6066
    Kleist. Der zerbrochene Krug. 6399
    Kleist. Prinz von Homburg. 6400
    Lessing. Emilia Galotti. 6391
    Lessing. Minna von Barnhelm. 6390
    Lessing. Nathan. 6380
    Nibelungenlied. 6046
    Schiller. Don Carlos. 6470

Schiller. Jungfrau von Orléans. 6387
Schiller. Kabale und Liebe. 6398
Schiller. Maria Stuart. 6469
Schiller. Die Räuber. 6468
Schiller. Verbrecher aus verlorener Ehre. 6162
Schiller. Wallenstein. 6389
Schiller. Wilhelm Tell. 6388
Storm. Schimmelreiter. 6045

Neuere:
Böll. Ansichten eines Clowns. 6038
Borchert. Draußen vor der Tür. 6087
Brecht. Die Dreigroschenoper. 6097
Brecht. Furcht und Elend des Dritten Reiches. 6090
Brecht. Der gute Mensch von Sezuan. 6088
Brecht. Geschichten vom Herrn Keuner. 6055
Brecht. Die heilige Johanna der Schlachthöfe. 6061
Brecht. Der kaukasische Kreidekreis. 6082
Brecht. Mutter Courage. 6089
Brecht. Herr Puntilla und sein Knecht. 6076
Brecht. Leben des Galilei. 6084
Dorst. Toller. 6077
Dürrenmatt. Besuch der alten Dame. 6080
Dürrenmatt. Die Physiker. 6079
Dürrenmatt. Der Richter und sein Henker. 6037
Dürrenmatt. Romulus der Große. 6062
Frisch. Andorra. 6071
Frisch. Biedermann. 6085
Frisch. Homo faber. 6043
Handke. Kaspar. 6064
Hartmann von Aue. Der arme Heinrich. 6044
Hauptmann. Der Biberpelz. 6086
Hauptmann. Die Weber. 6083
Hochhuth. Der Stellvertreter. 6092
Hofmannsthal. Jedermann. 6366
Kafka. Der Prozeß. 6039
Kipphardt. In der Sache J. R. Oppenheimer. 6078
Kroetz. Oberösterreich. Mensch Meier. 6091
Sternheim. Die Hose 6364
Wedekind. Frühlings Erwachen. 6068
Weiss. Die Ermittlung. 6073
Weiss. Marat. Sade. 6074
Zuckmayer. Der Hauptmann von Köpenick. 6363
Zuckmayer. Des Teufels General. 6367

Hamburger	Hamburger, Käte. Rilke. Eine Einführung (Klett). 1976
Helmers	Helmers, Hermann. Lyrischer Humor. Strukturanalyse und Didaktik der komischen Versliteratur (Klett). 2. Aufl. 1978
Herrmann	Herrmann, Manfred. Gedichte interpretieren. Modelle, Anregungen, Aufgaben (Schöningh). 1978 (25385)
Heselhaus	Heselhaus, Clemens. Annette von Droste-Hülshoff (Schwann). 1971 (02119)
Hielscher	Hielscher, Martin. Zitierte Moderne. Poetische Erfahrung und Reflexion in Wolfgang Koeppens Nachkriegsromanen und in „Jugend" (Winter). 1988

© Schöninghbuch 3 506 77895 1

Hinck	Hinck, Walter. Die deutsche Ballade von Bürger bis Brecht (Kleine Vandenhoeck Reihe, Bd. 1273) (Vandenhoeck & Ruprecht). 3. Aufl. 1978
Hinck, Kom.	Die deutsche Komödie. Vom Mittelalter bis zur Gegenwart. Hrsg. von Walter Hinck (Schwann). 1977 (02141)
Hinderer	Neue Interpretationen. Hrsg. von Walter Hinderer (Reclam). 1979 – 84 Brechts Dramen. 1984 Goethes Dramen. 1980 Kleists Dramen. 1981 Schillers Dramen. 1979
Hippe	Hippe, Robert. Interpretationen zu 62 ausgewählten motivgleichen Gedichten (Bange). 6. Aufl. 1988
Hippe 50	Hippe, Robert. Interpretationen zu 50 modernen Gedichten (Bange). 4. Aufl. 1987
Hippe Bd. 4	Hippe, Robert. Textanalysen. Deutsch auf der neugestalteten gymnasialen Oberstufe. Bd. 4 (Bange). 1985
Hotz	Hotz, Karl. Gedichte aus sieben Jahrhunderten (Buchner). 1987
Hotz 1	Hotz, Karl. Gedichte aus unserer Zeit. Interpretationen (Buchner). 1989
Horizonte 1 - 3	Lehrerkommentar für das Lesebuch „Horizonte" für die Sekundarstufe I (Buchner). 1989
Huyssen	Huyssen, Andreas. Drama des Sturm und Drang (Winkler). 1980
Int. I – IV, VI – X	Interpretationen zeitgenössischer deutscher Kurzgeschichten. Bd. I – IV, VI – X (Bange)
Int. Prosa	Interpretationen moderner Prosa. Hrsg. von Erwin Kitzinger (Diesterweg). 13. Aufl. 1982 (6448)
Ismayr	Ismayr, Wolfgang. Das politische Theater in Westdeutschland (Hain). 2. Aufl. 1984
Jacobi	Jacobi, Elisabeth. Klassiker in der Schule von heute. Zwölf aktuelle Interpretationen (Kamps pädagogische Taschenbücher, Bd. 21) (Kamp). 6. Aufl. 1979
Jakobs	Jakobs, Jürgen. Der deutsche Schelmenroman (Artemis). 1983
Jendreiek	Jendreiek, Helmut. Bertolt Brecht. Drama der Veränderung (Schwann). 3. Aufl. 1980 (07070)
Kafitz 1, 2	Kafitz, Dieter. Grundzüge einer Geschichte des deutschen Dramas von Lessing bis zum Naturalismus (Athenäum). Bd. 1, 1982; Bd. 2, 1984
Kaiser, Lyrik	Kaiser, Gerhard. Augenblicke deutscher Lyrik. Taschenbuch 978 (Insel). 1978
Kamp 5 - 9	Kommentar zum Lesebuch „Ansichten", 5. - 9. Schuljahr (Kamp). 1979 – 1984
Kayser	Kayser, Wolfgang. Das sprachliche Kunstwerk (Francke). 19. Aufl. 1983

KdD	Kleines deutsches Dramenlexikon. Hrsg. von Jakob Lehmann (Athenäum). 1983
Keimer	Abhandlungen zur deutschen Sprache und Kultur. Bd. 1, 4 – 6 (Keimer)
	Christliche Strukturen in der modernen Welt. Hrsg. von Wilhelm Plöger (Ludgerus)
Kienecker, Lyrik	Bd. 1: Friedrich Kienecker. Der Mensch in der modernen Lyrik. 1970
Kienecker, Prosa	Bd. 4: Kienecker. Der Mensch in der modernen Prosa. 1973
Kienecker, Drama	Bd. 11: Kienecker. Der Mensch im modernen Drama. 1973
Kienecker, Exp.	Bd. 15: Kienecker. Der Mensch in der Literatur des Experiments. 1974
Kienecker, Lieder	Bd. 24: Kienecker. Es sind noch Lieder zu singen. 1978
Killy	Killy, Walter. Wandlungen des lyrischen Bildes (Kleine Vandenhoeck Reihe, Bd. 22 – 23 a) (Vandenhoeck & Ruprecht). 7. Aufl. 1978
Kimpel	Methodische Praxis der Literaturwissenschaft. Modelle der Interpretation. Hrsg. von Dieter Kimpel und Beate Kimperneil (Scriptor). 1975
KiWi	Taschenbücher des Verlags Kiepenheuer & Witsch (Köln) (Buchnummern sind angegeben.) Böll. Gruppenbild mit Dame. 101 Böll. Die verlorene Ehre ... 62
KlaS	Klassische Schullektüre. Lehrerhefte (Hirschgraben). 1988 Büchner. Woyzeck Chamisso. Peter Schlemihl Eichendorff. Das Schloß Durande Fontane. Unterm Birnbaum Hauptmann. Bahnwärter Thiel Hauptmann. Der Biberpelz Kaiser. Gas I Keller. Kleider machen Leute Kleist. Michael Kohlhaas Lessing. Minna von Barnhelm Raabe. Im Siegeskranze Schiller. Kabale und Liebe Storm. Aquis submersus Storm. Der Schimmelreiter
Klett AL	Anregungen für den Literaturunterricht (etwa je 20 Seiten) (Klett) (Bestellnummern sind angegeben). 1985 bis 1989
Klett C 6	Lehrerhefte zum Lesebuch. Ausgabe C (Klett). Ab 1973
Klett 5, 7, 8	Lesestücke 5, 7, 8. Lehrerbände. Literarische, didaktische und methodische Analysen (Klett). Ab 1977
Klett, Lesehefte	Klett, Lesehefte (Lehrerhefte) (Klett). Ab 1974

© Schöninghbuch 3 506 77895 1

Knörrich	Knörrich, Otto. Die deutsche Lyrik seit 1945 (Kröners Taschenbuchausgabe, Bd. 401) (Kröner). 2. Aufl. 1978
Knopf	Knopf, Jan. Die deutsche Kalendergeschichte (Suhrkamp). 1983
König 1 – 487	Königs Erläuterungen und Materialien (Bange)
Köpf	Neun Kapitel Lyrik. Hrsg. von Gerhard Köpf (Schöningh). 1984 (74770)
Kontrapunkte	Kopplin, Wolfgang. Kontrapunkte. Kontrovers-Interpretationen zur modernen deutschsprachigen Kurzprosa (Bange). 1976
Koopmann	Koopmann, Helmut. Der klassisch-moderne Roman in Deutschland. Thomas Mann, Alfred Döblin, Hermann Broch (Kohlhammer). 1983
Kopplin	Kopplin, Wolfgang. Beispiele. Deutsche Lyrik '60 – '70. Texte. Interpretationshilfen (Schöningh). 1969 (74790)
Kraft	Kraft, Herbert. Das Schicksalsdrama. Interpretation und Kritik (Niemeyer)
Kranz	Kranz, Gisbert. 27 Gedichte interpretiert (Buchner). 1972
Kreuzer	Kreuzer, Ingrid. Märchenform und individuelle Geschichte (L. Tieck) (Vandenhoeck & Ruprecht). 1983
Krusche	Krusche, Dietrich. Kommunikation im Erzähltext. Bd. 1. Analysen. UTB 744 (Fink). 1978
Kuge	Klassische und moderne Kurzgeschichten (Cornelsen-Hirschgraben)
Kuhn	Kuhn, Hugo. Minnelieder Walthers (Niemeyer)
Kunert	Kunert, Günter. Lesarten. Gedichte der Zeit (Piper). 1987
Kunz 1	Kunz, Josef. Die deutsche Novelle zwischen Klassik und Romantik (Schmidt). 1971
Kunz 2	Kunz, Josef. Die deutsche Novelle im 19. Jahrhundert (Schmidt). 1978
Kunz 3	Kunz, Josef. Die deutsche Novelle im 20. Jahrhundert (Schmidt). 1977
Kunz 4	Kunz, Josef. Eichendorff (Wissenschaftliche Buchgesellschaft). 1980
Kurz	Kurz, Paul Konrad. Apokalyptische Zeit. Zur Literatur der mittleren 80er Jahre (Knecht). 1987
Kurz 5	Kurz, Paul Konrad. Über moderne Literatur 5 (Die Neuentdeckung des Poetischen) (Knecht). 1975
Kurz 6	Kurz, Paul Konrad. Über moderne Literatur 6 (Knecht). 1979
Kurz 7	Kurz, Paul Konrad. Über moderne Literatur 7 (Knecht). 1980
Kurz 80	Kurz, Paul Konrad. Zwischen Widerstand und Wohlstand. Zur Literatur der frühen 80er Jahre (Knecht). 1986

LDB 8 - 10	Lehrerhandbuch zum Lesebuch „Lesen, Darstellen, Begreifen", 8. - 10. Schuljahr (Hirschgraben). 1988
LDU 1 - 3	Nürnberg/Sembritzki. Literatur im Deutschunterricht (Schöningh). 1984 Bd. 1: Kleine literarische Formen (26701) Bd. 2: Lyrik – Kurzgeschichten (26702) Bd. 3: Romane (26703)
Leha	Lehrerhandbuch zum Lesebuch 5 (Th. Pelster) (Bayr. Schulbuch Verlag). 1988
Lehmann	Umgang mit Texten. Beiträge zum Literaturunterricht. Hrsg. von Jakob Lehmann (Buchner). 1973
Lehmann I, II	Deutsche Novellen von Goethe bis Walser. Interpretationen für den Deutschunterricht. Hrsg. von Jakob Lehmann (Scriptor). 1980 Bd. I: Von Goethe bis C. F. Meyer Bd. II: Von Fontane bis Walser
Lehmann, III, IV	Deutsche Romane von Grimmelshausen bis Walser. Interpretationen für den Literaturunterricht. Hrsg. von Jakob Lehmann. Bd. I: Von Grimmelshausen bis J. Roth Bd. II: Von A. Seghers bis M. Walser
Leistner	Leistner, Bernd. Johannes Bobrowski. Studien und Interpretationen (Rütten und Loening). 1981
Lektüre	Lektürehilfen Deutsch (Klett) Brecht. Der gute Mensch ... (922304) Brecht. Leben des Galilei (922311) Büchner. Woyzeck (922316) Frisch. Homo faber (922306) Goethe. Faust I II (922315) Goethe. Iphigenie (922314) Hoffmann. Der Sandmann (922318) Johnson. Mutmaßungen über Jakob (922312) Mann. Tonio Kröger (922309) Mann. Tod in Venedig (922301) Schiller. Kabale und Liebe (922303) Schiller. Wallenstein (922302) Brecht. Kreidekreis (922323) Fontane. Frau Jenny Treibel (922326) Hauptmann. Die Ratten (922324) Keller. Romeo und Julia (922322) Petruschke. Lyrik nach 1945 (922305)
Lesereihe 1 - 13	Lesereihe Deutsch (Buchner)
Lesezeichen	Lesebuch Lesezeichen (Klett) Lehrerband 8 (30383) Lehrerband 9 (30393) Lehrerband 10 (30403)
LGW	Literaturwissenschaft – Geisteswissenschaft. Materialien und Untersuchungen. Interpretationen (Klett) 33. Thorn-Prikker. Revolutionär ohne Revolution. (Georg Büchner). 1978 (3946) 41. Buck. Interpretationen zu B. Brecht. (91341)

© Schöninghbuch 3 506 77895 1

42. Heintz. Interpretationen zu Kafka. (91342)
47. Behrmann. Büchner. Dantons Tod. (3961)
48. Schuster. Interpretationen zu Döblin
51. Zagari. Interpretationen zu Heine (3965)
60. Arnold. Interpretationen zu Dürrenmatt (3975)
    Berg. Zeitgenosse Büchner (Woyzeck) (91399)
65. A. M. dell'Agli. Interpretationen zu Böll (3987)

LiLi	s. Zeitschriften, S. 25
Lit.	s. Zeitschriften, S. 25
Litko	Literaturkommentare (Hanser)

2. Konrad Feilchenfeld. Bert Brecht. Trommeln in der
   Nacht
5. Schmitz/Frühwald. Max Frisch. Homo faber
6. Carel ter Haar. Eichendorff. Taugenichts
7. Klaus Kanzog. Kleist. Prinz von Homburg
8. Edward Meinnes. Lenz. Die Soldaten
9. Schmitz/Frühwald. Max Frisch. Andorra und Wilhelm Tell
10. Wulf Wülfing. Junges Deutschland
11. Wulf Segebrecht. Goethe. Über allen Gipfeln ...
13. Karl Eibl. Robert Musil. Drei Frauen
14. Gerhard Kluge. Clemens Brentano. Vom braven
    Kasperl und schönen Annerl
15. Klaus Post. Gerhart Hauptmann. Bahnwärter Thiel
16. Gerh. Neumann. Franz Kafka. Das Urteil
19. J. Reed. Thomas Mann. Der Tod in Venedig
21. Georg Jäger. Die Leiden des alten und neuen
    Werther (Goethe – Plenzdorf)
22. Klaus Jezierskowski. Gottfried Keller. Kleider ma-
    chen Leute
23. Kurt Franz. Johann Peter Hebel. Kannitverstan
24. Detlef Krumme. Günter Grass. Die Blechtrommel

Lobentanzer	Lobentanzer, Hans. Gedichtinterpretation (Ehren-wirth). 1982
Lobentanzer 1 und 2	Lobentanzer, Hans. Textanalysen I und II (Ehrenwirth) 1982
Lorenz	Lorenz, Otto. Schweigen in der Dichtung (Vandenhoeck und Ruprecht)
LU 1 – 4	Literatur im Unterricht. Didaktische Interpretationen (Schauenburg). 1970

1. Ernst Wiechert. Der Todeskandidat. Interpret. von
   K. J. Hirtler (Lehrerausgabe)
2. Gottfried Keller. Kleider machen Leute. Interpret.
   von C. Schlingmann (Lehrerausgabe)
3. Elisabeth Langgässer. Untergetaucht. Saisonbeginn.
   Interpret. von V. Merkelbach (Lehrerausgabe)
4. Schwänke des 16. Jahrhunderts. Interpret. von Ingeborg Hass (Lehrerausgabe)

Lucas	Lucas, Lore. Textsorte: Drama (Kamps pädagogische Ta-schenbücher 76) (Kamp) 1977
LuG	Literatur und Geschichte. Hrsg. von Christa Bürger und Klaus Hildebrandt (Diesterweg). Modellanalysen

	2. Von der romantischen Gesellschaftskritik zur Bejahung des Imperialismus. Tieck, Keller, Kipling. Von Lothar Bredella, Christa Bürger und Rudolf Kreis. 1974
LuM	Literatur und Methode. Lehrerhefte (Hirschgraben) Böll. Die verlorene Ehre ... 1987 Eichendorff. Taugenichts. 1983 Kleist. Der zerbrochene Krug. 1990 Lessing. Emilia Galotti. 1984 Schiller. Verbrecher aus ... 1982 Wagner. Die Kindermörderin. 1984
Lützeler	Deutsche Romane des 20. Jahrhunderts. Neue Interpretationen. Hrsg. von Paul Michael Lützeler (Athenäum). 1983
Märchen	Rötzer, Hans Gerd. Märchen. Themen – Texte – Interpretationen, Bd. 1 (Buchner). 1982
Manz 1, 2	Manz großer Analysenband 1 und 2 (Manz). 1978/79 (0230/1)
Manz, Bd. 12	Eggerer. Interpretationen (Manz) 1986 (0622-2)
Martini	Martini, Fritz. Lustspiele – und das Lustspiel (Klett). 1974
Mennemeier	Mennemeier, Franz Norbert. Modernes deutsches Drama. Kritiken und Charakteristiken. Bd. 1: 1910–1933. Bd. 2: Von 1933 bis zur Gegenwart. UTB 135, 425 (Fink). 1973/1975
Merkelbach	Kontroverse Interpretationen Brechtscher Lyrik. Texte zur Ideologiekritik im Deutschunterricht. Für die Schule zusammengestellt von Valentin Merkelbach (Diesterweg). 2. Aufl. 1974 (6207)
Merold	Merold/Brandl. Aufsatzmodelle (Ehrenwirth). 1988
Metzler	Hermann Hesse. Steppenwolf. Lehrerband (Metzler) (30091) Eichendorff. Taugenichts. Lehrerband (Metzler) (30092)
Meyer	Festschrift für Hermann Meyer (Niemeyer). 1976
Michel	Michel, Willy. Die Aktualität des Interpretierens. medium literatur 11 (Quelle & Meyer). 1978
Mitt.	s. Zeitschriften, S. 25
Mittenzwei	Mittenzwei, Werner. Bert Brecht (Aufbau). 1977
Mittler	Mittler, Rudolf. Theorie und Praxis des sozialen Dramas bei Gerhart Hauptmann. Germanistische Texte und Studien, Bd. 23 (Olms)
Modellanalysen 1-18	Modellanalysen: Literatur. Hrsg. von Werner Zimmermann (Schöningh). 1980 1. Lindemann. Eichendorffs Schloß Durande (75041) 2. Freund. Chamisso. Peter Schlemihl (75042) 3. Moritz. Droste. Die Judenbuche (75043) 4. Rüter. Remarque. Im Westen nicht Neues (75044) 5. Lindemann. europaLyrik (75045)

  6. Lindemann. Gotthelf. Die schwarze Spinne (75046)
  7. Bekes. Peter Handke. Kaspar (75047)
  8. Haffner. H. L. Wagner/Peter Hacks. Die Kindermör-
     derin (75048)
  9. Weimar. Goethes Gedichte (75049)
10. Freund. Storm. Schimmelreiter (75050)
11. Jahnke. H. Hesse. Demian (75051)
12. Stein. Th. Mann. Bekenntnisse des Hochstaplers
     Felix Krull (75052)
13. Knapp. C. F. Meyer. Das Amulett (75053)
14. Wellbery/Weimar. J. W. Goethe. Harzreise im Winter
     (75054)
15. Zimmermann. B. Brecht. Leben des Galilei (75055)
16. Oberembt. G. Hauptmann. Der Biberpelz (75056)
17. Wührl. E. T. A. Hoffmann. Der goldne Topf (75057)
18. Mettler/Lippuner. Schiller. Wilhelm Tell (75058)

Möbius	Möbius, Hanno. Der Naturalismus (Quelle & Meyer). 1982
Moritz	Moritz, Karl. Deutsche Balladen. Analysen für den Deutschunterricht (Schöningh). 1972 (72814)
mot. Ged.	Interpretationen motivgleicher Gedichte in Themengruppen (Bange)

  1. Der Mond in der deutschen Lyrik
  2. Politisch-soziale Zeitgedichte
  3. Der Krieg im deutschen Gedicht
  4. Liebe im deutschen Gedicht
  5. Der Tod im deutschen Gedicht
  6. Die Jahreszeiten im deutschen Gedicht
  7. Deutsche politische Gedichte
  8. Die Welt der Arbeit im deutschen Gedicht
  9. Deutsche Tiergedichte
10. Städte und Landschaften im deutschen Gedicht

MuB	Methoden und Beispiele der Kurzgeschichteninterpretation. Hrsg. von Gerda Burger u. a. (Bange). 1977
Müller	Bürgerlicher Realismus. Grundlagen und Interpretationen. Hrsg. von Klaus-Detlef Müller (Athenäum). 1981
Müller, Dramen	Deutsche Dramen. Interpretationen zu Werken von der Aufklärung bis zur Gegenwart. Bd. 1 und 2. Hrsg. von Harro Müller-Michaels (Athenäum). 1985

Bd. 1: Von Lessing bis Grillparzer
Bd. 2: Von Hauptmann bis Botho Strauß

Müller, Lyrik	Müller, Hartmut. Formen moderner deutscher Lyrik. Wort – Werk – Gestalt (Schöningh). 3. Aufl. 1978 (72811)
Müller, Modell	Müller-Michaels, Harro. Deutschkurse. Modell und Erprobung (Scriptor). 1987
Nagel	Nagel, Bert. Franz Kafka. Aspekte zur Interpretation und Wertung (Schmidt). 1974
Nayhauss	Graf von Nayhauss, Hans-Christoph. Von der Pantomime zum kleinen Stück (Kamps pädagogische Taschenbücher 67) (Kamp). 1977
Neis	Neis, Edgar. Wie interpretiere ich ein Drama? (Bange). 1983

Neis 10	Neis, Edgar. Klassiker wieder aktuell? Zehn Interpretationsbeispiele (Herder). 1979
Neis, Balladen	Neis, Edgar. Interpretationen von 66 Balladen, Moritaten und Chansons (Bange). 5. Aufl. 1988
Neis, Drama	Neis, Edgar. Struktur und Thematik des klassischen und modernen Dramas (Schöningh). 1984 (76100)
Neis, Erzählkunst	Neis, Edgar. Struktur und Thematik der traditionellen und modernen Erzählkunst (Schöningh). 3. Aufl. 1982 (72807)
Neis, Gedichte	Neis, Edgar. Wie interpretiere ich Gedichte und Kurzgeschichten? (Bange). 13. Aufl. 1986
Old. Int.	Oldenbourg Interpretationen. Hrsg. von Bernhard Sowinski und Reinhard Meurer (Oldenbourg). Die Buchnummern sind angegeben.

Alfred Andersch. Sansibar oder Der letzte Grund 88611
Heinrich Böll. Kurzgeschichten (Band 3) 88612
Heinrich Böll. Satirische Erzählungen (Band 2) 88600
Interpretationen zu Wolfgang Borchert 88629
Volker Braun. Unvollendete Geschichte 88647
Bertolt Brecht. Der kaukasische Kreidekreis 88613
Bertolt Brecht. Kalendergeschichten 88631
Georg Büchner. Dantons Tod 88633
Georg Büchner. Lenz 88614
Georg Büchner. Woyzeck. Der Hessische Landbote 88615
Anette von Droste-Hülshoff. Die Judenbuche 88632
Friedrich Dürrenmatt. Der Besuch der alten Dame 88601
Friedrich Dürrenmatt. Der Richter und sein Henker 88616
Friedrich Dürrenmatt. Die Physiker 88617
Friedrich Dürrenmatt. Romulus der Große 88646
Joseph von Eichendorff. Das Marmorbild. Aus dem Leben eines Taugenichts 88618
Theodor Fontane. Effi Briest 88602
Theodor Fontane. Frau Jenny Treibel 88619
Max Frisch. Homo faber 88610
Max Frisch. Stiller 88620
Günter Grass. Die Blechtrommel 88621
Friedrich Hebbel. Maria Magdalene 88636
Hermann Hesse. Unterm Rad 88638
Hermann Hesse. Der Steppenwolf 88622
Gottfried Keller. Die drei gerechten Kammacher 88640
Gottfried Keller. Romeo und Julia auf dem Dorfe 88607
Heiner Kipphardt. In der Sache J. Robert Oppenheimer 88623
Gotthold Ephraim Lessing. Emilia Galotti 88624
Heinrich Mann. Der Untertan 88608
Thomas Mann. Bekenntnisse des Hochstaplers Felix Krull 88626
Thomas Mann. Die Buddenbrooks 88604
Thomas Mann. Doktor Faustus 88625

© Schöninghbuch 3 506 77895 1

Robert Musil. Die Verwirrungen des Zöglings Törless
88627
Theodor Storm. Der Schimmelreiter 88641
Martin Walser. Ein fliehendes Pferd 88606
Christa Wolf. Der geteilte Himmel. Nachdenken über
Christa T. 88628
Carl Zuckmayer. Der Hauptmann von Köpenick 88605
Heinrich Böll. Das Brot der frühen Jahre 00632
Alfred Döblin. Berlin Alexanderplatz 04702
Hans Fallada. Kleiner Mann − was nun? 85451
Max Frisch. Biedermann und die Brandstifter 85981
Günter Grass. Katz und Maus 07712
Gerhart Hauptmann. Bahnwärter Thiel 17111
Heinrich Heine. Reisebilder 17741
Gottfried Keller. Kleider machen Leute 87011
Siegfried Lenz. Deutschstunde 05063
Lessings „Nathan der Weise" 19581
Thomas Mann. Tonio Kröger 06184

PD	s. Zeitschriften, S. 25
Peter	Mittelberg/Peter. Deutsche politische Lyrik 1814 bis 1970 in Vergleichsreihen. Arbeitsmaterialien Deutsch. Lehrerheft (Klett). 1971
Praxis 2, 3	Zur Praxis des Deutschunterrichts (Metzler und Poeschel) 2. Sprache, Literatur und Kommunikation. Kursmodelle für das Fach Deutsch in der Sekundarstufe II. Grundkurse. Hrsg. von Hans-Georg Hölsken, Wolfgang Werner Sauer und Ralf Schnell. 1974 3. Hermann Helmers. Fortschritte des Literaturunterrichts. Modell einer konkreten Reform. 1974
Prisma 1 − 5	Prisma 1 − 5. Texte für den Deutschunterricht. Lehrerkommentar (Buchner). 1971 ff.
proj. du. 1, 3, 6 − 9	projekt deutschunterricht. Hrsg. in Verbindung von Heinz Ide/Bremer Kollektiv (Metzler) Bd. 1: Kritisches Lesen − Märchen Sage Fabel Volksbuch. 2. Aufl. 1973 Bd. 3: Soziale Fronten in der Sprache. 2. Aufl. 1974 Bd. 6: Kritischer Literaturunterricht. 1974 Bd. 7: Literatur der Klassik I: Dramenanalyse. 1974 Bd. 8: Politische Lyrik. 1974 Bd. 9: Literatur der Klassik II: Lyrik, Epik, Ästhetik. 1975/77
Reclam 1 − 7	Gedichte und Interpretationen. Bd. 1 − 7 (Reclam) 1. Renaissance und Barock. Hrsg. von Volker Meid. 7890 2. Aufklärung und Sturm und Drang. Hrsg. von Karl Richter. 7891 3. Klassik und Romantik. Hrsg. von Wulf Segebrecht. 7892 4. Vom Biedermeier zum Bürgerlichen Realismus. Hrsg. von Günter Häntzschel. 7893 5. Vom Naturalismus bis zur Jahrhundertmitte. Hrsg. von Harald Hartung. 7894 6. Gegenwart. Hrsg. von Walter Hinck. 7895 7. Deutsche Balladen. Hrsg. von Grimm. 8475

Reclam, Erz.	Erzählungen und Novellen des 19. Jahrhunderts (Reclam)
Reclam, Goethe	Goethes Erzählwerk. Hrsg. von P.-M. Lützeler (Reclam) 8081
Reclam, Lessing	Lessings Dramen (Reclam) 8411
Reclam, Lyrik	Lyrik des Mittelalters. Probleme und Interpretationen. Teil 2: Die mittelhochdeutsche Lyrik. Hsrg. von Heinz Bergner. 7897
Reich 1	Reich-Ranicki, Marcel. Johann Wolfgang Goethe (Insel) 1987
Reich 2	Reich-Ranicki, Marcel. Romane von gestern – heute gelesen (S. Fischer). 1989
Riedler 1	Riedler, Rudolf. Die Pausen zwischen den Worten (Piper). 1986
Riedler 2	Riedler, Rudolf. Wem Zeit ist wie Ewigkeit (Piper). 1987
Riha	Riha, Karl. Deutsche Großstadtlyrik (Artemis). 1983
Rinsum 1	van Rinsum, Annemarie und Wolfgang. Interpretationen Dramen (Bayerischer Schulbuch-Verlag). 2. überarb. Aufl. 1983
Rinsum 2	van Rinsum. Interpretationen Romane und Erzählungen (Bayerischer Schulbuch-Verlag). 1979
Rinsum 3	van Rinsum. Interpretationen Kurzprosa (Bayerischer Schulbuch-Verlag). 1982
Rinsum 4	van Rinsum. Interpretationen Lyrik (Bayerischer Schulbuch-Verlag). 1986
Rinsum 5	van Rinsum. Dichtung und Deutung. Eine Geschichte der deutschen Literatur in Beispielen (Bayerischer Schulbuch-Verlag). 1987
Rodopi	Schwerpunkte der Literaturwissenschaft außerhalb des deutschen Sprachraumes. Hrsg. von Elrud Ibsch (Amsterdamer Beiträge zur Neueren Germanistik, Bd. 15) (Rodopi). 1983
RUB	Reclams Universal-Bibliothek. Erläuterungen und Dokumente (Reclam). Angegeben sind Taschenbuchnummer und die Anzahl der Bände, z. B. RUB 8149(2).
	G. Büchner. Dantons Tod. Hrsg. Josef Jansen. 8104
	G. Büchner. Woyzeck. Hrsg. Lothar Bornscheuer. 8117
	A. v. Chamisso. Peter Schlemihl. Hrsg. D. Walach. 8158
	A. v. Droste-Hülshoff. Die Judenbuche. Hrsg. W. Huge. 8145
	F. Dürrenmatt. Der Besuch der alten Dame. Hrsg. K. Schmidt. 8130
	Th. Fontane. Effi Briest. Hrsg. W. Schafarschik. 8119(2)
	Th. Fontane. Grete Minde. Hrsg. B. Wagner. 8176
	Th. Fontane. Irrungen, Wirrungen. Hrsg. F. Betz. 8146(2)
	Th. Fontane. Frau Jenny Treibel. Hrsg. W. Wagner. 8132(2)

© Schöninghbuch 3 506 77895 1

Th. Fontane. Der Stechlin. Hrsg. H. Aust. 8144(2)
Th. Fontane. Schach von Wuthenow. Hrsg. W. Wagner. 8152(2)
M. Frisch. Biedermann und die Brandstifter. Hrsg. I. Springmann. 8129(2)
M. Frisch. Homo faber. Hrsg. Kl. Müller-Salget. 8179(3)
J. W. Goethe. Egmont. Hrsg. H. Wagener. 8126(2)
J. W. Goethe. Götz von Berlichingen. Hrsg. V. Neuhaus. 8122(2)
J. W. Goethe. Hermann und Dorothea. Hrsg. J. Schmidt. 8107(2)
J. W. Goethe. Iphigenie auf Tauris. Hrsg. J. Angst u. F. Hackert. 8101
J. W. Goethe. Die Leiden des jungen Werthers. Hrsg. K. Rothmann. 8113(2)
J. W. Goethe. Novelle. Hrsg. Chr. Wagenknecht. 8159(2)
J. W. Goethe. Torquato Tasso. Hrsg. C. Grawe. 8154(3)
J. W. Goethe. Die Wahlverwandschaften. Hrsg. U. Ritzenhoff. 8156(3)
J. W. Goethe. Wilh. Meister. Hrsg. E. Bahr. 8160(4)
G. Grass. Katz und Maus. Hrsg. A. Ritter. 8137(2)
F. Grillparzer. König Ottokars Glück und Ende. Hrsg. K. Pörnbacher. 8103
F. Grillparzer. Weh dem, der lügt! Hrsg. K. Pörnbacher. 8110
G. Hauptmann. Bahnwärter Thiel. Hrsg. V. Neuhaus. 8125
G. Hauptmann. Der Biberpelz. Hrsg. W. Bellmann. 8141
F. Hebbel. Agnes Bernauer. Hrsg. K. Pörnbacher. 8127(2)
F. Hebbel. Maria Magdalene. Hrsg. K. Pörnbacher. 8105
H. Heine. Deutschland. Ein Wintermärchen. Hrsg. W. Bellmann. 8150(2)
E. T. A. Hoffmann. Der goldne Topf. Hrsg. P.-W. Wührl. 8157(3)
E. T. A. Hoffmann. Das Fräulein von Scuderi. Hrsg. H. U. Lindken. 8142(2)
G. Kaiser. Von morgens bis mitternachts. Hrsg. E. Schürer. 8131(2)
G. Keller. Das Fähnlein der sieben Aufrechten. Hrsg. J. Schmidt. 8121
G. Keller. Romeo und Julia auf dem Dorfe. Hrsg. J. Hein. 8114
G. Keller. Kleider machen Leute. Hrsg. Selbmann. 8165
H. v. Kleist. Das Käthchen von Heilbronn. Hrsg. D. Grathoff. 8139(2)
H. v. Kleist. Michael Kohlhaas. Hrsg. G. Hagedorn. 8106
H. v. Kleist. Prinz Friedrich von Homburg. Hrsg. F. Hackert. 8147(3)
H. v. Kleist. Der zerbrochene Krug. Hrsg. H. Sembdner. 8123(2)
J. M. R. Lenz. Die Soldaten. Hrsg. H. Krämer. 8124
G. E. Lessing. Emilia Galotti. Hrsg. J.-D. Müller. 8111(2)
G. E. Lessing. Minna von Barnhelm. Hrsg. J. Hein. 8108

© Schöninghbuch 3 506 77895 1

G. E. Lessing. Nathan der Weise. Hrsg. P. v. Düffel. 8118(2)
Th. Mann. Tristan. Hrsg. U. Dittmann. 8115
Th. Mann. Mario und der Zauberer. Hrsg. K. Pörnbacher. 8153
C. F. Meyer. Das Amulett. Hrsg. H. Martin. 8140
E. Mörike. Mozart auf der Reise nach Prag. Hrsg. K. Pörnbacher. 8135(2)
J. Nestroy. Der böse Geist Lumpazivagabundus. Hrsg. J. Hein. 8148(2)
J. Nestroy. Der Talisman. Hrsg. J. Hein. 8128
Novalis. Heinrich von Ofterdingen. Hrsg. U. Ritzenhoff. 8181(3)
F. Schiller. Don Carlos. Hrsg. K. Pörnbacher. 8120(3)
F. Schiller. Kabale und Liebe. Hrsg. W. Schafarschik. 8149(2)
F. Schiller. Maria Stuart. Hrsg. Ch. Grawe. 8143(3)
F. Schiller. Die Räuber. Hrsg. Ch. Grawe. 8134(3)
F. Schiller. Wallenstein. Hrsg. K. Rothmann. 8136(3)
F. Schiller. Wilhelm Tell. Hrsg. J. Schmid. 8102
A. Stifter. Abdias. Hrsg. U. Dittmann. 8112
A. Stifter. Brigitta. Hrsg. U. Dittmann. 8109
Th. Storm. Der Schimmelreiter. Hrsg. H. Wagener. 8133(2)
Th. Storm. Immensee. Hrsg. Betz. 8166
L. Tieck. Der blonde Eckbert. Der Runenberg. Hrsg. H. Castein. 8178
F. Wedekind. Frühlings Erwachen. Hrsg. H. Wagener. 8151(2)
C. Zuckmayer. Der Hauptmann von Köpenick. Hrsg. H. Scheible. 8138(2)

Sage	Rötzer, Hans Gerd. Sage. Themen – Texte – Interpretationen, Bd. 2. (Buchner) 1982
Schödel	Märchenanalysen. Arbeitstexte für den Unterricht. Hrsg. von Siegfried Schödel (Reclam). 1982
Schwarz	Schwarz, Egon. Dichtung, Kritik, Geschichte, Essays zur Literatur 1900 – 1930 (Vandenhoeck & Ruprecht). 1983
Seidlin	Seidlin, Oskar. Versuche über Eichendorff (Vandenhoeck & Ruprecht). 2. Aufl. 1978
Seidlin, Klassiker	Seidlin, Oskar. Klassische und moderne Klassiker (Vandenhoeck & Ruprecht)
Skorna	Skorna, Hans Jürgen. Zur didaktischen Erschließung politischer Dichtung (Kamps pädagogische Taschenbücher 61) (Kamp). 1972
Sockel	Sockel, Walter. Probleme der Moderne (Niemeyer)
Sorg	Sorg, Bernhard. Das lyrische Ich (Niemeyer). 1985
Spektrum	Spektrum 8. Texte für den Deutschunterricht. Lehrerkommentar (Buchner). 1976
Sprachh. 1, 4, 6, 8, 10	Sprachhorizonte. Arbeitsunterlagen für den Sprach- und Literaturunterricht. Lehrer- und Ergänzungshefte (Crüwell/Schroedel)

© Schöninghbuch 3 506 77895 1

Stationen	Stationen der Literatur (Cornelsen). 1989
Storz	Storz, Gerhard. Heinrich Heines lyrische Dichtung (Klett). 1971
Strelka	Strelka, Jos. P. Einführung in die literarische Textanalyse (Francke). 1988. UTB 1508
Suhrkamp	Suhrkamps Taschenbücher (mit Buchnummern) Brecht. Gedichte 927 Brecht. Gewehre der Frau ... 2057 Brecht. Aufhaltsamer Aufstieg ... 2029 Brecht. Heilige Johanna 2049 Brecht. Dreigroschenoper 2056 Brecht. Kreidekreis 2054 Brecht. Leben des Galilei 2001 Brecht. Der gute Mensch von ... 2021 Broch. Tod des Vergil 2095 Broch. Verzauberung 2039 Frisch. Don Juan 2046 Frisch. Homo faber 2028 Horvath. Der Fall E. 2014 Horvath. Geschichten aus dem Wiener Wald 2019 Hesse. Steppenwolf 53 Johnson. Jahrestage 2057 Plenzdorf. Die neuen Leiden ... 2013 Rilke. Cornet 190 Deutsche Geschichtsdramen 2006
SuL	s. Zeitschriften, S. 25
Texte D 5, 6, 7 (= R 7) H 7, H 8, H 9, R 8, R 9, R 10	Westermann Texte Deutsch. Lehrerhefte zum Lesebuch „wtd" (Westermann). 1977 - 1979
Texte DU 5/6, 7/8, 9/10	Texte für den Deutschunterricht. Kommentar zu den Texten für das 5.-10. Schuljahr. Von Anna Krüger (Diesterweg). 1971 ff.
Theiß	Theiß, Winfried. Schwank (Themen, Texte, Interpretationen) (Buchner). 1989
Thiemermann	Thiemermann, Franz-Josef. Kurzgeschichten im Deutschunterricht. Texte – Interpretationen – methodische Hinweise (Kamps pädagogische Taschenbücher 32) (Kamp). 14. Aufl. 1984
TS	Texte für die Sekundarstufe. Kommentare und methodische Hinweise (Schroedel). 1980
TS G 5 - 10	Ausgabe für Gymnasien
TS R 5 - 10	Ausgabe für Realschulen
TS H 5 - 10	Ausgabe für Hauptschulen
Uhi	Unterrichtshilfen zur Literatur. Dramen (Bayerischer Schulbuch-Verlag). 1990 (94550 bis 94554)
Urbanek	Begegnung mit Gedichten. 66 Interpretationen mit einem Essay von Benno von Wiese. Hrsg. von Walter Urbanek (Buchner). 1977
UTB	Uni-Taschenbücher Stuttgart (Verfasser oder Titel mit Buchnummern)

© Schöninghbuch 3 506 77895 1

Heine, Die schlesischen Weber 973
H. Mann, Der Untertan 974
Büchner, Woyzeck 975
Th. Mann, Mario 976
Kleist, Michael Kohlhaas 1027
Brecht, Der aufhaltsame ... 1028
Reynke de Vos 1031
Th. Mann, Buddenbrooks 1074
Frisch, 1085
Deutsche Gegenwartslyrik 1115
Hebbel, Maria Magdalene 1192
Hesse, Unterm Rad 1193
Fortunatus 1225
Hebbel, Dramen 1226
Jünger, In Stahlgewittern 1263
Musil, 1287
Till Eulenspiegel 1288
Kafka, Ein Landarzt 1289
Koeppen, Das Treibhaus 1347
Frisch, Spätwerk (1962 – 82) 1351
Böll, Ansichten eines Clowns 1368
Böll, Döblin, Fallada, Feuchtwanger, Th. Mann,
   Remarque 1387
Fontane, Stechlin 1404
Keller, Romeo und Julia 1407
Lessing, Emilia Galotti 1433
Lyrik aus der DDR 1470
Wolf, Nachdenken über C. T. 1457
Deutsche Komödien 1498
Böll (und viele andere) bis Wohmann 1519
Böll und Broch 1549

Vögeli I, II — Vögeli, Viktor. Anregungen für die Gedichtstunde (Logos). Bd. I, 1974 (1978), Bd. II, 1976 (1980)

Volkmann — Volkmann. Texte verstehen, beschreiben, erörtern (Ehrenwirth). 1988

Vorträge — Thomas Mann, 1875 – 1975. Vorträge in München – Zürich – Lübeck. Hrsg. von Beatrix Bludeu, Eckhard Heftrich und Helmut Koopmann (Fischer). 1977

Weber — Literaturdidaktische Analysen. Modelle zur Unterrichtsvorbereitung. Hrsg. von Albrecht Weber und Walter Seifert (Herder). 1980

Wiese, Drama I, II — Das deutsche Drama. Vom Barock bis zur Gegenwart. Interpretationen. Hrsg. von Benno von Wiese. 2 Bde. (Schwann). 1980 (07030)

Wiese, Lessing — Wiese, Benno von. Von Lessing bis Grabbe. Studien zur deutschen Klassik und Romantik (Schwann). 1968 (07080)

Wiese, Lyrik I, II — Die deutsche Lyrik. Form und Geschichte Hrsg. von Benno von Wiese (Schwann)

Bd. I: Interpretationen vom Mittelalter bis zur Frühromantik. 1985 (07011)

Bd. II: Interpretationen von der Spätromantik bis zur Gegenwart. 1985 (07012)

© Schöninghbuch 3 506 77895 1

Wiese, Novelle I, II	Wiese, Benno von. Die deutsche Novelle von Goethe bis Kafka. Interpretationen (Schwann). 1983 (07021, 07022)
Wiese, Persp.	Wiese, Benno von. Perspektiven I, Teil 2: Interpretationen: Von Schiller bis zur Moderne (Schmidt) 1978
Wiese, Roman I, II	Der deutsche Roman vom Barock bis zur Gegenwart. Struktur und Geschichte. 2 Bde. Hrsg. von Benno von Wiese (Schwann). 1972 (07050)
WW	s. unten, Zeitschriften
ZDPh	s. unten, Zeitschriften
Zimmermann I-III	Zimmermann, Werner. Deutsche Prosadichtungen unseres Jahrhunderts. Interpretationen für Lehrer und Lernende (Schwann). Bd. I, 5. Aufl. 1977, Bd. II, 2. Aufl. 1970, Bd. III 1988
Zobel	Zobel, Klaus. Textanalysen. Eine Einführung in die Interpretation moderner Kurzprosa (Schöningh). 1985 (28432)

Abkürzungsverzeichnis: Zeitschriften

Bei Abkürzungen, z. B. „4/89", bezeichnet die erste Zahl die Heftnummer, die zweite das Kalenderjahr.

Anregung	Anregung. Zeitschrift für die Höhere Schule (Bayerischer Schulbuch-Verlag)
BfDL	Blätter für den Deutschlehrer (Diesterweg)
DD	Diskussion Deutsch. Zeitschrift für Deutschlehrer aller Schulformen in Ausbildung und Praxis (Diesterweg)
DU	Der Deutschunterricht (Klett)
LiLi	Zeitschrift für Literaturwissenschaft und Linguistik (Vandenhoeck und Ruprecht)
Lit.	Literatur für Leser. Zeitschrift für Interpretationspraxis und geschichtliche Texterkenntnis. In Zusammenarbeit mit Rolf Geißler hrsg. von Herbert Kaiser und Dieter Mayer (Oldenbourg)
Mitt.	Mitteilungen des deutschen Germanistenverbandes (Diesterweg)
PD	Praxis Deutsch. Zeitschrift für den Deutschunterricht (Friedrich)
SuL	Sprache und Literatur in Wissenschaft und Unterricht. Hrsg. von Hans-Jürgen Heringer, Gerhard Kurz und Georg Stötzel (Schöningh/Fink)
WW	Wirkendes Wort. Deutsche Sprache in Forschung und Lehre (Bouvier) (dazu Sammelbände)
ZDPh	Zeitschrift für deutsche Philologie (Schmidt)

© Schöninghbuch 3 506 77895 1

Was ist wo interpretiert?

Abraham a Sancta Clara
*Grabschrift der Alten   Anth. 5

Achternbusch, Herbert
*Wandert das Gelb   Anth. 7

Ackermann aus Böhmen   Lit. 3/86

Äsop
Frosch und Ochse   proj. du. 1
Die Frösche verlangen nach ei-   DU 6/79
nem König
Der Fuchs und der Bock im   AM 1 — Klett 5 — LDU 1 — TS
Brunnen   GRH 6
Der Fuchs und der Holzhacker   Klett 8 — TS GRH 8
Der Fuchs und die Trauben   Klett 5 — TS GRH 5
Der Gegendienst   Klett 7
Die Hasen gerieten mit den   WW 5/72
Adlern in Krieg
Igel und Maulwurf   DD 4/71 — Texte D 5
Die Katze und die Mäuse   Baumgärtner
Der Löwe und der Hase   Prisma 2
Der Löwe und die Maus   AM 1 — Bauer 5 — proj. du. 1 —
     TS GRH 5
Der Löwenanteil   Texte D 5
Maulwurf und Igel   proj. du. 1
Die Maus und der Frosch   Baumgärtner
Taube und Krähe   proj. du. 1
Die Teilung der Beute   Klett 5 — Manz 1 — proj. du. 1
Der törichte Bock   Kamp 7
Vor der Höhle des Löwen   Klett 7
Die wilden Ziegen   Klett 8
Der Wolf und das Lamm   Horizonte 1

Aichinger, Ilse
*Anweisung   Kopplin
Briefwechsel (Fussenegger)   Anth. 5
Das Fenster-Theater   Bachmann V — Basis 4 — Bauer 8
     — DD 26/75 — Int. IX — LDU 2 —
     Lesezeichen 8 — Manz, Bd. 12 —
     Texte D 7
*Gebirgsrand   Anth. 1
Die geöffnete Order   Bauer 9 — Neis, Gedichte — WW
     5/71
Hauslehrer   Int. IV
Knöpfe (Hörspiel)   Lit. 3/81
Nichts und das Boot   Int. IV
Das Plakat   Basis 4 — Int. III
Puppe   Int. I
Rede unter dem Galgen   DU 1/57
Seegeister   Neis, Gedichte — Zimmermann II
Die Silbermünze   Int. VI — Texte DU 9
Spiegelgeschichte   Krusche — Kuge — Neis, Gedichte
*Widmung   Anth. 4
*Winter gemalt   Anth. 6
Wo ich wohne   Kienecker, Prosa

Der Wolf und die sieben jungen Geißlein	Texte D R 10
Aist	s. **Dietmar von Aist**
Albrecht von Johansdorf *Ich vant si ane huote	Reclam, Lyrik
Alexander, Elisabeth Sie hätte ihre Kinder töten sollen	Kurz 80
Allmers, Hermann *Feldeinsamkeit *Heidenacht	Anth. 13 Anth. 10
Altenbernd, Ludwig *Am Donoper Teich bei Detmold	mot. Ged. 10
Altendorf, Wolfgang Der Knecht Persenning	Int. VII
Alverdes, Paul Die dritte Kerze Fußball, ferngehört	Anal. II – Int. III Prisma 4 – Spektrum
Amery, Carl Der Untergang der Stadt Passau Die Wallfahrer	Lehmann IV Kurz
Anders, Günter *Sprachelegie	Anth. 8
Anders, Richard *Das Fenster	Kunert
Andersch, Alfred Ein Auftrag für Lord Glouster Blaue Rosen Deutsche Literaten in der Entscheidung Ephraim Fahrerflucht (Hörspiel) Festschrift für Captain Fleischer Grausiges Erlebnis ... Hohe Breitengrade Die Inseln unter dem Winde Jesuskingdutschke Die Kirschen der Freiheit Mit dem Chef nach Chenonceaux Die Rote Sansibar oder Der letzte Grund	Int. VII Basis 4 Beck 23 Beck 23 König 335 Durzak, Kg. Int. VIII Beck 23 Durzak, Kg. Durzak, Kg. Beck 23 DU 3/66 – Durzak, Kg. Beck 23 Beck 23 – Ecker – König 334 – Old. Int. 88611 – Zimmermann II
Der Junge (Sehnsucht nach Sansibar) Ein Vormittag am Meer Wanderungen im Norden Winterspelt	Anal. III – Int. VI – Goette Auswahl 10 Beck 23 Beck 23 – Kurz 5
Andersen, Christian Der böse Fürst Des Kaisers neue Kleider Der standhafte Zinnsoldat	Texte DU 7 AbL 9 – Bauer 5 – Horizonte 1 – Kamp 8 Auswahl 5

Andreas, Bert
Die erste Frau in seinem Leben   Sprachh. 10

Andres, Stefan
Die beinah verhinderte Weihnacht   Int. Prosa
El Greco malt den Großinquisitor   WW, Sammelband IV
Der Knabe im Brunnen   Ecker
  Weihnachten   Klett C 6
Die Stelzen und der Tod   Bachmann I – Texte D 5
Der Kriegsgefangene   Prisma 2
Das Trockendock   Anal. III – Bachmann III – DU
                                         1/57 – Goette – Int. II – Kamp
                                         9 – Klett 8 – Lesezeichen 8 –
                                         Neis, Gedichte – Prisma 5 –
                                         Thiemermann – TS GR 9 und H 10
Die Überschwemmung von Citta   Anal. II – Prisma 3
  mortà
Die Vermummten   Ecker
Wir sind Utopia   Bengeser – König 241 – Kunz 3 –
                                         Lehmann II – WW, Sammelband IV

Angelus Silesius
*Aus dem Cherubinischen Wan-   Anal. III – Bauer, Lyrik – König
  dersmann   296
*Epigramme, Sinn- und Schluß-   Reclam 1 – Rinsum 5
  reime

Anzengruber, Ludwig
Der Meineidbauer   ASL

Archenholtz, Johann Wilhelm von
Der schwarze Husar   Zobel

Archipoeta
Vagantenbeichte   König 292

Arendt, Erich
*Nach den Prozessen   Reclam 6

Arndt, Ernst Moritz
*Klage um den kleinen Jakob   Anth. 6

Arnim, Achim von
Die Einquartierung im Pfarrhause   DU 2/55
*Getrennte Liebe   Reclam 3
Die Majoratsherren   dtv
*Mir ist zu licht zum Schlafen   Anth. 13
*Mit jedem Druck der Feder   Anth. 8
Päpstin Johanna   Ricklefs, Ulfert: Arnims Päpstin
                                         Johanna. Entstehungsgeschichte
                                         und Interpretation (Vanden-
                                         hoeck). 1988

Arnold, Gottfried
*Ein Christ, ein Wunder   Kranz

Arp, Hans
*Dem Ausgang zu   Vögeli II
*Bei grünem Leibe   Anth. 11
*Blatt um Feder um Blatt   Anth. 1
*Doch eines Tages   Prisma 2
*Eitel ist sein Scheitel   Reclam 5

© Schöninghbuch 3 506 77895 1

*Ein großes Mondtreffen	Prisma 5
*Häuser	Anth. 2
*Kaspar ist tot	Anal. III – Sprachh. 8
*Märchen	Prisma 2
*Mondsand	mot. Ged. 1
*sankt ziegenzack	Helmers
*Schwarze Eier	Vögeli II
*Sekundenzeiger	PD 11/75 – Prisma 3
*Sophie	Prisma 3
*Die Spitzen der Pyramiden	LDU 1
*Ein Tag fällt vom Lichtbaum	Prisma 4

Artmann, Hans Carl
*Bei Rotwein	Reclam 6
Hasard und entenbraten	Kontrapunkte
*ein reißbrett aus winter	Anth. 3
*seht, die flinke fledermaus	Bohusch

Asscher-Pinkhof, Clara
Schwerer Gang	Klett 5

Atabay, Cyrus
*Schutzfarben	Anth. 1

Das alte **Atlilied**   s. Edda

Aue, Walter
*Berliner Dezember	mot. Ged. 10

Auerbach, Berthold
Abgerissen vom Communismus	Knopf
Zerstören	Knopf

Aurbacher, Ludwig
Seltsames Roßfutter	Anal. I

Ausländer, Rose
*Credo	Kunert
*Glauben	Hotz 1
*Jerusalem	Anth. 4
*Mein Venedig	Anth. 10
*Paul Celans Grab	Anth. 1
*Wann ziehen wir ein	Lektüre, Lyrik

Bachér, Ingrid
Geh und spiel mit dem Riesen	AM 1 – LDU 1

Bachmann, Ingeborg
*Alle Tage	DU 6/71 – Hotz 1 – Lesezeichen 9 – Rinsum 4
Alles	Int. VIII
*An die Sonne	Auswahl 10 – Kienecker, Lieder
*Anrufung des Großen Bären	Anth. 3 – Bauer, Lyrik – Rinsum 4 – Urbanek
Aria I	Anth. 11
*Böhmen liegt am Meer	Anth. 8 – Manz, Bd. 12 – Reclam 6
*Dunkles zu sagen	Müller, Lyrik
Entfremdung	Lesezeichen 10
*Erklär mir, Liebe	Anal. III – Rinsum 4
*Das erstgeborene Land	Müller, Lyrik
*Exil	DU 3/60
*Fall ab, Herz	Giehrl – Lobentanzer

Ein Flieger startet	Prisma 3
*Fort mit dem Schnee	Anth. 13
*Freies Geleit	Lobentanzer − mot. Ged. 2 − TS H 10 − Volkmann
Gang durch eine Stadt	Lobentanzer 1
*Die gestundete Zeit	Anth. 1 − DD 40/78 und 44/78
*Gewitter der Rosen	Lektüre, Lyrik
*Die große Fracht	Anal. III − Auswahl 8 − Bauer, Lyrik − Hotz − Vögeli I
*Große Landschaft bei Wien	mot. Ged. 10
Der gute Gott von Manhattan	Funke, Horst-Günter: Ingeborg Bachmann. Zwei Hörspiele (Oldenbourg). 3. Aufl. 1976
*Herbstmanöver	Hotz 1
Hinter der Wand	Anth. 8
*In Apulien	mot. Ged. 10
*Ihr Worte	Kopplin − Lektüre, Lyrik
*Lieder auf der Flucht	Urbanek
Malina	Michel − Steiger, Rob.: Malina. Versuch einer Interpretation des Romans (Winter). 1978
*Probleme, Probleme	Lit. 3/4/89
*Reklame	Anal. II − Anth. 13 − Auswahl 9 − Bauer 8 − Bauer, Lyrik − Goette − Hippe 50 − Hotz − Klett 8 − Praxis 3 − TSG R 8 − Vögeli II
*Schatten Rosen Schatten	Eckermann − Riedler 2
*Toter Hafen	Rinsum 5
Undine geht	WW 4/81
*Wahrlich	Anth. 4
Die Zikaden	Funke (s. o.)
Bächler, Wolfgang	
*Erwartung	Anth. 8
*Nüsse	Anth. 2
Bänkellied: Das Attentat	Freitag
Baermann-Steiner, Franz	
*Elefantenfang	Anth. 1
Balde, Jakob	
Cum de Alberti Wallensteinii	Reclam 1
Ball, Hugo	
*Intermezzo	Anth. 13
*Karawane	Bauer, Lyrik − Klett 7 − Rinsum 4 − TS GRH 5
*Seepferdchen und Flugfische	Helmers − Klett C 6
Barlach, Ernst	
Der arme Vetter	Festschrift
Die Sündflut	Wiese, Drama II
Vom Abend geletzt	Volkmann
Barth, Emil	
*Adler-Ode	mot. Ged. 9
*Kreuzweg	Anth. 9
Barthel, Ludwig Friedrich	
*Engel am Freiburger Münster	mot. Ged. 10

© Schöninghbuch 3 506 77895 1

Barthel, Max
  *Der junge Arbeiter   mot. Ged. 8
  *Regentrüber Herbstabend   Volkmann

Bartok, Willy
  *Heimwegrand   mot. Ged. 8

Bartsch, Jürgen
  Was ist los mit diesem Pommern? Anal. II

Bartsch, Kurt
  *Abriß   Anth. 5
  *Die Leichenwäscherin ist tot   Anth. 13
  *Rosa Luxemburg   Kunert

Bauer, Walter
  Die am schnellsten wachsende   Anal. III
    Stadt der Welt
  Die ersten Worte   Auswahl 9
  Felix stiehlt eine Uhr   Auswahl 5
  Die Versuchung   Anal. I
  Hole deinen Bruder an den Tisch Int. VII
  *Postkarte an junge Menschen Auswahl 9
  *Städte und Werke   Texte D R 8

Bauer, Wolfgang
  Magic Afternoon   Buddecke

Baum, Vicki
  Menschen im Hotel   Reich 2

Baumbach, Rudolf
  Der Fidelbogen des Neck   Anal. I

Bayer, Konrad
  *Die Oberfläche der Vögel   Anth. 5

Bebel, Heinrich
  Folgen der dicksten Lügen des   LU 4
    Schmieds von Cannstatt
  Von einem Betrüger   LU 4
  Von einem Gehenkten   LU 4
  Von einer großen Lüge   LU 4
  Eine wahre Geschichte von dem LU 4
    Bauern Held

Becher, Johannes Robert
  *Als es geschah an jenem ...   Rinsum 4
  *Brecht und der Tod   Anth. 8
  *Danksagung   mot. Ged. 7
  *Für Walter Ulbricht   mot. Ged. 7
  *Klänge aus Utopia   Denkler
  Mensch stehe auf   König 364/365
  *Nationalhymne der DDR   mot. Ged. 7 − Peter
  *Ein russischer Proletarier   Peter
  *Vorbereitung   König 364/365

Bechstein, Ludwig
  Goldmarie und Pechmarie   Horizonte 2

Beck, Karl Isidor
  *An Rothschild   DU 2/29

Becker, Jürgen

Felder	Distanz
*Das Fenster am Ende des Korridors	Anth. 4
*Gedicht, sehr früh	Anth. 1 – PD 46/81
*Gedicht über Schnee im April	Anth. 4
*Landschaftsgedicht Nutscheid	mot. Ged. 10
*Der März in der Luft des Hochhauses	Rinsum 4
*Naturgedicht	Hotz 1 – Rinsum 4 – Volkmann
*Odenthalsküste	Kurz
Ränder	DU 2/73 – ASL
*Vorläufiger Verlust	Reclam 6
*Wiedersehen nach längerer Zeit	TS H 9
*Worauf wartest du denn	Volkmann
*Zwei Nächte	Kunert

Becker, Jurek

Bronsteins Kinder	WW 2/89
Jakob der Lügner	Zimmermann III
Schlaflose Tage	DD Heft 83 – Kurz 6

Beer-Hofmann, Richard

*Schlaflied für Mirjam	Anth. 2

Beethoven, Ludwig van

Das Heiligenstädter Testament	Bauer

Behn, Wilhelm

Wildfütterung im Winter	Baumgärtner

Beil, Ulrich Joh.

*Neues Wanderlied	Riedler 1

Bender, Hans

Auf dem Rummelplatz	Bachmann VII
Ein Bär wächst bis zum Dach	Anal. I – Auswahl 5 – Bachmann I – Bauer 5 – Texte D 5 – TS RH 6
Der Brotholer	Auswahl 9 – Kamp 9
Fondue	Basis 4 – Int. VIII
Die halbe Sonne	Neis, Gedichte
*Heimkehr	DD Heft 97
Iljas Tauben	Bachmann IV – Lesezeichen 8 – Zimmermann II
In der Gondel	Anal. III – Int. VIII
Schafsblut	Basis 4 – Int. I
Die Schlucht	Durzak, Kg.
Die Wölfe kommen zurück	Bauer 6 – DU 1/57 – Durzak, Kg. – Int. IV – Manz 1 – Prisma 3 – Thiemermann – Zimmermann II

Benn, Gottfried

*Abschied	Wiese, Lyrik II – WW 3/70
*Anemone	AR 59 – Auswahl 8 – Baumgärtner – König 99 – mot. Ged. 6
*Astern	Anal. III – Anth. 13 – AR 59 – Bauer, Lyrik – Fritsch, Natur – Hippe – Kamp 9 – Lobentanzer – mot. Ged. 6
*Auf deine Lider senk ich Schlummer	AR 59

Bekenntnisse zum Expressionismus	Christiansen
Berliner Brief	Beck 6 − König 99
Bezugssysteme	Hippe, Bd. 4
*Blaue Stunde	Hotz 1
*Blinddarm	DU 2/90
Block II, Zimmer 66	Christiansen
*Chopin	Hotz 1 − Müller, Lyrik
*Die Dänin	Christiansen
*Destille I − IV	König 99
Doppelleben	Beck 6
*Durchs Erlenholz kam sie entlanggestrichen	Christiansen
*D-Zug	König 99 und 364/365 − Reclam 5
*Ebereschen	AR 59
*Einsamer nie	AR 59 − Hotz − König 99 − Lobentanzer − mot. Ged. 6
*Einst	AR 59
*Englisches Café	Herrmann
Die Eroberung	AR 59 − Krusche
*Ein ersoffener Bierfahrer	Beck 6
*Es ist ein Garten	Beck 6
*Etwas wie Küsten	Lit. 1/85
*Eure Etuden	DU 5/58
*Fürst Kraft	ASL
*Das Ganze	Beck 6
*Gebührt Carleton ein Denkmal	AR 59 − Auswahl 8 − Baumgärtner − Kamp 9
*Gedichte	AR 59 − König 99
*Gefilde der Unseligen	DU 2/90
Gehirne	AR 59 − Int. II − Krusche − Zimmermann I
*Gewisse Lebensabende	Müller, Lyrik
Goethe und die Naturwissenschaften	Beck 6 − Christiansen
*Herbst	DU 2/90
*Herr Wehner	Anth. 5
*Hier ist kein Trost	AR 59
Imitatio Christi	Festschrift
Die Insel	AR 59 − Christiansen
*Ist das nicht schwerer	AR 59
*Der junge Hebbel	AR 59 − Hippe 50
*Kann keine Trauer sein	AR 59
*Karyatide	Denkler − König 99
*Kleine Aster	Anth. 13 − Hippe, Bd. 4 − König 99 − König 364/365
*Kokain	König 364/365
*Kommt	Anth. 13
Können Dichter die Welt verändern	AR 59 − Christiansen
*Kreislauf	Beck 6 − König 99
*Leben, niederer Wahn	AR 59
*Lebewohl	Vögeli II
*Letzter Frühling	Anth. 5 − AR 59 − König 99
*Liebe	mot. Ged. 4
*Mann	mot. Ged. 3
*Mann und Frau gehen durch die Krebsbaracke	AR 59 − DU 2/90 − König 365/365
*Meinen Sie Zürich zum Beispiel	mot. Ged. 10

© Schöninghbuch 3 506 77895 1

*Melodie	Anth. 10
*Menschen getroffen	Anth. 1 – AR 59 – Bauer 9 – Prisma 5 – Vögeli II
*Mittelmeerisch	AR 59
*Morgue	Abitur – AR 59 – DU 2/90
*Nacht	König 99
*Nachtcafé	Anth. 6 – DU 2/90 – König 99 – Praxis 2 – Rinsum 4
*Nur noch flüchtig alles	DU 3/88
*Nur zwei Dinge	Anal. III – Goette – Kienecker, Lyrik – König 99 – Reclam 6
Pallas	AR 59
*Pastorensohn	Beck 6
Der Ptolemäer	König 99
*Quartär	Rinsum 4
*Rauhreif	DU 2/90
Die Reise	AR 59
*Reisen	Anal. III – Anth. 8 – AR 59 – Auswahl 10 – Hotz – Lobentanzer – Riedler – Vögeli II
*Requiem	mot. Ged. 5
Rönne	AR 59 – Beck 6
*Saal der kreißenden Frauen	Christiansen – DU 2/90
*Der Sänger	König 99
*Ein Schatten an der Mauer	Anth. 1
*Schnellzug	AR 59
*Schöne Jugend	Abitur – Anth. 4 – AR 59 – König 364/365
*Sieh die Sterne	Neis, Gedichte
*Statische Gedichte	AR 59 – ASL – WW 1/89
*Stilleben	Anth. 6
*Tag, der den Sommer endet	AR 59 – WW 2/71
*Turin	Anth. 7
Urgesicht	UTB 1387
*Valse triste	Christiansen – DU 6/72 – Neis, Gedichte – Reclam 5
*Verlorenes Ich	AR 59 – Herrmann – Hotz 1 – König 99 – Manz, Bd. 12 – Rinsum 5
*Von Bremens Schwesterstadt bis Sils Maria	Anth. 8
*Was sagt ihr zu den Wogen der Geschichte	Beck 6
*Weinhaus Wolf	Beck 6
*Welle der Nacht	Urbanek
Wie Miss Cavell erschossen wurde	AR 59 – Christiansen
*wird welken wie Gras	Lit. 1/85
*Wirklichkeit	Anth. 5
*Ein Wort	Anal. III – AR 59 – Hippe – Lektüre, Lyrik – Mitt. 3/81 – Rinsum 4 – Sprachh. 4 – Vögeli I – WW 4/69
*Ein Wort, ein Satz	Sprachh. 1
*Zwei Träume	Urbanek
Bense, Max	
*RIO	Distanz

Bergengruen, Werner

Alte Schiffe	Kamp 7
Der Arzt von Weißenhasel	Int. II – WW, Sammelband IV
*Auf ein Grab	Kranz
Die Charakterprobe	Anal. II
Die drei Falken	König 271 – Zimmermann I
*Der Engel spricht	Rinsum 5
Fahrt des Herrn von Ringen	Int. I
Die Feuerprobe	König 271
*Die Flöte	Anth. 9
*Frage und Antwort	Volkmann
Gerechtigkeit	Anal. II
Der Großtyrann und das Gericht	König 276 – Lehmann
Das Hornunger Heimweh	König 282
*Kaschubisches Weihnachtslied	Auswahl 5 – Bauer 5 – Bohusch – Klett C 6
*Leben eines Mannes	Hippe 50 – Lobentanzer
Legende von den zwei Worten	Int. II
*Die Lüge	Anth. 11
*Die Meise	mot. Ged. 9
Musketengeschichte	Auswahl 8
*Rausche, rausche Regen	Auswahl 5
*Die Reiher	mot. Ged. 9
Die Schildwache	Neis, Gedichte
Der spanische Rosenstock	Bengeser – König 271 – WW, Sammelband IV
*Die Stimme	Hippe 50
Der Teufel im Winterpalais	König 271
*Winter	Auswahl 5

Bergien, Alfred

Die Apfelernte	Anal. I

Bern, Maximilian

Die Gebrechen des Glücks	Lobentanzer

Bernhard, Thomas

Amras	Beck 7
Der Atem	Kurz 6
*Bald kommt der Herbst	Beck 7
Beton	Kurz 80
Ereignisse	Beck 7 – Meyer
Ein Fest für Boris	Beck 7
Finsternis Metapher	LiLi Heft 64
Frost	Beck 7
Der Italiener	Beck 7
Die Jagdgesellschaft	Beck 7 – Buddecke
Das Kalkwerk	Beck 7 – Lützeler
Die Kälte	Kurz
Der Keller	Rinsum 5
Ein Kind	Kurz
Korrektur	Kohlenbach, M.: Das Ende der Vollkommenheit (Narr)
Die Macht der Gewohnheit	Beck 7
Ein Nachlaß	DU 2/73
Der Präsident	Beck 7
Vor dem Ruhestand	DGD 1 – KdD
Vorurteil	Rinsum 3

Waffen	Beck 7 – DU 2/73
Wittgensteins Neffe	Kurz 80

Beumelburg, Werner

Sieben vor Verdun	UTB 1387

Bibel

Gleichnis vom verlorenen Schaf	Rinsum 3

Bichsel, Peter

Amerika gibt es nicht	Texte DR 8
Eigentlich möchte Frau Blum den Milchmann kennenlernen	DU 3/72
Die Erde ist rund	Auswahl 5 – Bachmann I
Erklärung	Lit. 1/79
Holzwolle	Bachmann VI – DU 1/71 – Int. IX – Texte D R 10
Jodok läßt grüßen	Bauer 6
Der Mann mit dem Gedächtnis	Bauer 7 – Kontrapunkte
Der Milchmann	DUK 1 – TS GRH 7
San Salvador	Basis 4 – Int. X – Kuge – Merold – Zobel
So ist es	AM 1
Ein Tisch ist ein Tisch	AM 1 – Bauer 7 – Goette – Int. X – Kamp 6 – Klett C 6 – Leha – Prisma 2
Die Tochter	Anal. II – Auswahl 9 – Bachmann VI – Bauer 9 – Festschrift für Kurt Ruh (Niemeyer) (s. a. Meier Helmbrecht) – Int. VIII – Lesezeichen 9 – Texte D H 7 – Texte DU 9 – TS H 8 – Weber

Bidermann, Jacob

Cenodoxus	Wiese, Drama I – DU 1969 Beiheft 1

Bieler, Manfred

Die Person	Klett, Lesehefte

Bienek, Horst

Anweisung für Zeitungleser	Auswahl 9 – Kamp 8 – Texte D R 8
*Chausseestraße 125	Anth. 7
*Gartenfest	Anth. 1
*Lern von den Wombats	Riedler 1
*Sagen Schweigen Sagen	Anal. III
*San Sebastian	Weber
*Unerwartete Gäste	Kunert
Werkstattgespräch mit Dürrenmatt	Anal. III

Bierbaum, Otto Julius

*Antrittsrede des Sängers	mot. Ged. 2
*Er entsagt	Anth. 6

Biermann, Wolf

*Acht Argumente ... Stalinallee	König 260/261
*Ballade auf den Dichter François Villon	König 260/261 – Neis, Balladen
Ballade von dem Briefträger ...	Bauer 7 – König 260/261
*Die Ballade von dem Drainage-Leger Fredi Rohmeisl aus Buckow	Anal. III – Goette – König 260 /261 – Moritz – Neis, Balladen

*Ballade vom preußischen Ikarus	Anth. 13 – König 260/261 – UTB 1470
*Das macht mich populär	PD 11/75
*Die hab ich satt	proj. du. 3
*Drei Ermutigungen	König 260/261
*Enfant perdu	König 260/261
*Ermutigung	UTB 1470
*Erster Mai	Knörrich
*Es gibt ein Leben vor dem Tod	UTB 1470
*Es senkt das deutsche Dunkel	mot. Ged. 2
*Ewiger Friede	Kunert
*Das Familienbad	Freund, Ballade
*Frage und Antwort und Frage	mot. Ged. 2
*Frühzeit	mot. Ged. 7
*In Prag ist Pariser Kommune	König 260/261
*Kleinstadtsonntag	Texte D 6
*Letzte Variation über das alte Thema	UTB 1115
*Lied	Freitag
Märchen vom kleinen Herrn Moritz	Leha – PD 47/81
*Morgenspruch des General Ky	mot. Ged. 2
*Moritat auf Biermann seine Oma	Freitag
*Nachricht	Anth. 3
*Selbstportrait für Reiner Kunze	König 260/261
*Soldat, Soldat	mot. Ged. 3
*Spielzeug	Bohusch
*Die Stasi-Ballade	PD 11/75
*Traum des General Ky	mot. Ged. 2
*Und als wir ans Ufer kamen	Reclam 6
Billinger, Richard	
*Die treue Magd	mot. Ged. 8
Binding, Rudolf G.	
Ausbruch	Goette
Bingel, Horst	
Kennen Sie Herrn Sporleder?	Texte DR 9
Bischoff, Friedrich	
*Auf der Ofenbank	Anal. I
Hasengeschichte	Anal. I
*In den Wiesen	mot. Ged. 1
*Wiesenstück	Anal. II
Blass, Ernst	
*Kreuzberg	Anth. 11
*Nachts	Anth. 4
*Der Nervenschwache	Anth. 8
Bleisch, Ernst Günther	
*Breslau	mot. Ged. 10
*Maritime Feststellung	Riedler 1
Bloch, Ernst	
Armer und reicher Teufel	proj. du. 6
Bobrowski, Johannes	
*Absage	UTB 1470
*Am Fluß	AM 2

© Schöninghbuch 3 506 77895 1

*Anruf	Anth. 7
*Bericht	Anal. III
Brief aus Amerika	Texte DU 10
*Dorfmusik	Anth. 4 – Texte D R 8
*Die Ebene	Köpf (S. 47) – Leistner
*Epitaph für Pinnau	Int. VIII
*Die Frauen der Nehrungsfischer	Anal. II
*Die Furt	Anal. III
*Gedächtnis	Prisma 2
*Heimweg	Anal. III
*Hölderlin in Tübingen	Anth. 8 – Hotz 1 – Knörrich – Leistner – Lektüre, Lyrik
*Immer zu benennen	Hotz 1
Interieur	PD 53/82
*Kloster bei Nowgorod	UTB 1470
Levins Mühle	DU 2/73 – Leistner
Lipmanns Leib	Int. X – Durzak, Kg.
Litauische Klaviere	Leistner
Der Mahner	DU 5/83 (S. 53)
*Märkisches Museum	Anth. 8
Mäusefest	Kontrapunkte
*Die Memel	mot. Ged. 10
*Mobile von Calder	Kranz
*Namen für den Verfolgten	Anth. 1
*Nänie	Anth. 12
Rainfarn	Zimmermann II
*Der Samländische Aufstand 1525	Anth. 6
*Seestück	Riedler 2
*Sprache	Goette – Kopplin – Texte DR 10
*Spur im Sand	Bauer, Lyrik
Der Tänzer Malise	Durzak, Kg.
*Trauer um Jahnn	Müller, Lyrik
*Ungesagt	Leistner
*Verlassene Ortschaft	Texte D R 9 – TS 8
*Von den Strömen	Knörrich
*Der Wachtelschlag	BfDL 4/89
*Welt	Leistner
*Wiedererweckung	UTB 1470
Wiederkehr	Reclam 6
*Die Wolgastädte	Prisma 5
*Das Wort Mensch	Auswahl 10 – Rinsum 4

Bock, Christian
Nachtgespräche   Baumgärtner 12

Bodden, Ilona
*Epitaph   Anth. 4

Bodenstedt, Friedrich
*Mein Lehrer ist Hafis   Reclam 4

Bodmer, Jakob
Polytimet   DU 5/88

Böhme, Herbert
*Der Führer   Rinsum 4

Böhme, Jakob
*Wem Zeit ist wie Ewigkeit   Riedler 2

Böll, Heinrich

Als der Krieg ausbrach	AR 68 – König 358/359
Als der Krieg zuende war	AR 68 – König 358/359
An der Brücke	Texte D R 8 – Zimmermann II
Anekdote zur Senkung der Arbeitsmoral	Goette – proj. du. 1 – Texte D H 9 – Texte DU 5/6 – Zobel
Ansichten eines Clowns	AR 8 – Beck 12 – Brauneck II – DU 6/80 – König 301 – Rinsum 2 – UTB 1368
Aussatz	Kienecker, Drama
Der Bahnhof von Zimbren	Durzak, Kg. – Int. II – König 370/371
Billard um halbzehn	Beck 12 – Lehmann IV – Rinsum 2
Bis daß der Tod ...	König 370/371
Die Botschaft	AR 68 – König 358/359
Brief an einen jungen Katholiken	Goette
Das Brot der frühen Jahre	AR 68 – Lit. 3/79 – Old. Int. 00632
Damals in Odessa	Int. III
Daniel, der Gerechte	UTB 1519 (S. 219)
Doktor Murkes gesammeltes Schweigen	AR 68 – Beck 12 – DU 3/66 – Zimmermann II
Du fährst zu oft nach Heidelberg	Durzak, Kg. – Lit. 4/88
Ende einer Dienstfahrt	Beck 12 – König 370/371
Entfernung von der Truppe	Beck 12
Erinnerungen eines jungen Königs	Prisma 3
Es wird etwas geschehen	AbL 10 – Auswahl 9 – Basis 4 – Int. IV – Klett 8 – Lesezeichen 10 – WW 6/64
Frauen vor Flußlandschaft	Kurz
Fürsorgliche Belagerung	Beth – Kurz 6
Gruppenbild mit Dame	Beck 12 – DU 6/76 – Lehmann – KiWi 101 – WW 4/78
Hauptstädtisches Journal	AR 68 – König 370/371
Haus ohne Hüter	Basis 6 – Beck 12 – Rinsum 5
Hier ist Tibten	König 358/359
Im Lande der Rujuks	Bachmann VII
Im Tal der donnernden Hufe	UTB 1519
Irisches Tagebuch	Beck 12
Keine Träne um Schmeck	König 370/371
Ein Kellner über Weihnachten	Kienecker, Prosa
Der Krieg	AR 68
Lohengrins Tod	Int. III – König 358/359 – UTB 1519
Der Mann mit den Messern	DU 6/76 – Int. III
Mein trauriges Gesicht	Basis 4 – König 70 – Texte D R 9
Monolog eines Kellners	PD 50/81
Der Nachkrieg	AR 68
Nicht nur zur Weihnachtszeit	König 370/371
Die Probleme der Frau Saubermann	König 370/371
Das Sakrament des Büffels	Goette
So ein Rummel	Int. II – König 70 – Praxis 3
Der Tod der Elsa Baskoleit	König 70

Über die Brücke	Int. IV
Über mich selbst	Goette
Unberechenbare Gäste	Anal. III — Auswahl 7 — Baumgärtner — Klett 7 — König 70 — Texte D H 8
Undines gewaltiger Vater	Int. VI
Und sagte kein einziges Wort	AR 68 — Beck 12 — König 358/359
Die ungezählte Geliebte	Anal. III
(An der Brücke)	Int. I — König 70 — Texte D R 8 Zimmermann II
Die verlorene Ehre der Katharina Blum	AR 41 — Beck 12 — Beth — König 308/309 — Kurz 5 — LuM — KiWi 62 — Zimmermann III
Vom armen H. B.	Beth
Die Waage der Baleks	Anal. II — Auswahl 8 — Bachmann II — Bauer 8 — Goette — Kamp 9 — Klett 8 — König 70 — Lehmann II — Manz, Bd. 12 — pro. du. 1 — Skorna — Texte DU 7 — Thiemermann — TS GRH 8
Wanderer, kommst du nach Spaa	AR 68 — Beck 12 — Durzak, Kg. — Int. III — König 358/359 — Kuge — UTB 1519
Der Wegwerfer	König 370/371 — Rinsum 3 — Zimmermann II
Wiedersehen in der Allee	AR 68 — König 358/359
Wiedersehen mit Drüng	AR 68 — König 358/359
Wie in schlechten Romanen	Int. VI — Lesezeichen 9 — König 370/371 — Texte DU 10
Wir Besenbinder	AR 68 — Int. II — LDB 10 — König 358/359 — Zobel
Wo warst du, Adam?	AR 68 — Beck 12 — König 358/359 — Lützeler — Texte DR 9
Der Zug war pünktlich	AR 68 — Beck 12 — Bernáth — König 358/359

Bohm, Gunhild
*Lichtkähne	Kurz

Boldt, Paul
*Junge Pferde	Anth. 6

Bolliger, Max
*Verwundbare Kindheit	Int. VIII
*Was man nicht zählen kann	AM 1

Bonaventura (Ps.)
Die Nachtwachen des Bonaventura	Reclam, Erz. — ZDPh 4/85

Bonhoeffer, Dietrich
*Von guten Mächten	Vögeli I

Bonhoeffer, Klaus
Abschiedsbrief eines Vaters	Anal. II — Texte D R 9

Borchardt, Rudolf
*Abschied	Reclam 5
*Auf die Rückseite eines Hand- spiegels	Anth. 1
*Das Mädchen liest das Buch	Anth. 11

Mit den Schuhen   Wiese, Lyrik II
Der unwürdige Liebhaber   Reich 2

Borchers, Elisabeth
Als der Krieg kam   Anal. II – Auswahl 8
*Das Begräbnis in Bollschweil   Anth. 2
*Chagall   Reclam 6
*Genug davon   Müller, Lyrik
*Die große Chance   Anth. 5
*Herbst   Anth. 11
*Der Hirtenknabe von Lenbach   Kunert
*Jemand schweigt   Anal. III
*Ein Nachbar sagt   Leha
*Oktober   Texte D 5
*Schöner Schnee   AM 1
*Wer lebt   Kurz

Borchert, Wolfgang
*Abendlied   Auswahl 5
An diesem Dienstag   Auswahl 8 – Bachmann III –
                                   Hippe, Bd. 4 – Kamp 9 – König
                                   299 – Texte DU 10 – TS GR 9 –
                                   Zimmermann II
*Antiquitäten   Anth. 11
Das Brot   Bachmann IV – Basis 4 – Bauer 9
                                   – Lesezeichen 9 – Rinsum 3
Draußen vor der Tür   Brauneck – Grundlagen 6087 –
                                   König 299 – Kienecker, Drama –
                                   Mennemeier 2
Die drei dunklen Könige   Anal. III – Bauer 7 – Int. Prosa
                                   – König 299 – Manz 1 – Prisma 3
                                   – Thiemermann
Generation ohne Abschied   Int. III
*Großstadt   Riha
Die Hundeblume   König 299
In Hamburg   mot. Ged. 10
Die Kegelbahn   Rinsum 5 – WW, Sammelband IV
Die Küchenuhr   Bachmann II – Bauer 8 – Frank –
                                   König 299 – Manz, Bd. 12
Die lange lange Straße lang   Int. III
Lesebuchgeschichten   Int. III – Goette – Texte D R 9
Mein bleicher Bruder   Abitur
*Der Mond lügt   mot. Ged. 1
Nachts schlafen die Ratten   Auswahl 8 – Bachmann IV – Bau-
   doch   er 6 – Durzak, Kg. – Goette –
                                   Klett 7 – König 299 – LDU 2 –
                                   MuB – Zimmermann II
Radi   Prisma 4
Schischyphusch   Auswahl 7 – Horizonte 3 – Kamp 7
                                   – König 299
Stimmen sind da   Bernáth
Von drüben nach drüben   DU 1/55
*Was morgen ist   TS H 7 – Volkmann

Boretto, Emanuel
*Mondgespräch   Manz, Bd. 12
*Die Saronischen Gedichte   mot. Ged. 10

Bormann, Alexander von
*Die Erde will freies Geleit   Kurz

Born, Nicolas
*Berliner Para-Phrasen   proj. du. 3
*Da hat er gelernt, was   Reclam 6
  Krieg ist
*Dies Haus   Anth. 12
*Die erdabgewandte Seite der   Kurz 6
  Geschichte
*Es ist Sonntag   Anth. 2
*Horror, Dienstag   Anth. 8

Bräker, Ulrich
Der arme Mann im Tockenburg   Horizonte 3 – Stationen

Bräunig, Werner
Ballade vom strengen Winter   Rinsum 5

Brambach, Rainer
Besuch bei Franz   Lesezeichen 9
*Bildnis eines jungen Mannes   Müller, Lyrik
Holzfällerschenke   mot. Ged. 8
*In jener Zeit   Vögeli II
Känsterle   Basis 4 – Merold
*Meine Vorfahren kamen nie vom   Anth. 9
  Norden los
*Paul   Auswahl 9 – Baumgärtner, Balla-
    de, – Berger – Klett 7 – mot.
    Ged. 3

Brant, Sebastian
Das 19. Kapitel   WW 1/77

Brasch, Thomas
*Brunkes Lieblingsgedicht   Kunert
*Fliegen im Gesicht   Durzak, Kg.
*Lied   Anth. 6
*Rotter   DGD 1 – KdD
*Schlaflied für K.   Anth. 6
*Der schöne September   Anth. 11
*Vorkrieg   Anth. 9

Braun, Volker   Cosentina/Ertl: Zur Lyrik Volker
    Brauns. Analysen (Athenäum).
    1984
*An Friedrich Hölderlin   UTB 1470
Dmitri   Beck 31
*Durchgearbeitete Landschaft   Anth. 1 – Hotz 1
*Der ferne Krieg   Vögeli II
Großer Frieden   Beck 31
Guevara   Beck 31
*Jazz   UTB 1470
Lenins Tod   Beck 31
*Nach dem Treffen der Dichter   Reclam 6
Schnitten   Beck 31
Simplex Deutsch   Beck 31
*Tagtraum   Anth. 13
Tinka   Beck 31 – Müller, Dramen 2

© Schöninghbuch 3 506 77895 1

Das ungezwungene Leben Kasts I, II	Beck 31
Unvollendete Geschichte	Beck 31 – PD 62/83 – Old. Int. 88647
*Wir und nicht sie	UTB 1470

Brecht, Bertolt

*Alles wandelt sich	Praxis 3
*Als ich im weißen Kranken- zimmer der Charité	Anth. 2
*An den Schwankenden	Anth. 5
An die Nachgeborenen	Anregung 6/79 – Auswahl 9 – Hotz 1 – Merkelbach – mot. Ged. 2 – proj. du. 8 – Reclam 5 – Suhr- kamp 927 – UTB 1470
*An meine Landsleute	Prisma 4 – Spektrum – Texte D R 9
*Antigones letzte Rede	Suhrkamp 927
*Die Antwort	Anal. III – DU 1/71
Auf der Galerie	Klett AL
Der aufhaltsame Aufstieg des Arturo Ui	Suhrkamp 2029 – UTB 1028
*Aufstieg und Fall der Stadt Mahagonny	Mennemeier 1
Der Augsburger Kreidekreis	Anal. II – Auswahl 8 – Bachmann II – DUK 1 – Goette – Int. II – Knopf – König 82 – Lehmann II – Thiemermann – WW 3/81 – Zim- mermann I
*Ausschließlich wegen der zunehmenden Unordnung	Suhrkamp 927
Baal	Hinderer
Badener Lehrstück vom Einver- ständnis	AR 14 – König 310/311 – Menne- meier 1
*Die Ballade vom Wasserrad	Bauer, Lyrik – Mennemeier 1 – mot. Ged. 2
*Ballade vom Weib und dem Sol- daten	Kamp 8
*Ballade von den Seeräubern	Fritsch, Ballade
*Ballade von der Freundschaft	Reclam 7
*Ballade von der Hanna Cash	Freund, Ballade
*Ballade von des Cortez Leuten	Freitag – Fritsch, Ballade – Hinck – Moritz – Neis, Balladen – Texte D R 7 H 8 – TS GR 9
*Bericht des Schiffbrüchigen	Prisma 3
*Bericht vom Fliegen	Texte DR 9
Der beste Stil	DD 13/73
Die Bestie	Basis 4
Der Bettler oder Der tote Hund	Mennemeier 1
Die Bibel	Mennemeier 1
*Der Blumengarten	Anal. I – Anth. 4 – Auswahl 5 – Klett C 6 – Leha – PD 56/82
*Böser Morgen	DU 1/71 – PD 56/82
*Brief an den Schauspieler Char- les Laughton, die Arbeit an dem Stück ‚Leben des Galilei' betreffend	WW 1/72

*Brief an den Stückeschreiber Odets	WW 1/72
*Briefe über Gelesenes (Horazens Episteln, Buch 2, Epistel 1)	WW 5/75
*Buckower Elegien	DU 1/71 – Reclam 6
Cäsar und sein Legionär	König 82 – WW 5/71
Definition des Denkens	Anal. III
*Der demokratische Richter	Herrmann
Der Denkende und der falsche Schüler	Klett 8 – Praxis 3
*Deutsche Kriegsfibel	mot. Ged. 3
*Deutschland	mot. Ged. 2 – Müller, Lyrik – Suhrkamp 927
*Deutschland, du Blondes, Bleiches	mot. Ged. 2
*Drachenlied	LDB 8
*Dreigroschenoper	Grundlagen 6097 – Mennemeier 1 – Suhrkamp 2056
Dreigroschenroman	Brauneck – KdD – LGW 38
*Eines nicht wie das andere	DU 5/72
*Einst	Anregung 5/70 – Urbanek
*Eisen	Klett C 6 – Suhrkamp 927
*Entdeckung an einer jungen Frau	Anth. 13 – Merkelbach – Reclam 5 – Suhrkamp 927
*Erinnerung an die Marie A.	Anth. 5 – Hippe – mot. Ged. 4 – Praxis 2 – PD 46/81 – Wiese, Lyrik II
*Erster Psalm	Kienecker, Lyrik
*Es war einmal ein Rabe	Bauer 6
Das Experiment	Anal. III – Int. X – König 82 – Texte D R 10
*Fahrend in einem bequemen Wagen	DU 2/81 – Klett 7 – Praxis 3 – TS GR 7
*Fragen eines lesenden Arbeiters	AM 1 – Auswahl 9 – Bauer, Lyrik – DU 2/66 und 1/71 – Goette – Merkelbach – mot. Ged. 2 – Prisma 4 – Suhrkamp 927 – Vögeli II – TS GRH 9
*Frühling 1938	Herrmann – Klett 7
Fünf Schwierigkeiten beim Schreiben der Wahrheit	DD 67/82
Furcht und Elend des Dritten Reiches	Grundlagen 6090 – Mittenzwei
*Der Gast	Anth. 4
*Gedanken über die Dauer des Exils	Suhrkamp 927
*Gegen Verführung	Anth. 4 – Kimpel – Merkelbach
*Gesang der Reiskahnschlepper	Spektrum
*Gesang des Soldaten der Roten Armee	mot. Ged. 7
Die Geschäfte des Herrn Julius Cäsar	ZDPh 4/85
*Die Geschichte von der Mutter Courage	Lesezeichen 8
Geschichten vom Herrn Keuner	Krusche
Hungern	DU 4/74

Form und Stoff	Klett 8 – Spektrum
Die Frage, ob es einen Gott gibt	DU 4/74
Freundschaftsdienste	Bauer 8 – Manz 1
Herr K. fährt Auto	Klett 8
Herrn K.s Lieblingstier	Klett 7 – Praxis 3
Der hilflose Knabe	AM 1 – Anal. III – Klett C 6 – proj. du. 6 – TS H 6
Maßnahmen gegen die Gewalt	AM 3 – Baumgärtner – Prisma 5
Wenn Herr K. einen Menschen liebte	Goette – Klett AL – Knopf – TS GRH 10
Die Gesichte der Simone Machard	Mennemeier 2
Gespräch über die Südsee	Volkmann
Gespräche	DD 13/73
Die Gewehre der Frau Carrar	Klett, Lesehefte – Mennemeier 2 – Mittenzwei – Suhrkamp 2017
*Gleichnis des Buddha vom brennenden Haus	Klett 8
*Glückliche Begegnung	DU 5/82
*Glücklicher Vorgang	Anth. 6 – Knörrich – DU 5/82
Die große Methode	DU 6/78
*Großer Dankchoral	Auswahl 10
Der gute Mensch von Sezuan	AR 3 – Basis 1 – Brauneck – Hinderer – Jendreiek – KdD – König 186 – LGW 41 – Lektüre – Manz 2 – Suhrkamp 2021 – Uhi 94551
(8. Bild)	Grundlagen 6088 – WW 6/71
*Keinen verderben zu lassen	Klett 7
*Die gute Nacht	Anth. 8
Die heilige Johanna der Schlachthöfe	AR 14 – Brauneck – Grundlagen 6061 – Hinderer – Jendreiek – KdD – König 187 – PD 31/78 – Suhrkamp 2049
Herr Puntila und sein Knecht	ASL – Grundlagen 6076 – Hinck, Kom. – König 306 – LGW 41 – Lucas – Martini
*Hollywood Elegien	DU 1/71 – Lit. 3/80 – Suhrkamp 927
Die Horatier und die Kuratier	proj. du. 6
Das Horoskop	Klett 7
Hunger ist ein schlechter Koch	Klett 8
Hungern	DU 4/74
*Ich benötige keinen Grabstein	Suhrkamp 927
*Ich habe gehört, ihr wollt nichts lernen	DU 1/71 – Helmers – TS GRH 8
Im Dickicht der Städte	Hinderer – Mennemeier 1
Der Ingwertopf	Bauer 7 – DU 5/71 – Kienecker, Drama – Klett 7 – Texte D 7 und H 8 – TS GR 6
*Der Insasse	DU 1/71
Der Jasager und der Neinsager	AR 14 – BfDL 1 und 2/75 – Klett 8 – König 312/313 – Mennemeier 1
Die jüdische Frau	Baumgärtner
*Kälbermarsch	Rinsum 4
Kalendergeschichten	Old. Int. 88631
*Karfreitag	Rodopi

Der kaukasische Kreidekreis	AR 2 – Grundlagen 6082 – Hinderer – Jendreiek – Kamp 9 – KdD – König 277 – LDB 9 – LGW 41 – Müller, Dramen 2 – Müller, Modell – Old. Int. 88613 – Rinsum 4 – Suhrkamp 2054 – WW, Sammelband IV
*Keinen verderben zu lassen	Klett 7
*Kinderkreuzzug	Anal. II – Hinck – Moritz – Müller, Modell – PD 35/79
*Kinderlieder	Anth. 2 – WW 3/77
*Der Kirschdieb	Anth. 3 – Bauer 6 – Bohusch – Giehrl – Klett 5 – Moritz – Texte D 5 – TS GRH 5
Kleinbürgerhochzeit	Mennemeier 1 – Weber
*Kohlen für Mike	Auswahl 5 – Bauer 7 – Baumgärtner, Balladen – Texte D H 7 – Vögeli II
*Der Krieg ist geschändet worden	mot. Ged. 3
Kriegsfibel	Lit. 1/82
*Die Krücken	Anth. 13
*Laßt euch nicht verführen	Giehrl
Leben des Galilei	AR 3 und 26 – Brauneck – DU 1/71 – Grundlagen 6084 – Hinderer – Ismayr – Jendreiek – KdD – König 293 – Lektüre – LGW 41 – Mennemeier 2 – Mittenzwei – Modellanalysen 15 – Neis – Rinsum 1 – Suhrkamp 2006 – Wiese, Drama II – WW, Beiheft 12/65
Leben des Konfutse	Bauer 7
Leben Eduard II. von England	Mennemeier 1
Legende der Dirne Evelyn Roe	DU 6/76 – Hinck – WW 5/77
*Legende vom toten Soldaten	Hinck – mot. Ged. 3 – WW 5/77
*Legende von der Entstehung des Buches Taoteking	Anal. III – Auswahl 9 – Bauer 7 – Bauer, Lyrik – Baumgärtner, Ballade – Freitag – Fritsch, Ballade – Goette – Hinck – Hotz 1 – Klett 8 – Lit. 2/83 – Merkelbach – Moritz – Müller, Lyrik – Neis, Balladen – Praxis 3 – Reclam 7 – Urbanek – WW 5/77 und Sammelband IV
*Die Liebenden	Anal. III – Anth. 9 – Hippe 50 – Hotz – Merkelbach – mot. Ged. 9 – Neis, Gedichte – Praxis 2 und 3 – Rinsum 4 – Rodopi – Texte DH 9
*Liebeslied aus einer schlechten Zeit	Suhrkamp 927
*Lied der Galgenvögel	Rodopi
*Lied der Mutter über den Heldentod	Anth. 13
*Lied der Starenschwärme	mot. Ged. 9
*Lied des Freudenmädchens	Merkelbach
*Lied einer deutschen Mutter	mot. Ged. 5
*Lied vom achten Elefanten	mot. Ged. 2 und 9

*Das Lied vom Anstreicher Hitler	mot. Ged. 2
*Das Lied von der Eisenbahn-truppe von Fort Donald	Vögeli II
*Das Lied von der Moldau	Anth. 3 – Lit. 1/84 – mot. Ged. 2 – Suhrkamp 927 – TS GRH 9
*Lied von meiner Mutter	Anal. III
*Die Literatur wird durch-forscht werden	Goette – Suhrkamp 927
*Liturgie vom Hauch	Mennemeier: B. Brechts Lyrik (Schwann)
*Lob der Partei	Merkelbach
*Lob der Vergeßlichkeit	Anth. 11
*Lob des Revolutionärs	Suhrkamp 927
*Die Lösung	DU 1/71 – Hinck – mot. Ged. 2 – Suhrkamp 927
Lux in tenebris	Mennemeier 1
Mann ist Mann	Mennemeier 1 – Steffen
Der Mantel des Ketzers	Bachmann III – Int. IV – König 82 – TS GR 8
Märchen	Zobel
*Die Maske des Bösen	Klett 8 – TS H 7
Die Maßnahme	Anregung 5/71 – AR 14 – Brauneck – Karitz, Guido: Typologie des Dramas (Schwann). 1976 – König 210/211 – Mennemeier 1 – Mitten-zwei – Rinsum 1
Maßnahmen gegen die Gewalt	Klett AL – MuB – Rinsum 3 – Texte D H 9
*Mein Bruder war ein Flieger	mot. Ged. 3
*Mein Zuschauer	Rodopi
*Meine Mutter	Anth. 8
*Moderne Legende	Freitag – mot. Ged. 3
Der Mord im Pförtnerhaus	Horizonte 2
*Moritat von Mackie Messer	Fritsch, Ballade
Mühsal der Besten	DD 13/73
*Die Musen	Anth. 9
Die Mutter	AR 14 – Mittenzwei – UTB 1407
Mutter Courage und ihre Kinder	AR 2 und 19 – Brauneck – Grundlagen 6089 – Hinderer – Jen-dreiek – KdD – König 277 und 318 – LGW 41 – Lucas – Rinsum 1 – Suhrkamp 2016 – Wiese, Drama II – Bauer, Lyrik – Moritz
*Das Lied vom Weib und dem Soldaten	Herrmann – Lektüre, Lyrik – Merkelbach
*Die Nachtlager	DU 1/71
*Nackt und ohne Behang	Klett AL – Rinsum 3
Der natürliche Eigentumstrieb	Anth. 12 – Suhrkamp 927
*Ein neues Haus	Binder – Suhrkamp 927
1940/VI	Anth. 12
*O Falladah, die Du hangest	Anth. 6
*O Lust des Beginnens	DD 13/73
Die Organisation	AR 14 – Mennemeier 1
Der Ozeanflug	Kienecker, Prosa
Das Paket des lieben Gottes	PD 39/80
*Die Pappel vom Karlsplatz	Lesezeichen 8
*Der Pflaumenbaum	

*Der Radwechsel	Auswahl 10 – Bauer 8 – DU 1/71 – Hotz 1 – Merkelbach – Rinsum 4 – TS GR 8 – Urbanek
*Der Rauch	AM 1 – Auswahl 5 – Bohusch – Hotz 1 – Klett C 6 – PD 56/82 – TS GR 5
*Rede eines Arbeiters an einen Arzt	Giehrl
*Rückkehr	Hotz 1 – Prisma 4 – Suhrkamp 927 – Texte DR 9
*Rudern, Gespräche	DU 5/82
Die Rundköpfe und die Spitzköpfe	König 310/311 – Mennemeier 2 – Mittenzwei
*Die Ballade vom Wasserrad	Bauer, Lyrik – Mennemeier 1 – mot. Ged. 2
*Das Schiff	Anth. 1
*Schlechte Zeit für Lyrik	Anregung 6/79 – Bauer 9 – Riedler 2
*Der Schneider von Ulm	Bauer 6 – BfDL 2/65 – Horizonte 3 – Neis, Balladen
Schweyk im Zweiten Weltkrieg	Mennemeier 2 – WW 1/73
*Schwierige Zeiten	DU 5/82 – Hinck – Suhrkamp 927 – UTB 1115
Schwierigkeiten, Gewalt zu erkennen	Anal. III
*Die Seeräuber-Jenny	Goette – Vögeli II
Der Soldat von Ciotat	König 82 – PD 39/80 – Zobel
*Songs aus „Aufstieg und Fall der Stadt Mahagonny"	Mennemeier 1
Der Städtebauer	proj. du. 1 – Texte DU 5/6
Die Tage der Kommune	Hinderer – Ismayr
*Tannen	Anregung 6/79 – DU 5/82 – PD 56/82
Trommeln in der Nacht	Mennemeier 1 – Hinderer – Litko 2
Turandot	Mennemeier 2
*Über das Frühjahr	Berger – LDU 2
*Über das Lehren ohne Schüler	DU 1/71
Über das Lesen von Büchern	Zobel
*Über die Bezeichnung Emigranten	mot. Ged. 2
*Über induktive Liebe	Hotz – Leha
*Über Kleists Stück „Der Prinz von Homburg"	DU 2/73
*Über Schillers Gedicht „Die Bürgschaft"	Bauer, Lyrik
*Überall vieles zu sehen	Praxis 3
Überzeugende Fragen	DD 13/73
Ulm 1592	Knopf – PD 39/80
*Unglücklicher Vorgang	DU 5/82
Untergang der Städte Sodom und Gomorrha	Riha
Die unwürdige Greisin	AM 3 – DU 1/73 – Int. I – Kamp 9 – König 82 – Kuge – Lit. 2/79 – Rinsum 3 – Texte DU 9
Vaterlandsliebe, der Haß gegen Vaterländer	Manz 1
*Vergnügungen	Anth. 12 – Suhrkamp 927
Das Verhör des Lukullus	BfDL 3/66

© Schöninghbuch 3 506 77895 1

Der Verrat	Skorna
*Vers-Ironie	AM 1
*Verwisch die Spuren	Rodopi
Der verwundete Sokrates	König 2
Vier Männer und ein Pokerspiel	Bachmann V — Basis 4 — Int. IX
*Die Vögel warten im Winter	Bohusch — Frank — Horizonte 1 —
vor dem Fenster	Hotz — Leha — mot. Ged. 9
*Vom armen B. B.	Merkelbach — Suhrkamp 927
*Vom ertrunkenen Mädchen	Hinck
*Vom Glück des Gebens	Klett 5
*Vom Schwimmen in Seen und	DU 5/58 — Fritsch, Natur —
Flüssen	Hippe 50
*Vom Sprengen des Gartens	Anth. 12
*Von der Freundlichkeit der	Anth. 7 — Auswahl 10 — Berger —
Welt	Klett 8 — Praxis 3
*Von der Kindsmörderin Marie	Hinck — TS GR 10
Farrar	
*Von der Willfährigkeit der Natur	Suhrkamp 927
*Was ein Kind gesagt bekommt	PD 22/77 — Texte D 6
*Wechsel der Dinge	Anth. 6
Die Weiber von Weinsberg	Bauer 6
*Weihnachtslegende	WW 5/77
Weise am Weisen ist die Haltung	Klett AL
Wenn die Haifische Menschen	LDU 1 — proj. du. 1
wären	
*Wer aber ist die Partei?	DD 1/70 — Merkelbach — Peter
Das Wiedersehen	DD 13/73 — Int. VIII — WW 6/73
*Wiegenlieder	Klett AL — Rodopi
*Das zehnte Sonett	Anth. 12
Zwei Fahrer	Klett 8
Die zwei Söhne	König 82

Bredel, Willi
Maschinenfabrik N. u. K.	Brauneck II — DD 45/79

Brehm, Alfred Edmund
Die Katze als Mutter	Anal. I

Brehm, Bruno
Der Sprung ins Ungewisse	Anal. I

Bremer, Claus
*erde	Distanz — Kienecker, Exp.

Brenner, Paul A.
*Aigues-Mortes	Vögeli II

Brentano, Clemens
*Abendständchen	Anregung 5/78 — Bauer, Lyrik — Berger — DU 3/87 — Hotz — König 266 — TS G 8 — Wiese, Lyrik II
*Die Abendwinde wehen	Reclam 3
*Auf dem Rhein	Hinck — Reclam 3
*Ein Becher voll von süßer Huld	Anth. 13
*Eingang	BfDL 1980
*Es sang vor langen Jahren	Reclam 3
Es tuts der Mond	Klett 8
Fanferlieschen Schönefüßchen	Seidlin, Klassiker
*Frühes Liedchen	Urbanek

© Schöninghbuch 3 506 77895 1

*Frühlingsschrei eines Knechtes	Reclam 3
Die Geschichte vom braven Kasperl und dem schönen Annerl	Freund − Lesereihe 2 − Litko 14 − Praxis 2 − Reclam, Erz. − Wiese, Novelle I
Gockel, Hinkel und Gackeleia	DU 6/56
Godwi	Wiese, Lessing
*Die Gottesmauer	Freund, Ballade
*Hör, liebe Seel	Spektrum
*Hörst du, wie die Brunnen rauschen	Anal. III
*Ich hört ein Sichlein rauschen	DU 2/82
*Ich kenn ein Haus	Hinck
*In dem Lichte wohnt das Heil	König 266
*Lore Lay	Freitag − Moritz − Reclam 7
Märchen vom Rhein und Müller Radlauf	Bauer 6
*Nachklänge Beethovenscher Musik	Wiese, Lyrik II
*O schweig nur Herz	Anth. 7
*O Traum der Wüste	DU 2/82
*Ponce de Leon	ZDPh, Sonderheft 1988
*Schwanenlied	Wiese, Lyrik II
*Der Spinnerin Lied	AbL 10 − Bauer, Lyrik − DU 2/82 − Lobentanzer − Meyer − proj. du. 8 − Rinsum 4 und 5
*Sprich aus der Ferne	Killy
Vom Schwaben, der das Leberlein gefressen	Bauer 6
*Was reif in diesen Zeilen steht	Reclam 3
*Wenn der lahme Weber träumt	Kaiser, Lyrik − Riedler 2
*Wiegenlied	Anth. 3 − Bauer 5 − Kayser − TS GRH 6
*Zauberspruch	Horizonte 3

Brinkmann, Rolf Dieter

*Eine jener klassischen	Anth. 4 − Hotz 1 − PD 46/81 − Reclam 6
*Einfaches Bild	Lektüre, Lyrik
*Hölderlin-Herbst	Anth. 4
*Oh, friedlicher Mittag	Riha
*Die Orangensaftmaschine	UTB 1115

Britting, Georg

*Abend	Prisma 4
*Am offenen Fenster bei Hagelwetter	Auswahl 5 − Klett C 6 − Prisma 3
*Bei den Tempeln von Paestum	mot. Ged. 10
*Der Bethlehemitische Kindermord	Texte D H 7
Brudermord im Altwasser	Auswahl 9 − Bachmann II − Bauer 8 − DUK 1 − Int. IV − Kamp 8 − MuB − Prisma 3 − TS G 8
*Drachen	Hotz
Das Duell der Pferde	Prisma 4
*Der Fasan	mot. Ged. 9
Fischfrevel an der Donau	Klett C 6
*Fröhlicher Regen	Anal. II − Hotz − Klett 7
*Früh im Jahr	Hippe − mot. Ged. 6
Der Gang durchs Gewitter	Int. VII
*Goldene Welt	Anal. II − Auswahl 6

*Grüne Donauebene	Hippe 50 – mot. Ged. 10 – Wiese, Lyrik II
*Der Hahn	mot. Ged. 9 – Vögeli I
*Krähen im Schnee	mot. Ged. 9
*Krähenschrift	mot. Ged. 9
Der Kuckuck	mot. Ged. 9
*Landregen	Klett 5
Lebenslauf eines dicken Mannes, der Hamlet hieß	Reich 2
Märchen vom dicken Liebhaber	Int. I
*Der Mond kommt jetzt sehr früh herauf	Anal. I – Auswahl 6 – Bauer 6 – Horizonte 2
*Mondnacht auf dem Turm	mot. Ged. 1
*Der Morgen	Auswahl 5
*Möwen am Fenster	mot. Ged. 9
*Raubritter	Anal. I – Hippe 50 – Hotz – Kamp 6 – mot. Ged. 9
Die Rettung	Lehmann
*Septembersonett von der gelben Wespe	mot. Ged. 9
*Sommergefühl	Anal. III – mot. Ged. 6 – Wiese, Lyrik II
*Sommersonntag in der Stadt	Auswahl 5 – Texte D R 8
*Die Sonnenblume	Auswahl 5 – Bauer 6 – Knörrich
*Was hat, Achill ...	Reclam 5

Broch, Hermann

Ein Abend Angst	UTB 1519
Aus der Luft gegriffen	Kessler/Lützeler: Hermann Broch (Narr)
Demeter Fragment	Kessler/Lützeler (s. o.)
*Diejenigen, die im kalten Schweiß	Anth. 13
Die Heimkehr	Krusche
Huguenau oder Die Sachlichkeit	Koopmann
Eine leichte Enttäuschung	UTB 1519
Eine methodologische Novelle	Krusche
Pasenow oder Die Romantik	Koopmann
Die Schlafwandler	Durzak, Manfred: Hermann Broch (Sprache und Literatur, Bd. 4) (Kohlhammer). 1968 – Kessler/ Lützeler (s. o.) – Koopmann – Lützeler – Reich 2 – Suhrkamp 2006
Die Schuldlosen	Kessler/Lützeler (s. o.) – WW 3/84
Der Tod des Vergil	Kessler/Lützeler (s. o.) – Neis, Erzählkunst – Suhrkamp 2095 – Wiese, Roman II
Die unbekannte Größe	Kessler/Lützeler (s. o.)
Verzauberung	Suhrkamp 2039
Vorüberziehende Wolke	Krusche – UTB 1519

Brockes, Barthold Hinrich

*Die uns im Frühling ...	Reclam 2
*Gedanken bey dem Fall der Blätter im Herbst	Anth. 11
*Der gestirnte Baum	Anth. 9

© Schöninghbuch 3 506 77895 1

*Kirsch-Blüte bey der Nacht	Anth. 5 – Epochen 486 – König 296 – Rinsum 4
*Mondschein	mot. Ged. 1
Bröger, Karl	
*Kohle, schwarze Kohle	mot. Ged. 8
*Lied der Arbeit	mot. Ged. 8
*Die Maschine	mot. Ged. 8
*Nachtschicht	mot. Ged. 8
*Walzwerk	mot. Ged. 8
Bronnen, Arnolt	
Die Geburt der Jugend	Mennemeier 1
Der Ostpolzug	Mennemeier 1
Vatermord	Mennemeier 1
Brückner, Christine	
Lewan, sieh zu	Int. X
Ein Pferd ist ein Pferd, und ein Trecker ist ein Trecker	Int. X – Kamp 1
Schwierigkeiten beim Ausfüllen eines Meldezettels	Int. X
Brunk, Sigrid	
Das Nest	Kurz 6
Brust, Alfred	
Der ewige Mensch	Mennemeier 1
Die Schlacht der Heilande	Mennemeier 1
Bruyn, Günter de	
Neue Herrlichkeit	Zimmermann III
Buber, Martin	
Die fünfzigste Pforte	Anal. III
Buch, Hans Christoph	
*Epilog	Kontrapunkte
Buck, Albert	
Sonnenblumen am Don	Anal. II
Büchner, Georg	
Dantons Tod	AR 18 – DU 2/79 – Eversberg – Grundlagen 6392 – Kafitz 1 – KdD – Kobel, Erwin: G. Büchner (de Gruyter). 1974 – Klett AL 39920 – König 235 – LGW 33 und 47 – Müller, Dramen 1 – Old. Int. 88633 – Rinsum 1 und 5 – RUB 8104 – Werner: Studien zu G. Büchner (Aufbau) – Wiese, Drama II – WW, Sammelband III
Hessischer Landbote (Auszug)	Anal. III – König 236 – Old. Int. 88615
Lenz	AR 18 – DD Heft 92 – dtv – Ekker – Gärditz – Grundlagen 6031 – Klett AL – Kobel (s. o.) – König 236 – Kunz 2 – Lehmann I – LGW 33 – Meyer – Old. Int. 88614 – RUB 8180 – UTB 1519 – Werner (s. o.) – Wiese, Novelle II – ZDPh, Sonderheft 1988

Leonce und Lena	DD Heft 92 – Hildesheimer, Wolfgang. Interpretationen (Suhrkamp, Bd. 297) – Hinck, Kom. – KdD – Klett AL (39923) – Kobel (s. o.) – König 236 – LGW 33 – UTB 1498 – Werner (s. o.)
Märchen	Abitur – Goette
*Das weiße Bett	Anth. 1
Woyzeck	AR 18 – Basis 2 – BfDL 1979 – DD Heft 92 – DU 4/71 und 2/81 – Grundlagen 6393 – KlaS – Klett AL (39907) – Kobel (s. o.) – König 235 – Kraft – Lesereihe 3 – LGW 33 – Lektüre – Manz 2 – Old. Int. 88615 – Rinsum 1 und 3 – RUB 8117 – Stationen – UTB 975 – Wiese, Drama II – Wiese, Persp.

Bürger, Gottfried August

*Auch ein Lied an den lieben Mond	mot. Ged. 1
*Der Bauer an seinen durchlauchtigen Tyrannen	Binder – mot. Ged. 2
*Lenore	Freitag – Freund, Ballade – Moritz – Neis, Balladen – Reclam 7 – Wiese, Lyrik I
*Mollys Abschied	Anth. 9
*Naturrecht	Anth. 4
*Des Pfarrers Tochter von T.	Reclam 2
*Die Schatzgräber	Anal. I – Horizonte 1

Bulla, Hans Georg

*Spuren	Kunert

Burkart, Erika

*Flocke um Flocke	Anth. 10

Busch, Wilhelm

*Die Affen	Klett 7
Der alte Narr	Horizonte 2
Balduin Bählamm	Lit. 2/78
*Daneben	Auswahl 5
*Ein dicker Sack	Klett 5
*Es saßen einstens beieinand	Auswahl 5 – Klett C 6
*Es sitzt ein Vogel auf dem Leim	Auswahl 5
*Es stand vor eines Hauses Tor	Auswahl 5
*Fabel mit Humor	Klett 8
*Fink und Frosch	Anal. I – Helmers – Hotz – Klett 5 – TS GR 5
Fipps der Affe für Kinder	Klett 7
*Die Freunde	Anal. II
Fuchs und Igel (= Bewaffneter Friede)	Anal. III – Hotz – Klett C 6 – proj. du. 1
*Das Hemd des Zufriedenen	Klett C 6
*Max und Moritz	Leha
*Sahst Du das wunderbare Bild von Brouwer?	Anth. 3 – Reclam 4

© Schöninghbuch 3 506 77895 1

*Schein und Sein — Anal. II — Vögeli I
*Tröstlich — Anth. 5

Busta, Christine
*Der alte Fischer — Prisma 2
*Am fünften Dezember — Auswahl 5 — Klett 5
*Am Rande — Anth. 10
*April — Auswahl 5
*Auf einer westfälischen Wasserburg — mot. Ged. 10
*Chronik — Auswahl 8
*Für den Winterabend — Baumgärtner
*Gefrorener Wasserfall — Bauer, Lyrik — Giehrl
*Herbst der kleinen Leute — Auswahl 5
*Das Hündlein — Bohusch
*Im Anschaun deiner Augen — Knörrich
*In der Morgendämmerung — Hippe 50
*Paraphrase von den Spuren im Schnee — Anal. III — Kienecker, Lieder
*Signale — Anth. 2 — Hotz 1
*Der Stern — Prisma 2
*Der taube Hirte — Prisma 3
*Ungarisches Wiegenlied — Kranz
*Verwandlung — Lobentanzer
*Von der Gerechtigkeit — Anal. II — Kienecker, Lyrik
*Wo holt sich die Erde die himmlischen Kleider — AM 1 — Anal. 1 — Auswahl 5 — Klett 5

Canetti, Elias
Die Blendung — Lützeler — Mitt. 3 und 4/82 — WW 5/78
Masse und Macht — Beck 38

Carossa, Hans
*Der alte Brunnen — Bohusch — Hippe — Hippe, Bd. 4 — Vögeli I
*Alter Baum im Sonnenaufgang — Hippe 50
*Nacht — Knörrich
*Stern über der Lichtung — Hippe 50
*Tage lang hab ich den Acker ... — Goes
*Was einer ist, was einer war — Hotz

Celan, Paul
*Altenwende — Müller, Lyrik
*Anabasis — Anth. 8
*Argumentum e silentio — Beyer, Renate: Sprache als poetisches Motiv (Schwann). 1977
*Assisi — mot. Ged. 10
*Aus Herzen und Hirnen — Lobentanzer
*Bei Wein und Verlorenheit — Anth. 10
*Ein Blatt, baumlos — Anregung 6/79
*Blume — Beyer (s. o.)
*Ein Dröhnen — Rinsum 4
*Du liegst im großen Gelausche — Eckermann — Hotz 1
*Dunkles Aug im September — Müller, Lyrik
*Engführung — Lorenz
*Espenbaum — Goette — Hotz — Kamp 9 — Klett 8 — Manz, Bd. 12

55   Celtis

*Fadensonnen	Reclam 6
*Das Fremde	Anth. 3
*Das Geschriebene	Kopplin
*Huhediblu	Lit. 2/88
*In memoriam Paul Eluard	Anth. 6
*In Prag	Anth. 5
*kam, kam	Eckermann
*Keine Sandkunst mehr	Rinsum 4
*Ein Knirschen von eisernen Schuhn	Anth. 9
*Die Krüge	Anal. III – Lobentanzer
*Mandorla	Herrmann
*Marianne	Modellanalysen 5
*Matière de Bretagne	Neis, Gedichte – Urbanek
*Nacht	Lektüre, Lyrik
*Die Posaunenstelle	Lektüre, Lyrik
*Psalm	Buhr, Gerh: Celans Poetik (Vandenhoeck). 1976
*Rebleute graben	WW 3/89
*Sommerbericht	Hippe 50
*Sprachgitter	Hippe 50 – Kaiser, Lyrik – Hotz 1 – Praxis 3
*Tenebrae	Kienecker, Lyrik
*Todesfuge	Anregung 1/69 – Auswahl 9 – Bauer, Lyrik – BfDL 4/68 und 4/70 – DD Heft 100 – Herrmann – Heselhaus – Hippe – Köpf (S. 120) – Manz, Bd. 12 – mot. Ged. 2 und 5 – Müller, Lyrik – Neis, Balladen – Praxis 2 – Rinsum 5 – Urbanek – Vögeli II
*Tübingen, Jänner	Müller, Lyrik
*Und Kraft und Schmerz	Anth. 2
Unter einem Bild von V. van Gogh	Kranz
*Weggebeizt	Anth. 7
*Wir lagen	Anth. 1
*Zähle die Mandeln	Anal. III

Celtis, Konrad
| *Ode an Apollinem | Reclam 1 |

Chamisso, Adalbert von
*Die alte Waschfrau	Freitag – mot. Ged. 8
Peter Schlemihls wundersame Geschichte	DD 1/87 – DU 1/87 – KlaS – Klett, Lesehefte – Lesereihe 9 – Lit. 1/86 – Modellanalysen 2 – Reclam, Erz. – RUB 8158(2) – Schwann, J: Vom „Faust" zum „Peter Schlehmihl". Kohärenz und Kontinuität im Werk Chamissos (Narr) – Wiese, Novelle I
*Der rechte Barbier	Anal. I – Auswahl 5 – Prisma 2 – TS GRH 5
*Das Riesenspielzeug	Freund, Ballade – Horizonte 1
*Schloß Boncourt	Reclam 4 – Vögeli II
*Tragische Geschichte	Anth. 7
*Die Weiber von Winsperg	Anal. I – Bohusch

Claudius, Hermann
*Apfelkantate   Anal. I
Gustav Knoop   Texte DU 5/6

Claudius, Matthias
*Abendlied   Anal. I – Anregung 5/65 – Aus-
                                       wahl 5 – Berger – Hippe – Hotz –
                                       Klett C 6 – Manz, Bd. 12 – mot.
                                       Ged. 1 – proj. du. 9 – Reclam 2
                                       – Rinsum 4 – TS RH 8 – Vögeli I
                                       – Wiese, Lyrik I
*An –, als ihn die – starb   Anth. 7
Brief an seinen Sohn Johannes   Texte D R 9
Brief über Lessings „Minna von   Praxis 2
   Barnhelm"
Erwartung des Unsichtbaren   Anal. III
*Der Frühling   Anth. 9 – mot. Ged. 6
*Fuchs und Bär   Klett 5
*Kartoffellied   Anal. I
*Kriegslied   Anal. II – Anth. 10 – Berger –
                                       Hotz – Kamp 9 – Klett 7 – Lese-
                                       zeichen 8 – Manz – mot. Ged. 3 –
                                       Prisma 4 – Reclam 2 – Spektrum
*Die Liebe   Kranz
*Ein Lied hinterm Ofenzu singen   Bauer 5 – Leha
*Der Mensch   Anth. 8 – Bauer, Lyrik – Berger
                                       – Giehrl – Kaiser, Lyrik – Lese-
                                       zeichen 10 – Neis, Gedichte –
                                       Prisma 5
*Motet   Prisma 3
*Der Sämann   Neis, Gedichte
Schreiben eines parforcegejagten   AM 1
   Hirsches
*Der Schwarze in der Zucker-   Bohusch
   plantage
Die Sternseherin Lise   Bauer, Lyrik – Prisma 2
*Der Tod   Anth. 1 – Hippe – Kranz – mot.
                                       Ged. 5
*Urians Reise um die Welt   Klett C 6 – Leha
*Ein Wiegenlied im Mondschein   mot. Ged. 1
   zu singen

Czechowski, Heinz
*Goethe und Hölderlin   Kunert
*Notiz für U. B.   Anth. 2

Dach, Simon
*Perstet amicitiae   Prisma 5
*Preis der Freundschaft   Hippe, Bd. 4 – König 296 – Tex-
                                       te D R 8
*Die sonne rennt mit prangen   Anth. 12
*Untertänigste letzte   Reclam 1
   Fleh-Schrift

Dachs, Heinrich
*Der Dieselmotor   Urbanek

Däubler, Theodor
*Winter   Bauer, Lyrik

© Schöninghbuch 3 506 77895 1

Dahl, Edwin Wolfram
  *Fontana die Trevi   Anth. 1
  *Zum Atmen bleibt noch Zeit   Kurz

Dauthendey, Max
  *Die Amseln haben Sonne getrun-   mot. Ged. 9
    ken

David, Janina
  Ein Stück Erde   Kurz
  Ein Stück Himmel   Kurz

Degenhardt, Franz Josef
  *Die alten Lieder   Bohusch
  *Tonio Schiavo   Fritsch, Ballade
  *Wenn der Senator erzählt   Freund, Ballade

Dehmel, Richard
  *Anno Domini 1812   mot. Ged. 3
  *Der Arbeitsmann   Bohusch – mot. Ged. 2 und 8 –
                                        proj. du. 8 – Reclam 5
  Bandiera rossa   Peter
  Deutschlands Fahnenlied   Peter
  *Drohende Aussicht   Kamp 7
  Das Märchen vom Maulwurf   Anal. I
  *Die Netzflickerinnen   Auswahl 5
  Predigt ans Großstadtvolk   Goette
  *Sommerabend   Auswahl 8
  *Die stille Stadt   Berger

Delius, F. C.
  *Berliner Para-Phrasen   proj. du. 3
  *Chinesisch essen   Anth. 7
  *Hymne   mot. Ged. 7
  *Junge Frau im Antiquitätenladen   Anth. 3

Deml, Friedrich
  Kaiser Maximilian und Albrecht   Horizonte 1
    Dürer

Demus, Klaus
  *Gemischt mit Hell und Dunklem   DU 2/66

Deppert, Fritz
  *Reichweite   DD Heft 97

Derschau, Christoph
  *Grün Stacheldraht Tod   Kunert

Dick, Uwe
  Der Öd   Gärditz

Dietmar von Aist
  *Slâfest du, friedel ziere?   Anth. 13 – DU 2/84
  *Uf der linden obene   Wiese, Lyrik I

Dingelstedt, Franz von
  *Drei neue Stücklein   Reclam 4

Döblin, Alfred
  Amazonas   Beck 24
  Babylonische Wanderung   LGW 48
  Berge, Meere und Giganten   Beck 24

Berlin Alexanderplatz	Abitur — Basis 1 — Beck 24 — Brauneck I — DU 2/71 — Koopmann — Lehmann III — LGW 48 — Lützeler — Old. Int. 04702 — Reich 2 — Rinsum 2 und 5 — UTB 1387 — Wiese, Roman
(Auszug)	Anal. III — Lobentanzer 2 — Sprachh. 10
Chinesischer Roman	LGW 48 — WW 5/70
Der deutsche Maskenball	Beck 24 — LGW 48
Die drei Sprünge des Wang-lun	Beck 24
Die Ermordung einer Butterblume	Int. II — Krusche — Manz 2 — Zimmermann I
Hamlet	Beck 24 — LGW 48 — Lit. 2/82
Die Lobensteiner reisen ...	Beck 24
Manas	Beck 24
November 1918	Beck 24 — LGW 48
Pardon wird nicht gegeben	Beck 24
Wadzecks Kampf mit der Dampfmaschine	Beck 24
Wallenstein	Beck 24 — LGW 48

Doderer, Heimito von

*Auf der Strudlhofstiege zu Wien	Anth. 4 — Kaiser, G: Bilder lesen. München 1981
Begegnung im Morgengrauen	WW 5/71
Die erleuchteten Fenster	Beck 45 — WW 1/76
Die Gasse des Mitleids	Texte D R 10
Leon Pujot	Beck 45 — Texte D R 9
Die Posaunen von Jericho	Beck 45 — Tschirky, René: H. v. Doderers „Posaunen von Jericho". Versuch einer Interpretation (Phil. Studien und Quellen 60) (Schmidt)
Die Stadtbahn	Prisma 2
*Wer es könnte	Anth. 3

Döhl, Reinhard

*Apfel	Kienecker, Exp.

Dörfler, Peter

Der Kriegsblinde	Int. VII

Domin, Hilde

*Abel, steh auf	Kienecker, Lieder — Riedler 1
Bericht von einer Insel	Prisma 2
*Brennende Stadt	Anth. 11
*Drei Arten Gedichte aufzuschreiben	Anth. 2 — Lektüre, Lyrik
*Graue Zeiten	Müller, Lyrik
*Herbstzeitlosen	Reclam 6
*Ich will dich	mot. Ged. 2 — proj. du. 2
*Im Regen geschrieben	Anal II — Lesezeichen 10
*Köln	Anal. III — Anth. 12
*Landen dürfen/Sehnsucht	Kunert
*Linke Kopfhälfte	Anth. 12
*Möwe zu dritt	mot. Ged. 9
*Rückkehr	Hotz 1 — Kopplin
*Traumwasser	Müller, Lyrik

*Unaufhaltsam	Auswahl 10 – Texte D R 10
Von der Natur nicht vorgesehen	Kurz 6

Dorst, Tankred

Merlin oder Das wüste Land	DGD 2
Die Mohrin	DU 3/66
Toller	Grundlagen 6077 – Ismayr – KdD – Suhrkamp 2006

Dortu, Max

*Arbeiter	mot. Ged. 8

Dreves, Guido Maria

*Erscheinung des Herrn	Anal. I

Drewitz, Ingeborg

Eingeschlossen	Kurz
Gestern war heute	Klett AL 39906
Oktoberlicht	Klett AL 39925

Droste-Hülshoff, Annette von

*Am letzten Tage des Jahres	Reclam 4 – Wiese, Lyrik II
*An meine Mutter	Anal. II – Anth. 6
*An Westfalen	mot. Ged. 10
*Auf hohem Felsen lieg ich hier	Anth. 11
*Durchwachte Nacht	Heselhaus
*Das Fräulein von Rodenschild	WW 1/81
*Der Fundator	Neis, Balladen
*Der Geierpfiff	Heselhaus
*Heidebilder	Enders – Heselhaus
*Das Hirtenfeuer	Rinsum 5
*Der Knabe im Moor	Auswahl 7 – Bauer 7 – Baumgärtner – Baumgärtner, Ballade – DD 13/73 – Freitag – Freund, Ballade – Fritsch, Ballade – Heselhaus – Hinck – Hotz – Kamp 7 – Klett 7 – Manz 1 – Moritz – Neis, Balladen – Prisma 2 – Rinsum 5 – Texte D GR 7 und H 8 – TS R 7 – Vögeli I – WW 4/81
*Der Weiher	Anal. III
*Im Grase	Anal. III – Anth. 4 – Fritsch, Natur – Heselhaus – Reclam 4
Die Judenbuche	AR 48 – Basis 5 – BfDL 2/67 – dtv – DU 2/71 und 2/79 – DUK 1 – Freund – Grundlagen 6057 – Heselhaus – Jakobi – König 216 – Kunz 2 – Lehmann I – Lesereihe 1 – Manz, Bd. 12 – Modellanalysen 3 – Neue Studien und Interpretationen (Schmidt). 1980 – Old. Int. 88632 – proj. du. 6 – RUB 8145 – Wiese, Novelle I – WW 4/69 (Sonderdruck) – ZDPh. Bd. 99, Sonderheft
Kinder am Ufer	Leha – Klett C 6
Ledwina	Heselhaus
*Die Mergelgrube	DU 2/66

*Mondesaufgang	mot. Ged. 1 — Wiese, Lyrik II
*Der Schloßelf	Hinck
*Die Schwestern	Hinck
*Das Spiegelbild	Wiese, Lyrik II
*Der Spiritus Familiaris	Hinck
des Roßtäuschers	
*Die Steppe	Anth. 4
*Der Tod des Erzbischofs	Reclam 7
Engelbert von Köln	
*Die tote Lerche	mot. Ged. 9
*Die Vergeltung	Anal. II — Auswahl 9 — Bauer 8 — Bauer, Lyrik — Heselhaus — Kamp 8 — Moritz — Neis, Balladen — TS H 7 — WW 1/81

Dürrenmatt, Friedrich

A.s Sturz	Int. X
Der Auftrag	DU 5/89
Der Besuch der alten Dame	AR 67 — Brauneck — Buddecke — DU 5/71 und 6/76 — Grundlagen 6080 — Hinck, Kom. — KdD — König 366/367 — LGW 60 — Manz, Bd. 12 — Müller, Dramen 2 — Neis — Old. Int. 88601 — RUB 8130 — Syberberg, Hans-Jürgen: Zum Drama Friedrich Dürrenmatts. Zwei Modellinterpretationen (UNI-Druck). 1965 — Rinsum 1
Der Blinde	WW 3/67
Ein Engel kommt nach Babylon	König 211
Der Bettlerwettstreit	LDB 8
Es steht geschrieben	Wiese, Drama II
Fingerübungen zur Gegenwart	Bauer 9
Grieche sucht Griechin	WW 1/83
Güllen	Beck 3
Der Meteor	Festschrift — Kienecker, Drama — König 211 — Lit. 2/84 — UTB 1498
Die Panne	Rinsum 5
Die Physiker	AR 65 — Beck 3 — DU 5/71 und 6/76 — Durzak, Drama — Grundlagen 6079 — Ismayr — KdD — LGW 60 — Mennemeier 2 — König 368 — Old. Int. 88617 — Rinsum 1 — WW 3/67
(Auszug)	Texte D R 10
Der Richter und sein Henker	Anregung 2/67 — AR 64 — DU 5/76 — Grundlagen 6037 — Hienger, Jörg: Unterhaltungsliteratur. Zu ihrer Theorie und Verteidigung (Vandenhoeck). 1976 — Kamp 9 — König 42 — Lehmann IV — Old. Int. 88616
Romulus der Große	Brauneck — Grundlagen 6062 — KdD — König 211 — LGW 60 — Lit. 1/78 — Old. Int. 88646 — RUB 8173 — Suhrkamp 2006 — Syberberg (s. o.)

Der Tunnel	Bachmann V – DU 1/57, 6/60 und 1/73 – Int. II – Zimmermann II – WW 5/71
Der Verdacht	AR 16 – König 42
Das Versprechen	DD Heft 83
Weihnacht	Kienecker, Prosa

Dürrson, Werner
*Alter Kreuzweg hin und zurück	Kunert
Aschenmär	UTB 1519
Kleist für Fortgeschrittene	UTB 1519

Ebner-Eschenbach, Marie von
Das Blatt	Bauer 8
Božena	Božena. Krit. hrsg. und gedeutet von Kurt Binneberg (Bouvier). 1976
Das Gemeindekind	ZDPh 4/85
Krambambuli	Kamp 7
Unsühnbar	Unsühnbar. Krit. hrsg. und gedeutet von Burkhard Bittrich (Bouvier). 1976

Edda
Allgemein:	Anregung 1/70 – BfDL 4/70 – König 259
Brünhild- und Gudrunlieder	König 54 – Rinsum 5 (Gudrun)
Sigurdlieder	Spektrum
Thorsteins Stangenhieb	Lutosch, Gerhard: Die Saga im Deutschunterricht (Matthiesen). 1966

Edschmid, Kasimir
Sieger in Holmenkollen	Anal. II – Klett C 6

Edvardson, Cordelia
Gebranntes Kind sucht das Feuer	Kurz

Ehrenstein, Albert
*Du mußt zur Ruh	Anth. 12
*So schneit auf mich die tote Zeit	Denkler
Tubutsch	Krusche

Ehrismann, Albert
*Zärtliches Gespräch	Vögeli II

Eich, Günter
*Abendliches Fuhrwerk	Anal. III
Abgelegene Gehöfte	Anth. 9
*Air	Kopplin
*Alter Reim	WW 6/72
Die Andere und ich (Hörspiel)	Beck 1
*Berlin, Hafenplatz	Auswahl 8
Berufsberatung	Texte D R 10
*Betrachtet die Fingerspitzen	Anth. 11
Böhmischer Schneider (Marionettenspiel)	Beck 1
*Botschaften des Regens	LDU 2
*Briefstelle	Anth. 13
*D-Zug München – Frankfurt	Giehrl

*Ende August	Fritsch, Natur
*Ende eines Sommers	Anth. 8
Episode	DU 6/71
Europa contra China	Beck 1
*Fußnote zu Rom	Anth. 11 – Hotz 1
Geh nicht nach El Kn. (Hörspiel)	Beck 1
*Gespräche mit Clemens	Anth. 11
*Der große Lübbe-See	Anth. 8 – Knörrich – Müller, Lyrik – mot. Ged. 10
*Die Häherfeder	DU 3/62 und 4/65 – Sprachh. 8
*Himbeerranken	Hippe 50
*Im Sonnenlicht	Anregung 5/69 – Auswahl 8
*Inventur	Auswahl 9 – Bauer 8 – Bauer, Lyrik – Bohusch – Goette – Hotz 1 – mot. Ged. 3 – Reclam 6 – Rinsum 4 und 5
*Japanischer Holzschnitt	Klett 8 – Praxis 3
*Kleine Reparatur	Anth. 3
*Königin Hortense	Anth. 6
Die Mädchen aus Viterbo	Klett, Lesehefte
*Der Mann in der blauen Jacke	Auswahl 7 – Prisma 3 – Vögeli II
Die Maulwürfe	Beck 1
*Des Mondes weiße Zisterne	Hippe 50
*Munch, Konsul Sandberg	Kranz
*Nachhut	Anth. 2
*Nachts	Urbanek
*Nahe bei Aachen	mot. Ged. 10
*Oder, mein Fluß	mot. Ged. 10
*Oktobers durch die Holledau	Texte D H 9
*Pfaffenhut	Hotz
Der politische Eich (Büchner-Preisrede)	Beck 1
Der Präsident	Beck 1
Sabeth (Hörspiel)	Beck 1
*Schuttablage	Kienecker, Lyrik – mot. Ged. 9
*Septemberliches Lied vom Storch	Texte D 7
*Sinziger Nacht	Köpf (S. 41)
Der Stelzengänger	Int. II
*Strandgut	Prisma 3 – Texte D R 9
Die Stunde des Huflattichs (Hörspiel)	Beck 1
*Tage mit Hähern	Knörrich – WW, Sammelband IV
*Tauben	Anal. III – mot. Ged. 9 – Urbanek
*Tauerntunnel	Knörrich
Träume (Hörspiel)	Beck 1 – proj. du. 6
Der dritte Traum	Bauer 9
Termiten	Auswahl 9 – Baumgärtner
*Eine ungewöhnliche Nacht	Volkmann
Unter Wasser (Marionettenspiel)	Beck 1
*Verlassene Alm	AM 1 – Anal. I – Auswahl 5 – Bauer 6 – Klett 5 – Riedler 2 – TS GR 6
*Wald vor dem Tage	Bauer, Lyrik
*Weg zum Bahnhof	Auswahl 9 – Prisma 4 – Spektrum
*Wetterhahn	Auswahl 7 – Klett 7
*Wiederkehr	Knörrich
*Wiepersdorf	mot. Ged. 5

Wildwechsel	Anth. 3
*Wind	Anal. II
*Wo ich wohne	Prisma 2
Zeit und Kartoffeln (Hörspiel)	Beck 1
*Zu spät für Bescheidenheit	Anth. 13
*Zum Beispiel	Anth. 1

Eichendorff, Joseph von

*Der Abend	Anal. III − Anth. 5 − DU 2/55 − Hippe − Hippe, Bd. 4 − Prisma 4 − TS GR 8
Ahnung und Gegenwart	DU 2/55
*Der alte Garten	Seidlin
*An A...	Anth. 8
Aus dem Leben eines Taugenichts	AR 54 − Basis 5 − Deutsch Kurs 3 − Hotz, Karl: J. v. Eichendorff. Aus dem Leben eines Taugenichts. Teil II: Didaktik, Methodik, Interpretation (Hirschgraben). 1978 − Jacobi − Klett AL − Klett, Lesehefte − Lesereihe 10 − König 215 − Kunz 4 − Lehmann I − LDU 3 − Litko 6 − LuM − Metzler − Old. Int. 88618 − Reclam, Erz. − Rinsum 5 − Seidlin − Stationen − Wiese, Novelle I
*Denkst Du des Schlosses noch	Reclam 3
*Der Einsame	Wiese, Lyrik II
Die Entführung	Kunz 4
*Es wandelt was wir schauen	Anth. 7
*Familienähnlichkeit	Anth. 10
Die Freier	Catholy
*Frische Fahrt	Anth. 6 − Hotz − Reclam 3
*Der frohe Wandersmann	Auswahl 5
Die Glücksritter	Kunz 4
*Im Walde	Anregung 5/78
In Danzig	Lesezeichen 8
*In der Fremde	Anth. 7
*Der Kranke	König 266
*Lockung	Rinsum 5 − Wiese, Lyrik II
*Mandelkerngedicht	Anth. 2
Das Marmorbild	DU 2/55 − König 248 − Kunz 4 − Old. Int. 88618 − RUB 8167
*Meeresstille	Bauer 8
*Mondnacht	Anal. II − Anth. 9 − Bauer 6 − Fritsch, Natur − Goette − Hotz − Kaiser, Lyrik − Lobentanzer − Manz 1 − Reclam 3 − Rinsum 4 − Spektrum − Vögeli I − WW 3/58
*Morgengebet	Klett 8
*Die Nachtblume	Giehrl
*Nachts	Abitur − Anth. 2 − Lektüre, Lyrik
*Nachtzauber	Neis, Gedichte − Wiese, Lyrik II
*Reiselied	Lobentanzer − Texte D H 9
Schloß Durande	dtv − KlaS − König 248 − Kunz 4 − Modellanalysen 1

© Schöninghbuch 3 506 77895 1

*Sehnsucht	Anal. III – Anth. 12 – Auswahl 7 – Bauer 7 – Baumgärtner – DU 2/82 und 3/87 – Hotz – Klett 7 – Reclam 3 – Rinsum 4 – Seidlin – Texte D R 9 – TS GRH 7
*Der Soldat	Anth. 2
*Der stille Grund	Reclam 7
*Vesper	Modellanalysen 5
*Vöglein in den sonn'gen Tagen	Texte D R 9
*Waldgespräch	Baumgärtner, Ballade – Fritsch, Ballade – Reclam 3
*Weihnachten	Anal. I – Anth. 13 – Bauer 5
*Wem Gott will rechte Gunst erweisen	Leha
*Winternacht	Bauer 7 – Bauer, Lyrik – DU 1/80 – Klett C 6 – Spektrum
*Wünschelrute	Hotz – Klett C 6 – Rinsum 4 – TS RH 5
*Das zerbrochene Ringlein	Lobentanzer – mot. Ged. 4 – TS GRH 10
*Die zwei Gesellen	Baumgärtner, Ballade – Seidlin – Vögeli I
*Zwielicht	Anth. 8 – Lit. 4/88
Eisenreich, Herbert	
Abschied zur Liebe	Kontrapunkte – MuB
Am Ziel	Basis 4 – Texte DU 10
Ein Ästhet	UTB 1519
Ein Augenblick der Liebe	Int. III
Doppelbödige Welt	Durzak, Kg.
Die neuere Jungfrau	Durzak, Kg.
Der schwerste Parcours der Welt	UTB 1519
Der Weg hinaus	Anal. III – Int. VIII – Kamp 8 – Prisma 4 – Spektrum – Texte D H 9 – Thiemermann
Eisfeld, Dieter	
Das Genie	DU 5/89
Ende, Michael	
Unendliche Geschichte	DD Heft 83
Endler, Adolf	
*Des Freundes Wettlauf mit dem Schneemann	Anth. 2
*Einem jungen westdeutschen Poeten	Peter
Engelke, Gerrit	
*Frühling	Anth. 5
*Lied der Kohlenhäuer	mot. Ged. 8
*Lokomotive	Leha – Prisma 2 – Urbanek
*Stadt	Berger
*Tod im Schacht	Anal. II – Klett C 6 – mot. Ged. 8
Engels, Friedrich	
Die großen Städte	DD 33/77
Enzensberger, Hans Magnus	
*abendnachrichten	Giehrl – Lesezeichen 9 – Prisma 4 – proj. du. 8 – Spektrum

© Schöninghbuch 3 506 77895 1

*an alle fernsprechteilnehmer	Abitur — Hippe 50 — Hotz 1
*april	Bauer, Lyrik — Köpf (S. 54) —
	proj. du. 8
*auf das grab eines friedli-	Merold
chen mannes	
*befragung um mitternacht	Anal. III
*Bildzeitung	Goette — Hippe 50 — mot. Ged. 7
	— Prisma 5 — UTB 1115
*blindenschrift	Müller, Lyrik
*blindlings	Anal. III
*call it love	Anth. 2
*cont down	Lobentanzer
*das ende der eulen	proj. du. 8
*Das Falsche	Riedler 1
*Finnischer Tango	Anth. 9
*flechtenkunde	DU 1/71
*Der fliegende Robert	Anth. 8
*freizeit	Kopplin
*fremder garten	Anth. 4
*für lot. einen makedonischen	Bauer, Lyrik
hirten	
*geburtsanzeige	Berger — DU 2/73
*goldener schnittmusterbogen	Lehmann
zur poetischen wiederaufrü-	
stung	
*ins lesebuch für die ober-	Binder — Eckermann — Goette —
stufe	Hotz 1 — mot. Ged. 7 — Peter —
	Rinsum 5 — Skorna — Vögeli II
*Der Kamm	Anth. 6
*kirschgarten im schnee	Prisma 4 — proj. du. 8
*konjunktur	DU 2/73
*küchenzettel	Knörrich — Lektüre, Lyrik
*landessprache	Lit. 1/83 — Müller, Lyrik
*leuchtfeuer	Reclam 6
*manhattan island	Riha
*middle class blues	TS H 10
*das plebiszit der verbrau-	Goette
cher	
*purgatorio	BfDL 3/87
*Restlicht	Kunert
*der schlafende schlosser	Müller, Lyrik
*schläferung	DU 2/73 — Prisma 5 — Urbanek
*verteidigung der wölfe gegen	Kienecker, Lyrik — Rinsum 4
lämmer	
*windgriff	Giehrl
Zweifel	Dörfler

Erath, Vinzenz
Größer als des Menschen Herz
Die Kirchenwächter   proj. du. 3

Ernst, Otto
*Nis Randers   Anal. I — Leha — Neis, Balladen —
                                         Vögeli II

Ernst, Paul
Förster und Wilddieb   Int. I
Der Fund   Bauer 7

Der weiße Rosenbusch	Anal. II
Das zweite Gesicht	Int. IV − Int. Prosa
Erny, Hansjörg	
Das Ende der Straße	Anal. II
Everwyn, Klas Evert	
Beschreibung eines Betriebs-unfalls	Anal. III − Praxis 3
Ewers, Hanns Heinz	
Alraune	Lit. 3/83
Exner, Richard	
*Aus Lettern ein Floß	Kurz
*Portrait eines Kindes	Riedler 1
Ezzolied	ZDPh 3/87 und 1/88
Fabeln	
Esel, Hund und Herr (Boner)	Fabel (S. 121)
Die gefangene Nachtigall	LDU 1
Maus und Katze (Kafka)	Fabel (S. 195)
Der Panther in der Grube	LDU 1
Schwester Gans und Bruder Fuchs	LDU 1
Von zwei Mäusen (Steinhöwel)	Fabel (S. 218)
Falke, Gustav	
*Gebet	Bohusch
*Zwei	Reclam 5
Falkner, Gertrud	
*Der Mann unter der Erde	Kurz
Fallada, Hans	
Der Alpdruck	Caspar: Fallada. Studien (Aufbau)
Bauern, Bonzen und Bomben	Caspar (s. o.) − Reich 2
Damals bei uns daheim	
Festessen	Anal. I − Texte D 5
Der eiserne Gustav	Caspar (s. o.)
Kleiner Mann − was nun?	Brauneck I − Lehmann III − LuG 3 − Old. Int. 85451 − UTB 1387
Lieber Hoppelpoppel − wo bist du?	Int. IV − Klett 5 − Texte DU 5/6
Der Trinker	Caspar (s. o.)
Wer einmal aus dem Blechnapf frißt	Caspar (s. o.)
Wolf unter Wölfen	Caspar (s. o.)
Fauser, Jörg	
*Der Zwang zur Prosa	Anth. 5
Faust	
Volksbuch von Dr. Faust	s. **Volksbuch**
Federspiel, Jürg	
Orangen vor ihrem Fenster	Durzak, Kg.
Fels, Ludwig	
*Der Anfang der Vergänglichkeit	Kurz
*Annäherungsversuch	Anth. 6
*Herzlast	Kunert
*Ein Unding der Liebe	Kurz 80

Ferber, Christian
Mimosen im Juli   Texte DU 9

Feuchtwanger, Lion
Erfolg   Beck 35 – Lehmann III – Lützeler
                                   – Reich 2 – UTB 1387
Exil   Beck 35 – DD 64/82
Der falsche Nero   Beck 35
Die Geschwister Oppermann   Beck 35
Goya oder Der arge Weg   Beck 35
Die häßliche Herzogin   Beck 35
Josephus   Beck 35
Jud Süß   Beck 35 – DU 3/85 – Lit. 2/79 –
                                   Reich 2
Thomas Wendt   Beck 35

Fichte, Hubert
Der Aufbruch nach Turku   Beck 22
Detlevs Imitationen „Grünspan"   Beck 22
Doppelanekdote   DU 2/73
Die Palette   Beck 22
Die Uppsalafahrt   Texte D R 10
Versuch über die Pubertät   Beck 22
Das Waisenhaus   Beck 22
Xango. Die afroamerikanischen   Beck 22 – Kurz
  Religionen

Fischart, Johann
Geschichtsklitterung   Ertzdorff

Fischer, Christian August
Der Blinde und der Lahme   Klett 7
Der Löwe und der Fuchs   Klett 7

Flaischlen, Cäsar
*Es war einmal   Lobentanzer

Flake, Otto
Die Versuchung des Richters   Kuge

Fleißer, Marieluise
Pioniere in Ingolstadt   ASL – KdD

Fleming, Paul
*An sich   Anal. III – Anth. 6 – Auswahl 9
                                   – Epochen 487 – Kamp 9 – König
                                   296 – Reclam 1 – Wiese, Lyrik I
*Ein getreues Hertze wissen   König 296
*Grabschrift   DU 5/85 – Reclam 1
*Laß dich nur nichts tauren   König 296
*Wie er wolle geküsset seyn   Praxis 2
*Zur Zeit seiner Verstoßung   Anth. 4

Flex, Walther
Dankesschuld   WW, Sammelband IV

Floote, Walter
Der kluge Hugo   Lobentanzer 1

Fontane, Theodor   Fast alle Werke Fontanes inter-
                                   pretiert bei G. Loster/Schneider:
                                   Der Erzähler Fontane (Narr)
                                   (Biographie)

*Archibald Douglas	Anal. II – Freitag – Moritz – Neis, Balladen – PD 35/79
*Arm oder reich	Reclam 4
Brief aus Paris	Prisma 5
*Die Brück' am Tay	Auswahl 7 – Bauer 7 – Bauer, Lyrik – Freitag – Fritsch, Ballade – Horizonte 3 – Kamp 7 – Manz 1 – Moritz – Neis, Balladen – Prisma 2 – Vögeli II
*Drehrad	Bauer, Lyrik
Effi Briest	Abitur – AR 61 – Basis 1 – DD Heft 104 – DU 2/71 – Goette – Grundlagen 6040 – Klett AL 39906 – König 253 – Lit. 3/78 – Lobentanzer 2 (Auszug) – Müller, Modell – Old. Int. 88602 – PD 61/83 – Rinsum 2 – RUB 8119, 8119 a – Sprachh. 10 – WW 2/83
*Es kribbelt und wibbelt weiter	Anth. 13
Frau Jenny Treibel	Klett AL 39905 – König 360/361 – Old. Int. 88619 – RUB 8132
*Frühling	Anal. I
*Gefährliches Spiel	Leha
*Gorm Grymme	Anal. II – Auswahl 7 – Bauer 6 – Klett 7 – Moritz – Neis, Balladen – Prisma 4 – Spektrum
Grete Minde	DU 5/86 – König 360/361 – RUB 8176
*Gulbrandsdal	mot. Ged. 10
*Havelland	mot. Ged. 10
*Herr von Ribbeck	Anal. I – Auswahl 5 – Bauer 5 – Fritsch, Ballade – Klett 5 – Leha – TS GRH 6
Irrungen, Wirrungen	Gärditz – König 330
*John Maynard	Anal. I – Auswahl 5 – Bauer 6 – Baumgärtner – Baumgärtner, Ballade – DU 4/56 – Freund, Ballade – Grundlagen 6054 – Horizonte 3 – Klett C 6 – Moritz – Neis, Balladen – Reclam 7 – RUB 8146(2) – Texte D R 7 – TS GRH 7 – WW, Sammelband 4
Die Judenklemme	Anal. III
*Junker Dampf	Anal. II
Mathilde Möhring	Lehmann III – Klett AL 39925
*Mein Herze, glaubt's, ist nicht erkaltet	Anth. 7
*Meine Gräber	Anth. 13
*Mittag	TS GRH 6
Modernes Reisen	Volkmann
*Publikum	Anth. 8
Schach von Wuthenow	Basis 5 – Lehmann II – RUB 8152 – Wiese, Novelle II
*Spruch	Anal. III
Der Stechlin	Basis 5 – Festschrift – Lit. 3/88 – Michel (3. Musterinterpretatio-

	nen) – RUB 8144 – UTB 1404 – Wiese, Roman II – WW 2/89
Stine	Kunz 2 – Neis, Erzählkunst
*Summa Summarum	Bauer, Lyrik
*Unterm Birnbaum	DD 66/82 – DU 2/71 und 6/77 – Freund – KlaS – König 360/361
*Wieder daheim	Anal. I
*Würd es mir fehlen	Anth. 4

Forster, Friedrich
Robinson soll nicht sterben   Klett C 6
(Szenen aus dem 2. und 3.
Akt)

Forte, Dieter
Martin Luther   Mennemeier 2 – Suhrkamp 2006
Ein Tag beginnt   Goette – Prisma 4 – Spektrum

Fortunatus
(vermutlicher Autor: Burkhardt   UTB 1225
Zink)

Frank, Anne
Tagebuch 1942   DU 6/83 (S. 61) – Spektrum –
                         Texte DU 7
Aus meinem Tagebuch   Prisma 3

Frank, Bruno
Die Monduhr   Int. IX
Politische Novelle   Reich 2
Weggesellen   Anal. I

Frank, Hans
Taliter?   Int. IV
Das verstandene Gedicht   Int. II

Frank, Karlhans
*Das Haus des Schreibens   AM 1
Männer im Mond   AM 1 – LDU 1

Frank, Leonhardt
Im letzten Wagen   Epochen 482
Der Mensch ist gut   Krusche

Franzos, Karl Emil
Der Pojaz   Schwarz

Frapan-Akunian, Ilse
Uli   Anal. I

Freidank
*Bescheidenheit   Anregung 2/76

Freiligrath, Ferdinand
Aus dem Schlesischen Gebirge   Freitag
*Hamlet   mot. Ged. 2
*Das Lied vom Hemde   mot. Ged. 8
*Löwenritt   mot. Ged. 9
*Die Trompete von Gravelotte   Reclam 7
*Vom süßen Brei   PD 39/80
*Von unten auf   Reclam 4
*Die weiße Frau   PD 39/80
Zyklus: Ça ira   Binder

Frey, Jakob
Von einem Bannwart, der fürch-   LU 4
tete, wenn er in den Weizen
ginge, so tät er schaden

Freytag, Gustav
Germanische Kampfspiele   Anal. I
Soll und Haben   Müller – UTB 1435

Fried, Erich
*Die Abnehmer   mot. Ged. 7 – Skorna – Texte D
      R 8
*Angst und Zweifel   Anth. 11
*Anpassung   Texte D R 8
*Antiquitätenladen in Saigon   Lektüre, Lyrik
*Aufzählung zum Abzählen   AM 1 – Helmers
*Beim Wiederlesen eines Gedich-   Reclam 6
tes von Paul Celan
*Bevor ich sterbe   Anth. 10
*Definition   AM 1 – Kienecker, Lyrik – Volk-
      mann
*Dichtung und Nachdichtung   Helmers
*Einbürgerung   Müller, Lyrik
*Gespräch über Bäume   Anregung 6/79 – Köpf (S. 72)
*Halten   Köpf (S. 93)
*Humorlos   Klett 5 – Lobentanzer
*Letzter Brief nach Boston   Müller, Lyrik
*Mit den Jahren   Anth. 10
*Neue Naturdichtung   Anth. 2 – UTB 1115
*Reden   Anth. 12
*Taktfrage   Müller, Lyrik
*Der Unbescholtene   Kunert
*Untergang   Texte D R 9
*Vordruck   AM 2 – Kopplin
*Was es ist   Hotz 1
*Weihnachtslied   TS R 7

Friedrich von Hausen
*Mîn herze und mîn lîp   BfDL 4/78 – DUK 2 – Reclam,
      Lyrik – Wiese, Lyrik I – WW 6/71

Fries, Fritz Rudolf
Der Fernsehkrieg   Durzak, Kg.

Frisch, Max
Als der Krieg zuende war   Mennemeier 2
Andorra   AR 9 – Buddecke – DD Heft 87 –
      DU 1/73 – Goette – Grundlagen
      6071 – KdD – Klett AL 39915 –
      König 145 – Litko 9 – Lucas –
      Müller, Dramen 2 – Old. Int.
      Bd. 35 – RUB 8170 – Texte DU
      10 – UTB 1085 – UTB 1498
Biographie: Ein Spiel   UTB 1085 – UTB 1351
Blaubart   Schmitz, W.: Max Frisch. Das
      Spätwerk (Francke)
Die chinesische Mauer   DU 4/61 – König 221 – Manz, Bd.
      12 – Mennemeier 2 – UTB 1085
Don Juan oder Die Liebe zur   Hinck, Kom. – KdD – König 28 –
Geometrie   Suhrkamp 2046 – UTB 1085

Du sollst dir kein Bildnis machen	Anal. III – Goette – UTB 1085
Die Gefangenen	proj. du. 1
Herr Biedermann und die Brand-stifter	Anregung 6/67 – Basis 1 – Brauneck – DU 3/58 – Grundla-gen 6085 – Ismayr – KdD – König 145 – Old. Int. 85981 – Rinsum 1 – RUB 8129/29a – Uhi 94550
Homo faber	AR 17 – Basis 1 – DD Heft 83 – DU 6/80 und 5/86 – Ecker – Grundlagen 6043 – König 148 – Lehmann IV – Litko 5 – Lektüre – Old. Int. 88610 – PD 43/80 – Rinsum 2 und 5 – RUB 8179(3) – Suhrkamp 2028 – UTB 1085
Mein Name sei Gantenbein	AR 15 – Brauneck II – Michel – König 356/357 – Lit. 1/79 – UTB 1085 – UTB 1351
Montauk	AR 15 – Zimmermann III
Nun singen sie wieder	Ismayr – Mennemeier 2
Rip van Winkle (Hörspiel)	Texte D R 10
Santa Cruz	Mennemeier 2
Stiller	AR 15 – König 356/357 – Lützeler – Naumann, Helmut: Der Fall Stiller (Schäuble). 1978 – Old. Int. 88620 – UTB 1085 – WW 3/77 und 3/81 – ZDPh 4/87 – Zimmer-mann II
Rip van Winkle Tagebuch 1946 - 1949	Zobel
Der andorranische Jude	Anal. III – Bauer 9 – Goette – Klett 8 – LDB 9 – Texte D H 9 – TS GRH 9
Apollo 8	Klett 8
Burleske	Bachmann V
Frankfurt 1948 (Artisten)	Bauer 8
Santa Margherita	Prisma 2 – Spektrum
Überfremdung	Anal. III – Goette
Wilhelm Tell für die Schule	Bauer 1 – UTB 1351

Frischmuth, Barbara
Erzählungen — Klett AL 39906

Fritz, Walter Helmut
*Aber eben meine Geschichte	Anth. 4
*Also fragen wir beständig	Reclam 6
*Atlantis	Anth. 7
*Augenblick	LDU 2 – Lesezeichen 9
*Bald ohne Namen	Kranz
*Don Juan	Anth. 7
*Heute abend	Knörrich
*Kain	Texte D R 9
Das Schweigen vieler Jahre	Int. VIII
*Werkzeuge der Freiheit	Kurz
*Die Zigeuner sind wieder da	Riedler 1

Fuchs, Günther Bruno
*Für ein Kind — Anth. 10

Gedankenaustausch	Int. IX
*Geschichtenerzählen	Hippe 50
*Gestern	Hotz 1 — Reclam 6
*Ich bin der kleinste Mann	AM 1
*Lied des Mannes im Straßenwagen	Anth. 4 — Rinsum 4
*Schützenkönigslied	AM 1
*Tageslauf eines dicken Mannes	Knörrich
*Der Zauberer	Texte D R 9

Fuchs, Jürgen
*Dürre	Kunert

Füetrer, Ulrich
Flordimar	ZDPh 3/88

Fühmann, Franz
Das Judenauto	AM 2 — Goette — Int. VIII — Klett 8 — Kuge
Kabelkran und blauer Peter	Klett 5
*Lob des Ungehorsams	Hotz — Kienecker, Lyrik — Texte D R 10 — TS H 9 — UTB 1470
*Der Müller aus dem Märchen	Helmers
*Die Richtung der Märchen	UTB 1470
Die Schöpfung	Int. VIII
*Die schwarzen Zimmer	Klett 8
Des Teufels ruß'ger Gesell	Klett 7
*Die Weisheit der Märchen	UTB 1470

Fürnberg, Louis
*Die Partei	Peter
*Widmung	Peter

Fussenegger, Gertrud
Dame am Steuer	Anal. III
*Deutsche Elegie	Kunert
*Lauschender	Kienecker, Lieder
Der Nikolaus	Auswahl 9

Gabele, Anton
Der Tauber	Anal. I

Gafner, Fritz
*Chor der Straßenwischer	Vögeli II

Gaiser, Gerd
Brand im Weinberg	Int. III
Du sollst nicht stehlen	Int. III — Zimmermann II
Fällung eines Teichs	Int. X
Der Forstmeister	Auswahl 8
Fünfunddreißig Meter Tüll drauf, das wird nicht zuviel	Int. VI
Gazelle, grün	Int. VIII
Gianna aus dem Schatten	DU 6/58
In den Bach gefallen	Prisma 3
Ein Kind vor dem Wagen	Manz 1 — Prisma 3 — Spektrum
Laß dich doch einmal hinauf	Bachmann IV
Der Mensch, den ich erlegt hatte	Auswahl 9 — Bachmann II — Int. II — Kamp 8 — Thiemermann
Der Motorradunfall	DU 4/66 — Int. VI
Revanche	Neis, Gedichte
Die schlesische Gräfin	Anal. II — Durzak, Kg.

Schlußball	Graf
Die sterbende Jagd	DU 1/62
Ein Wespennest	Bachmann IV – Int. VI
Der Wind bringt die Zeit	Anal. III

Gan, Peter
*Damals	Volkmann
*Eisblume	Anth. 2
*Frühe Stunde	Lobentanzer
*Das Lied	Hippe
*Sprache	Riedler 2

Geibel, Emanuel
*An König Wilhelm	Reclam 4
*Kriegslied	Berger
*Der Mond kommt still gegangen	mot. Ged. 1
*Morgenwanderung	Bohusch

Geissler, Christian
Im Alsterhaus	Anal. II
Kalte Zeiten I und III	Bachmann VI – Int. IX (nur III)

Gellert, Christian Fürchtegott
*Die Affen und die Bären	mot. Ged. 9
*Der Blinde und der Lahme	Rinsum 5
*Die Ehre Gottes aus der Natur	Wiese, Lyrik I
*Die Fliege	Anregung 4/69
Inkle und Yariko	Meyer
*Das Kutschpferd	Klett 5
*Das Land der Hinkenden	Helmers – Klett 8 – TS GRH 7
Leben der schwedischen Gräfin von G.	DU 4/84
*Der Maler	Klett 7
*Das Pferd und die Bremse	Reclam 2
*Till	Anal. I
*Das Unglück der Weiber	Reclam 2

George, Stefan
*An baches ranft	Anal. II – Anth. 1
*Du schlank und rein	mot. Ged. 4
*Es lacht in dem steigenden jahr	mot. Ged. 6 – Reclam 5
*Der Freund der Fluren	Wiese, Lyrik II
*Gemahnt dich noch das schöne Bildnis	Reclam 5
*Goethe-Tag	Anth. 13
*Die Gräber in Speyer	Anth. 3
*Der herr der insel	Anth. 4 – Kaiser, Lyrik
*Der hügel wo wir wandeln liegt im schatten	Hippe
*Ihr tratet zu dem Herde	Anth. 7
*Im Park	Manz 2
*komm in den totgesagten park	Anal. III – Anth. 2 – Fritsch, Natur – Goette – Hippe – Hotz – Manz 2 – mot. Ged. 6 – Rinsum 4 – Vögeli I
*München	mot. Ged. 10
*Des sehers wort	DU 3/62
*Der Täter	BfDL 1/67

*Der Teppich des Lebens	Modellanalysen 5
*Die tote Stadt	Anth. 7
*Vogelschau	Hotz
*Widerchrist	Anth. 5
*Wir schreiten auf und ab im reichen Flitter	Hippe – mot. Ged. 6 – Rinsum 4 – Sprachh. 1 – Urbanek – Wiese, Lyrik II
*wir stehen an der hecken gradem wall	Anth. 4
*Das Wort	Wiese, Lyrik II
Gerhardt, Paul	
*Der erste Psalm Davids	Anth. 7
*Geh aus mein Herz	Bauer 5 – König 296 – mot. Ged. 6 – Reclam 1
*Nun ruhen alle Wälder	Bauer, Lyrik – Hippe – König 296 – Spektrum
Gernhardt, Robert	
*Eine Ansichtskarte (Wildfreigehege Mölln)	Anth. 6
Gerz, Johann	
Seine bloße Gegenwart	Kontrapunkte
Glaeser, Ernst	
Jahrgang 1902	Reich 2
Sizilianische Vesper	Neis, Gedichte
Glassbrenner, Adolf	
Eingabe an seine Majestät den König	Anal. II
*Das Märchen vom Reichtum und der Not	Anth. 8
*Vom unordentlichen Max	Horizonte 1
Gleim, Johann Wilhelm Ludwig	
*An den Mond	mot. Ged. 1
*Anakreon	Reclam 2
*Bacchus und Cythere	mot. Ged. 4
*Bei Eröffnung des Feldzuges 1756	Reclam 2
*Die Beratschlagung der Pferde	mot. Ged. 9
*Der Hirsch, der Hase und der Esel	Klett C 6
*Krieg ist mein Lied	Berger
*Der Löwe und der Fuchs	Texte D R 9 – TS G 7
*Neuer Jonas	Freitag
*Philotas	DU 5/88
Göring, Reinhard	
Die Retter	Mennemeier 1
Seeschlacht	Mennemeier 1
Görlich, Günter	
Eine Anzeige in der Zeitung	DD Heft 83
Goes, Albrecht	
Begegnung in Ungarn	Anal. III
*Einem, der davonging, nachgerufen	Anth. 12
*Gelöbnis	Kranz

Die Judenmetzig	Anal. II
*Nach schwerem Winter	mot. Ged. 6
*Die Schritte	Anal. II — Hotz
*Über einer Todesnachricht	Anth. 13
*Unendlichkeit	Anal. II
Weihnachtsspiel: Die fröhliche Christtagslitanei	Anal. I

Goethe, Johann Wolfgang von

*Abschied	Anth. 11 — Reich 1
*Achilleis	Reclam, Goethe
Alexis und Dora	Festschrift — Reclam, Goethe
*Als Allerschönste bist du anerkannt	Anth. 12
*Am 28. August 1826	Anth. 8
*An Belinden	Modellanalysen 9
*An den Mond	Anth. 6 — DU 6/82 und 3/83 — Hippe — Hotz — König 158 — Lit. 1/87 — Modellanalysen 9 — mot. Ged. 1 — Prisma 5 — Reich 1
*An ein goldenes Herz	König 20
*An meine Mutter	König 20
*An Mignon	Anth. 11
*An Schwager Kronos	Anth. 13 — König 20 — Modellanalysen 9 — Neis, Gedichte — Sprachh. 8
*An Ulrike von Levetzow	Anth. 11
*An vollen Büschelzweigen	Urbanek
*Anakreons Grab	Anth. 11 — Epochen 485 — Urbanek
*Auf dem See	Bauer, Lyrik — Fritsch, Natur — König 20 — Lobentanzer — Modellanalysen 9 — Müller, Lyrik — Neis, Gedichte — Rinsum 4 — Sorg — Texte D R 9
*Dem aufgehenden Vollmonde	König 287 — mot. Ged. 1 — Urbanek
Die Aufgeregten	Hinderer
Aus dem „Buch der Sprüche"	König 287
*Aus den Gruben, hier im Graben	Anth. 10
*Auserwählte Frauen	König 287
*Balde sehe ich Rickgen	Modellanalysen 9
*Ballade	Prisma 4 — Urbanek
*Das Beet (s. Frühling übers Jahr)	Anal. I — Klett 5
*Begrüßung des Herzogs Karl August in Verkleidung als Bauer	König 158
*Beherzigung	Anal. III
*Bei Betrachtung von Schillers Schädel	Anth. 7 — mot. Ged. 5
*Bei dem erfreulichen Anbruch des 1757. Jahres	König 20
Belagerung von Mainz	Reclam, Goethe
*Beruf des Storches	Bohusch
*Die Braut von Korinth	Freitag — Freund, Ballade — WW 5/86
*Der Bräutigam	Anth. 10 — Hippe — König 287

Brief an Schiller 1794 — Anal. III
Der Bürgergeneral — Catholy — Hinderer
Campagne in Frankreich — Reclam, Goethe
*Der Chinese in Rom — Anth. 13
Chinesische — deutsche Jahres- — König 287
und Tageszeiten
Clavigo — Hinderer — KdD
*Dämmrung senkte sich von oben — Anth. 10 — LDU 2
Dichtung und Wahrheit 9., 10., — DU 2/89 — König 72/73 — Reclam,
11., 14. Buch — Goethe — WW 6/78
Bei Herder — Anal. III
*Dornburg, September 1828 — König 287
Die drei Ehrfurchten — Goette
Egmont — Grundlagen 6466 — Hinderer —
KdD — Klett AL 39913 — König 12
— Manz, Bd. 12 — Neis — Neis,
Drama — RUB 8126 — Suhrkamp
2006 — WW, Sammelband IV
*Eigentum — Anth. 3
*Eines ist mir verdrießlich — Anth. 12
*Einlaß — König 287
*Eins und Alles — König 287
*Elegie, Fünfte — Reclam 3
*Epilog zu Schillers Glocke — König 158
*Erlkönig — Anal. II — Anth. 10 — Bauer 6 —
Bauer, Lyrik — DD Heft 83 und
97 — DU 4/55 — Freitag — Freund,
Ballade — Fritsch, Ballade — Klett
8 — Moritz — Neis, Balladen —
Prisma 2 — Reclam 7 — Reich 1 —
Sorg — Texte D R 7 und H 8 —
TS GRH 8 — Vögeli I
*Es ist gut — Anth. 10 — Reich 1
Faust (Urfaust) — König 105 — RUB 8183(2) — WW
1/83
Faust — AR 30 — Arens, Hans: Kommen-
tar zu Goethes Faust II (Win-
ter). 1988 — ASL — BfDL 1979 —
DU 1/83 (S. 49 f.) und 4/87 —
Friedrich/Scheithauer: Kommen-
tar zu Goethes Faust. RUB (7177
bis 80 a) — Grundlagen 6358 und
6360 — Hinderer — Hippe, Bd. 4 —
Keller, Werner: Aufsätze zu
Goethes Faust II (Wiss. Buchge-
sellschaft). 1990 — König 430 —
Lektüre — May, Kurt: Faust, II.
Teil (Ullstein). 1972 — Müller,
Dramen 1 — Müller, Modell — Neis
10 — Requadt, Paul: Goethes
Faust I (Fink). 1971 — Rinsum 1
und 5 — Scholz, Rüd.: Goethes
Faust (Schäuble). 2. Aufl. 1983
— Sprachh. 4 — Stationen —
Trunz, Erich: Goethe. Urfaust,
Faust I und II (Beck) — ZDPh
Sonderheft 1988

© Schöninghbuch 3 506 77895 1

*Der Fischer	Anth. 10 — Bauer, Lyrik — DU 6/88 — Epochen 485 — König 158 — Moritz — Neis, Balladen — Reich 1 — Vögeli II
*Frankreichs traurig Geschick	Anth. 7
*Freudvoll und leidvoll	Anth. 6 — Reich 1
*Freundliches Begegnen	König 287 — Manz, Bd. 12
*Froh empfing ich mich	Anth. 7 — Reich 1
*Die Frösche	Anal. I
*Früh, wenn Tal, Gebirg und Garten	Anth. 12
*Frühling übers Jahr	Anth. 10 — Reich 1
*Fünf Andere	König 287
*Fünf Dinge	König 287
*Ganymed	Anth. 11 — König 20 — Modellanalysen 9 — Reich 1 — Wiese, Lyrik I — WW, Sammelband III
*Gedichte sind gemalte Fensterscheiben	Anth. 10 — Bauer, Lyrik
Die gefährliche Wette	Anal. II
*Gefunden	Anth. 2 — Hotz — LDB 9 — Leha — Reich 1 — Sprachh. 8
*Gegenwart	Anth. 10 — Reich 1
Geheimnisse	Reclam, Goethe
*Gesang der Geister über den Wassern	Anth. 12 — König 158 — Manz 1 — Modellanalysen 9
Die Geschwister	Hinderer — Lit. 4/82
*Der getreue Eckart	Sprachh. 8
*Gib mir	Anth. 13
*Gingo Biloba	Anth. 10 — König 287 — Reich 1
*Ein Gleiches	Bauer, Lyrik — König 158 — Vögeli I
*Glückliche Fahrt	Bauer 8 — Bauer, Lyrik — Prisma 3 — Riedler 2
*Der Gott und die Bajadere	Freitag — Hinck — König 158 — mot. Ged. 4 — Neis, Balladen — Reclam 3
*Das Göttliche	Auswahl 9 — Epochen 485 — Kamp 9 — König 158
Götz von Berlichingen	Deutsch Kurs 11 — Dramen 2 — Grundlagen 6465 — Hinderer — Huyssen — KdD — König 8 — LDB 10 — proj. du. 7 — Rinsum 5 — RUB 8122 — Suhrkamp 2006
*Ein grauer, trüber Morgen	Anth. 13
*Grenzen der Menschheit	Anal. III — Anth. 13 — König 158 — Reclam 3
Der Groß-Cophta	Hinderer — Martini
*Grün ist der Boden der Wohnung	Anth. 9
*Harfenspieler	Anth. 10
*Harzreise im Winter	König 20 — Modellanalysen 14 — Urbanek
*Hast du nicht gute Gesellschaft	Anth. 10
*Hegire	König 287
*Heidenröslein	Anth. 10 — DU 3/59 — Freitag — König 20 — Leha — Reich 1 — Sprachh. 8

*Herbstgefühl	Anth. 7 – König 20 – mot. Ged. 6 – Neis, Gedichte
Hermann und Dorothea	DU 1/83 (S. 23) und 86 – Epochen 485 – Jacobi – Keimer 1 – König 7 – Praxis 2 – Reclam, Goethe – RUB 8107 – Seidlin, Klassiker
*Hochbeglückt in deiner Liebe	Anth. 11 – Hippe – König 287 – Reich 1
*Hochzeitlied	Reclam 7
*Hoffnung	Anth. 13
*Ich saug an meiner Nabelschnur	Kaiser, Lyrik
*Ihr verblühet, süße Rosen	Anth. 13 – Reich 1
*Im Atemholen	Anth. 7
*Im Dorfe war ein groß Gelag	Anth. 12
*Im Gegenwärtigen Vergangnes	Anth. 10 – Wiese, Lyrik I
*Im Herbst 1775	Lektüre, Lyrik – Modellanalysen 9
*Im Vorübergehn	Sprachh. 8
Iphigenie auf Tauris	Anregung 6/66 – Basis 1 – Deutsch Kurs 11 – DD 16/74 und 21/75 – DD, Sonderband 1973 – Epochen 485 – Grundlagen 6467 – Hinderer – Kafitz 1 – KdD – Klett AL 39914 – König 15 – Lektüre – Lit. 1/78 – Müller, Dramen 1 – Neis, Drama – proj. du. 7 – Rinsum 1 und 5 – RUB 8101 – Wiese, Drama I – WW, Sammelband III
Italienische Reise	Reclam, Goethe – Sprachh. 8
*Johanna Sebus	DU 4/56
*Der Kaiserin Becher	Anth. 13
*Kann wohl sein	König 287
*Kleine Blumen, kleine Blätter	Enders
*Der König in Thule	Anth. 10 – Fritsch, Ballade – König 20 – Moritz – Neis, Balladen – Sprachh. 8
*Der Kuckuck wie die Nachtigall	Anth. 11 – Reich 1
*Künstlers Abendlied	König 20
*Künstlers Morgenlied	König 20 – Modellanalysen 9
Die Laune des Verliebten	Catholy – Hinderer
*Legende vom Hufeisen	Anal. I – Bauer 5 – Fritsch, Ballade – Horizonte 2 – Moritz
Die Leiden des jungen Werthers	AR 62 – DU 3/65 – Grundlagen 6032 – Klett AL 39911 – König 79 – Lehmann III – LDU 3 – Lit. 4/82 – Lobentanzer 2 (Auszug) – Neis 10 – Praxis 2 – Reclam, Goethe – Rinsum 2 und 5 – RUB 8113/13a – Uhi 94553
*Lesebuch	Anth. 10 – König 287 – Reich 1
*Die Liebende abermals	Anth. 7
*Lied des Harfners	Anal. III
*Lied und Gebilde	König 287
*Lilis Park	König 20
*Locken, haltet mich gefangen	König 287 – Reclam 3
*Mächtiges Überraschen	Neis, Gedichte

© Schöninghbuch 3 506 77895 1

*Das Mädchen spricht	Anth. 13 – Reich 1
(s. auch Sonettenzyklus)	
Das Mädchen von Oberkirch	Hinderer
*Mahomets Gesang	König 20 – Neis, Gedichte
*Mailied (Wie herrlich leuchtet)	Anal. III – Anth. 10 – Berger –
	Enders – Hippe, Bd. 4 – Hotz –
	König 20 – Modellanalysen 9 –
	mot. Ged. 6 – Müller, Modell –
	PD, Jan. 87 – Reich 1 – Sorg –
	Texte D H 9 – Urbanek
Der Mann von fünfzig Jahren	Wiese, Novelle II
Märchen	Festschrift
*Die Marienbader Elegie	mot. Ged. 4 – ZDPh 2/86
*Meeres Stille	Bauer, Lyrik – König 158 – Ried-
	ler 2 – Sprachh. 8
*Die Metamorphose der Pflanzen	DD 1/86 – DU 1/86 – König 158 –
	Reclam 3 – Wiese, Lyrik I
*Metamorphose der Tiere	König 158
*Mignons Lied	Anal. III – Anth. 11 – König 158
	– Reich 1 – Urbanek
*Mit einem gemalten Band	Anth. 11 – König 20 – Reich 1 –
	Urbanek
Die Mitschuldigen	Hinderer – Lit. 2/84 – Martini –
	UTB 1498
*Nachklang	Anth. 5 – Reich 1
*Nachtgedanken	Anth. 11 – Reich 1
*Nachtgesang	Anth. 4 – Wiese, Lyrik I
*Nähe des Geliebten	Anth. 11 – Reich 1 – Sprachh. 8
	– TS GH 10
*Natur und Kunst	König 158
Die natürliche Tochter	Hinderer – Lit. 4/80 – Wiese,
	Drama I
Nausikaa	Hinderer
*Neue Liebe, neues Leben	König 20 – Modellanalysen 5 und 9
*Neugriechische Liebes-Skolie	Anth. 12 – Reich 1
*Nicht Gelegenheit	Anth. 11 – König 287 – Reich 1
*Nicht mehr auf Seidenblatt	Anth. 11 – Reich 1
*Nichts taugt Ungeduld	Klett 7
*Nimmer will ich dich verlieren	König 287
Novelle	Abitur – BfDL 1982 – Enders –
	Kunz 1 – Lehmann I – Lit. 2/79 –
	Neis, Erzählkunst – Reclam,
	Erz. – Reclam, Goethe – RUB
	8159(2)
*Nun weiß man erst	Anth. 8
*Nur wer die Sehnsucht kennt	König 158 – Urbanek
*Oden an meinen Freund	König 20
Osterspaziergang	Anal. II
*Parabase	König 287
*Der Park	Anth. 12
*Das Parzenlied	Wiese, Lyrik I
*Phänomen	Anth. 13
*Philine	Anth. 13
*Prometheus	Anal. III – Eversberg – Hotz –
	König 20 – LDB 10 – Manz 2 –
	Modellanalysen 9 – Mitt. 3 und
	4/82 – Müller, Modell – PD, Jan.

	87 – Reclam 2 – Rinsum 5 – Wiese, Lyrik I
*Prooemion	König 287
Proserpina	Hinderer
*Rastlose Liebe	Reich 1
*Reineke Fuchs	proj. du. 1 – Reclam, Goethe
*Römische Elegien (1., 5. und 7.)	DU 1/83 (S. 21 f.) – König 20
*5. Römische Elegie	mot. Ged. 4
*7. Römische Elegie	Anregung 5/67
*Saget, Steine, mir an	Anth. 11 – Reich 1
*Der Sänger	Bauer 8
*Scharade	König 287
*Der Schatzgräber	Bauer, Lyrik – König 158
*Schenke	Anth. 6
*Dem Schicksal	König 158
*Schillers Reliquien	Wiese, Lyrik I
*Schneider Courage	Hotz
*Das Schreien	Hippe – König 20
*Selige Sehnsucht	Anth. 5 – König 287 – Lobentanzer – Reclam 3 – Reich 1 – Rinsum 4
Shakespearetag, Rede zum	Huyssen
*Sie saugt mit Gier	Anregung 5/81 – mot. Ged. 9
*So laßt mich scheinen bis ich werde	König 158
*Sollt' ich nicht ein Gleichnis brauchen	König 287
*Das Sonett	Anth. 10
*Sonettenzyklus 1807/08 (Mächtiges Überraschen, Freundliches Begegnen, Kurz und gut, Das Mädchen spricht, Wachstum, Reisezehrung, Abschied, Die Liebende schreibt, Sie kann nicht enden, Nemesis, Christgeschenk, Warnung, Die Zweifelnden, Mädchen, Dichter, Epoche, Scharade)	Kaiser, Lyrik
Stella	Hinderer – Lit. 4/85
*Suleika spricht	mot. Ged. 4
*Das Tagebuch	Reclam, Goethe – Unseld, Siegfried: Das Tagebuch Goethes und Rilkes Sieben Gedichte (Insel 1000). 1978
Tancred	Hinderer
*Talismane	König 287
*Teilen kann ich euch nicht	Modellanalysen 9
Torquato Tasso	Epochen 485 – Grundlagen 6410 – Hinderer – Kafitz 1 – Klett AL 39917 – König 14 – Lit. 2/78 – Neis 10 – proj. du. 7 – RUB 8154(3) – Wiese, Drama I – WW, Sammelband IV
*Der Totentanz	Bauer 9 – Bauer, Lyrik – Baumgärtner, Ballade – Bohusch –

© Schöninghbuch 3 506 77895 1

	Hinderer − Moritz − Neis, Balladen − PD 35
*Türmerlied	Anal. III − Anth. 3 − Volkmann
*Über allen Gipfeln	Litko 11 − Urbanek
*Um Mitternacht	Anth. 1 − Goes − Reich 1
*Unbegrenzt	König 287
Unterhaltungen deutscher Ausgewanderten	Epochen 485 − Kunz 1 − Lit. 1/79 − Reclam, Goethe
*Urworte, Orphisch	König 287 − Urbanek
Vaterhaus und Vaterstadt	Anal. III
*Venetianische Epigramme (4., 34. und 58.)	König 158
*Den Vereinigten Staaten	Anth. 12
*Vermächtnis	König 287 − Neis, Gedichte
*Versunken	Anth. 12 − Reich 1
*Volk und Knecht	König 287
*Vollmondnacht	Anth. 12 − Reich 1
*Vom Himmel steigend	König 287
*Vor Gericht	Anth. 11 − König 20 − Reclam 2 − Reich 1
Die Wahlverwandtschaften	Hippe, Bd. 4 (Romananfang) − König 298 − Kunz 1 − Lehmann III − Manz 2 − Reclam, Goethe − RUB 8156(3) − Sprachh. 10
*Der Wanderer	König 20 − WW 6/70
*Wanderers Gemütsruhe	König 287
*Wanderers Nachtlied	Anth. 11 und 13 − Auswahl 8 − Bauer, Lyrik − Baumgärtner − König 158 − Rinsum 5 − Spektrum − TS GRH 9
*Wandersegen	Anth. 6 − Reich 1
*Warum gabst du uns die tiefen Blicke	König 158
*Was bedeutet die Bewegung	König 287
*Was verkürzt mir die Zeit	Klett 7
*Was Völker sterbend hinterlassen	Anth. 12
*Weltseele	König 287
*Wen die Dankbarkeit geniert	Klett 7
*Wen du nicht verlässest, Genius	Modellanalysen 9
Westöstlicher Diwan	Anth. 3 − Lohner, Edgar: Interpretationen zum westöstlichen Diwan Goethes (Wissensch. Buchgesellschaft). 1973
*Wie mit innigstem Behagen	König 287
Wilhelm Meisters Lehrjahre	DU 4/87 − Lit. 4/82 − König 226/227 − Reclam, Goethe − Rinsum 2 und 5 − RUB 8160(4) − Wiese, Roman I
Wilhelm Meisters Wanderjahre	Festschrift − König 226/227 − Reclam, Goethe − Rinsum 2
*Willkommen und Abschied	Anal. III − Anth. 10 − Enders − Hotz − Kaiser, Lyrik − Klett 8 − König 20 − Manz 2 − Modellanalysen 9 − Reclam 2 − Reich 1 − Sprachh. 8
*Wink	Anth. 9 − Kaiser, Lyrik − Reich 1

*Wonne der Wehmut	Anth. 12
*Worte sind der Seele Bild	Kienecker, Exp. – Sprachh. 1 – Texte D R 10
Die wunderlichen Nachbarskinder	Anal. III
*Xenien (Auswahl)	König 158 – ZDPh Sonderheft 1986
*Der Zauberlehrling	Anal. II – Bauer 7 – Bauer, Lyrik – Baumgärtner, Ballade – Horizonte 3 – Hotz – Kamp 7 – Klett 7 – LDU 1 – Manz 1 – Moritz – Neis, Balladen – Spektrum – Texte D 6 – TS GR 6 – Vögeli I
*Zigeunerlied	Helmers
*Zünde mir Licht an	Anth. 11

Götz, Johann Nikolaus

*An seine Reime	Reclam 2
*Die himmlische und irdische Venus	Anth. 12

Gogolin, Peter

Seelenlähmung	Kurz 80

Goll, Yvan

*In uralten Seen	Anth. 9
*Karawane	Weber
*Kölner Dom	mot. Ged. 10
Melusine	Mennemeier 1
Methusalem oder Der ewige Bürger	Brauneck – Mennemeier 1
*Orpheus	Anth. 3
*Der Panamakanal	Denkler
*Der Staubbaum	Hippe 50
*Stunden	Hippe 50

Gomringer, Eugen

*konstellationen	DU 1/70
*ode III	Kienecker, Exp. – Distanz
*roads 68	Bauer 7 – mot. Ged. 7
*das schwarze geheimnis	Prisma 5 – Rinsum 4
*schweigen	Anth. 9 – Bauer, Lyrik – Eckermann – Hotz 1 – Kaiser, Lyrik – Kienecker, Exp. – Knörrich – Rinsum 5 – Texte D R 10
*vielleicht	Lektüre, Lyrik – Reclam 6
*worte sind schatten	Bauer, Lyrik – Goette – Kienecker, Exp. – Sprachh. 1

Gottfried von Neifen

*Saelig saelig si diu wunne	Reclam, Lyrik

Gottfried von Straßburg

Tristan und Isolde	Ehrismann – König 294 – Rinsum 5 – ZDPh 3/88

Gotthelf, Jeremias

Ein anderes Kaputtwerden	Anal. III
Der Besenbinder von Rychiswyl	König 272
Elsi, die seltsame Magd	Jacobi – König 272 a
Das Erdbeer-Mareili	König 272
Die falschen Ärzte	Auswahl 5

Der Geizhals	Bauer 7
Geld und Geist	Wiese, Roman II
Die schwarze Spinne	dtv – König 272 – Kunz 2 – Lehmann I – Lesereihe 11 – Modellanalysen 6 – RUB 8161 – Wiese, Novelle I – WW 5/71 und Sammelband IV
Das Testament	Bauer 5 – Texte D 7
Uli der Knecht	Basis 5 – Rinsum 5
Wer lügt am besten	Bauer 6

Gottsched, Johann Christoph

| Critische Dichtkunst | Praxis 2 – Rinsum 5 |
| Sterbender Cato | Wiese, Drama I |

Grabbe, Christian Dietrich

Hannibal	König 131/132 – WW 5/81
Napoleon oder Die hundert Tage	König 131/132 – Suhrkamp 2006 – Wiese, Drama II
Scherz, Satire, Ironie und tiefere Bedeutung	Basis 2 – Grundlagen 6394 – KdD – UTB 1498 – Wiese, Lessing

Grabner, Hasso

| Die Partei | Peter |

Graf, Oskar Maria

| Das Aderlassen | Knopf |
| Das Hochzeitsgeschenk | LDB 8 |

Grass, Günter

*Adornos Zunge	Reclam 6
*Ausgefragt	Beck 17
*Der Ball	Knörrich
*Die Ballade von der schwarzen Wolke	Reclam 7
Die Blechtrommel	AR 21 – Beck 17 – Brauneck II – Jacobs – König 159 – Lehmann IV – LDU 3 – Litko 24 – Luchterhand Taschenbuch 544 – Mitt. 3/83 – Old. Int. 88621 – Rinsum 2
*Brandmauern in Berlin	mot. Ged. 10
Der Butt	Beck 17 – DD 67/82 – Kurz 6
*Der Epilog	Eckermann
*Falada	Anth. 4
*Gleisdreieck	Beck 17
*Hochwasser	Beck 17
Hundejahre	Beck 17 – Sprachh. 10
*Im Ei	Kienecker, Lyrik – mot. Ged. 7 – Peter
*In Ohnmacht gefallen	Eckermann – Hippe 50 – Prisma 5 – Vögeli II
Katz und Maus	Beck 17 – DU 1/71 und 2/77 – Kaiser, Gerh.: G. Grass. Katz und Maus (Lit. im Dialog Bd. I) (Fink). 1971 – König 162/163 – Lehmann II – Müller, Modell – Old. Int. 07712 – Rinsum 2 – RUB 8137 – Zimmermann II
Der Ritterkreuzträger	Goette – Int. VI

*Kinderlied	Anal. III – Bauer, Lyrik – Manz 1
*Kirschen	Hippe 50
*König Lear	Anth. 3
Kopfgeburten	Lit. 4/80 – Kurz 80
*Kurzschluß	Abitur
Die Linkshänder	Basis 4
*Nachts	Bauer, Lyrik
*örtlich betäubt	Beck 17 – DU 5/76
Die Plebejer proben den Aufstand	Beck 17 – BfDL 3/67 – Ismayr
*Politische Landschaft	Müller, Lyrik
*Polnische Fahne	Anth. 7
*Racine läßt sein Wappen ändern	Anth. 10 – Neis, Balladen
Die Rättin	Kurz – LiLi Heft 71 – WW 6/87
*Schulpause	Kopplin – UTB 1115
*Schweinskopfsülze	Eckermann
Tagebuch einer Schnecke	Beck 17 – DU 5/83 (S. 36 f.)
Das Treffen in Telgte	Beck 17 – Dörfler – DU 5/86 – Lit. 4/81 – Zimmermann III
Die Tribüne	AM 2
*Tour de France	Anth. 1 – Hotz 1
*Zorn, Ärger, Wut	Eckermann

Graßhoff, Fritz
*Isabell die Spröde	Neis, Balladen
*Joguleit	Neis, Balladen

Gregor-Dellin, Martin
Begräbnisse	Kontrapunkte – Zimmermann II
Föhn	Kurz 5
Schlabrendorf oder die Republik	Kurz 80

Greif, Martin
*Mittagsstille	Auswahl 5

Greiffenberg, Catharina Regina von
*Auf die edle Dichtkunst	Reclam 1
*Herz werde voller Glut	Sorg
*Sehnlicher Weisheitswunsch	Sorg

Gressmann, Uwe
*Kosmos	Anth. 5

Greve, Ludwig
*Mein Vater	Anth. 11

Grill, Harald
*Wegkreuz	Riedler 1

Grillparzer, Franz
Die Ahnfrau	Kraft – König 48 – Meyer – ZDPh Sonderheft 1988
Aphorismen	Anal. III
Der arme Spielmann	dtv – König 38 – Kunz 2 – Lehmann – Politzer, Heinz: Franz Grillparzers „Der arme Spielmann" (Dichtung und Erkenntnis Bd. 2) (Metzler). 1967 – RUB 8174 – Wiese, Novelle I
Ein Bruderzwist im Hause Habsburg	Kafitz 2 – KdD – König 85 – Lit. 1/78 und 3/87 – Wiese, Drama I
*Entsagung	Reclam 4

*Freundeswort	Sprachh. 1
*Der Halbmond glänzet am Himmel	Anth. 5
Die Jüdin von Toledo	Müller, Dramen 1 – Wiese, Persp.
Das Kloster bei Sendomir	Freund – Kunz 2
König Ottokars Glück und Ende	Kafitz 2 – König 98 – RUB 8103 – Suhrkamp 2006 – Wiese, Drama I
Libussa	Kafitz 2 – Lit. 4/80 – Wiese, Drama I
Medea	König 53
Des Meeres und der Liebe Wellen	König 81 – Lit. 1/86
Sappho	Kafitz 2 – König 52 – Lit.2/78
Der Traum ein Leben	Grundlagen 6395 – König 147 – Rinsum 5
Weh dem, der lügt	KdD – Lit. 2/84 – König 146 – Martini – RUB 8110 – UTB 1498

Grimm, Hans

Volk ohne Raum	Reich 2

Grimm, Jakob und Wilhelm

Kinder- und Hausmärchen	s. Märchen

Grimmelshausen, Hans Jakob Christoffel von

Courasche	Jacobs
Du sehr verachteter Baurenstand	Binder
*Komm Trost der Nacht	Bauer, Lyrik – Hippe – König 296 – WW 2/73
Simplicissimus	Beck – DU 4/59, 6/69 und 5/85 – DU 1969, Beiheft – Epochen 487 – Grundlagen 6033 – Jacobs – König 149 – Lehmann III – LDU 3 – Lit. 4/80 – Rinsum 2 und 5 – Texte D R 10 – Wiese, Roman I
(Auszug)	Anal. III – Bauer 7 – Prisma 4 – Spektrum
Springinsfeld	Jacobs
Vogelnest	Jacobs

Grisar, Erich

*Die neue Maschine	mot. Ged. 8

Groißmeier, Michael

*Dem Rauch mißtrauen	Kurz
*Schnee auf der Zunge	Kurz
*Von meinen Bleisoldaten	Riedler 1
*Zerblas ich den Löwenzahn	Kurz

Grosz, Georg

Gesang in die Welt I	Anth.7

Groth, Klaus Johann

*In Düstern	TS G 7

Grün, Anastasius

*Antworten	proj. du. 8
Spaziergänge	Reclam 4

Grün, Max von der

Die Entscheidung	Anal. III – Goette – Klett 8 – Texte DU 9

Fahrtunterbrechung	Beck 13
Fragen und Antworten	Goette
Der Igel	Anal. III – Rinsum 5
Irrlicht und Feuer	Beck 13 – Brauneck II – DU 6/76
Kinder sind immer Erben	Auswahl 8 – Texte DU 9
Männer in zweifacher Nacht	Beck 13 – DU 6/76
Masken	Klett 7 – Texte D H 9
Notstand oder Das Straßenthea-	Beck 13
ter kommt	
Stellenweise Glatteis	Beck 13
Das Stenogramm	AM 3 – Bachmann III
Vorstadtkrokodile	DD 66/82
Zwei Briefe an Pospischiel	Beck 13 – Deutsch Kurs 4 (S. 84) – DU 6/76

Grunwald, Henning
*Die Haft war ein Irrtum?   Kunert

Gryphius, Andreas
*Abend   Auswahl 8 – Bauer 9 – Berger – Epochen 487 – Hippe – Lobentanzer
*An den gekreuzigten Jesum   Reclam 1
*An die Sternen   Epochen 487 – Lobentanzer – Lesezeichen 8
*Auf die Vergänglichkeit   mot. Ged. 5
Cardenio und Celinde   Epochen 487 – Meyer
*Carolus Stuardus oder   Suhrkamp 2006
  Ermordete Majestät
Catharina von Georgien   Wiese, Drama I
*Ebenbild unseres Lebens   Lobentanzer
*Einsamkeit   Reclam 1 – Sorg
*Es ist alles eitel   Anal. III – Anth. 2 – Auswahl 10 – Bauer, Lyrik – Epochen 487 – König 296 – Lesezeichen 10 – Manz 1 – mot. Ged. 5 – Rinsum 4 – Urbanek – Wiese, Lyrik I
Grabschrift Marianae   Anth. 12
Horribilicribrifax   UTB 1498
*Laß alles Trauren seyn   Spektrum
*Menschliches Elende   Auswahl 8 – Baumgärtner – TS GR 9
*Morgen   Bernáth
Papinian   DU 5/85
*Tränen des Vaterlandes   Anal. III – Anth. 9 – Auswahl 9 – Berger – Epochen 487 – Goette – König 296 – Lesezeichen 8 – mot. Ged. 2 – Riedler 2 – Rinsum 4 – Texte D R 8 – TS GRH 8 – Wiese, Lyrik I und II
*Tränen in schwerer Krankheit Epochen 487 – Reclam 1 – Rinsum 5
*Über den Untergang der Stadt Prisma 4
  Freystadt
*Über die Geburt Jesu   Kranz – Wiese, Lyrik I – WW 7/57 – WW, Sammelband IV
*Das Wunder der Natur   Sprachh. 1 – WW 4/69

Gudrunlied   s. **Edda** und **Sagen**

Güll, Friedrich Wilhelm
Rätsel   Anal. I
*Vom Büblein auf dem Eis   Anth. 9

Günderode, Karoline von
*Der Kuß im Traume   Anth. 10
*Der Luftschiffer   Anth. 5 – Riedler 2
*Die Töne   Anth. 13

Günther, Johann Christian
*Abschieds-Aria   Reclam 1
*Als er der Phyllis einen Ring   mot. Ged. 4 – Wiese, Lyrik I
*Als er durch innerlichen Trost   Reclam 1
*Als er unverhofft Briefe er-   Reclam 1
   hielt
*Als Leonore die Unterredung   Anth. 4
*An die Männer   Anth. 6
*An Leonore   König 296
*Aria   DU 5/85
*Breslau, den 25. Dez. 1719   Anth. 5
*Rosen   Anal. III
*Trostaria   Anth. 7

Guesmer, Carl
*Elbmündung   mot. Ged. 10
*Hannover   mot. Ged. 10

Guggenmos, Josef
*Schattenspiel   Bohusch

Guttenbrunner, Michael
*Die Bodenständlinge   Peter

Gutzkow, Karl Ferdinand
Ella Rose oder Die Rechte des   Kafitz 1
   Herzens
Werner oder Herz und Welt   Kafitz 1

Gwerder, Alexander Xaver
*Ich geh unter lauter Schatten   Anth. 12 – Vögeli II

Hacks, Peter
Adam und Eva   Buddecke – DU 3/84
Amphitryon   Lit. 2/84
Der Bär auf dem Försterball   Bauer 5 – Horizonte 2
Ein Gespräch im Hause Stein   KdD
   über den abwesenden Herrn
   von Goethe
Geschichte von der Denkmaschine   Klett 5
Ein Märchen für Claudias Puppe   Klett 5
*Moritat vom Vatermörder   Neis, Balladen
Moritz Tassow   Hinck, Kom.
*Nachricht vom Leben der   AM 1 – Helmers – Klett 7 – TS
   Spazoren   GRH 5
Die Schlacht bei Lobositz   Suhrkamp 2006

Härtling, Peter
Ein Abend, eine Nacht, ein   Beck 33
   Morgen
*Alte Liebe   Kunert
Alter John   Beck 33

Anna	Texte D 5
*Baiabong	Bauer, Lyrik – Klett 8 – Loben-tanzer
Ben liebt Anna	Beck 33
Das war der Hirbel	Beck 33 – PD 29/78
Die dreifache Mania	Beck 33
Das Familienfest	Beck 33 – Manz 2
Eine Frau	Beck 33
Hirbel entlarvt Edith	Horizonte 2
Hirbel stellt sich krank	Kamp 6
Hölderlin	Beck 33 – Michel
Hubert oder Die Rückkehr nach Casablanca	Beck 33 – Kurz 6
Im Schein des Kometen	Beck 33
Janek	Beck 33 – Manz 2
Die Möhre	Manz 1 – Texte D 5
Nachgetragene Liebe	Beck 33 – DU 5/83 (S. 8)
Niembsch oder Der Stillstand	Beck 33 – Manz 2
*Olmütz	Urbanek
Oma	Beck 33
Sofie macht Geschichten	Beck 33
Theo haut ab	Beck 33
*wieder wartet	Klett 5 – mot. Ged. 2
Das Windrad	Kurz
Zwei Versuche mit meinen Kindern zu reden	Volkmann
Zum laut und leise lesen	Beck 33

Haeseling, Dorothée
*Ein Fall	Kunert

Hagedorn, Friedrich von
*An die Schläferin	Anth. 5 – Rinsum 4
*Die Alster	Reclam 2
*Der Mai	mot. Ged. 5
*Der Morgen	Epochen 486
*Der Tag der Freude	Reclam 2

Hagelstange, Rudolf
*Ballade vom verschütteten Leben	Knörrich
*Denn Freiheit ist der Odem unseres Lebens	mot. Ged. 2
*Funeral Home	Lehmann
*Im Sommer	Anal. I
*Des Jahres Maß	Anal. II
Kirschen vom Himmel	Prisma 2
*Sommerliches Gebet	Hotz
Stern in der Christnacht	Texte DU 5/6
*Verdächtiger Fußgänger	Bohusch
*Von der Überwindung des Todes	Lehmann

Hahn, Ulla
*Abendlied	Kunert
*Anständiges Sonett	Anth. 7
*Danklied	Merold
*Endlich	Anth. 8
*Erwachen	Volkmann
*Für einen Flieger	Anth. 11
*Katzenmahlzeit	Anth. 9

*Mitteilungen der Mutter	Anth. 10
*Nach Jahr und Tag	Anth. 12
*Spielende	Kurz
*Winterlied	Anth. 7

Halbe, Max
Der Strom — Dramen I

Halbey, Hans Adolf
*Urlaubsfahrt — PD 46/81

Haller, Albrecht von
*Unvollkommenes Gedicht über die Ewigkeit — Reclam 2

Hamm, Peter
*Niederlegen — Anth. 11
Welches Tier gehört zu dir? — Kurz

Hampel, Bruno
Das mit dem Mais — Bachmann III – Int. II

Handke, Peter
Abstraktionen von dem Ball, der in den Fluß gefallen ist — DU 3/72
Die Angst des Tormanns beim Elfmeter — AR 31 – ASL – Beck 8 – DU 1971, Beiheft 2 – Durzak, Handke – König 326 – Lit. 1/81 – WW 6/76
*Die Aufstellung des 1. FC Nürnberg am 27.1.1968 — DD 52/80 – Hotz 1
Die Besitzverhältnisse — DU 3/72
Der Chinese des Schmerzes — Kurz
Die drei Lesungen des Gesetzes — Goette – proj. du. 2 – TS G 9
Der Einbruch eines Holzfällers — AR 31
Die falsche Bewegung — Durzak, Handke
*Gedicht an die Dauer — Kurz
Geschichtslügen — ASL
Das Gewicht der Welt — AR 31 – Kurz 6 – WW 5/79
Der Hausierer — AR 31 – Beck 8 – Durzak, Handke
Hilferufe — Kienecker, Drama
Die Hornissen — AR 31 – Beck 8 – Durzak, Handke
Hörspiel 2 — ASL
Die Innenwelt — AR 31
Kaspar — AR 31 – Buddecke – DD 26/75 – DU 5/71 – DU 1971, Beiheft 2 – Durzak, Handke – Grundlagen 6064 – König 324 – Kraft – Modellanalysen 7 – Rinsum 1
Kindergeschichte — Kurz
Der kurze Brief zum langen Abschied — AR 31 – ASL – Beck 8 – Brauneck II – Durzak, Handke – Michel – König 326
Langsame Heimkehr — Durzak, Handke – Kurz 7
Die Lehre der Sainte Victoire — Durzak, Handke – Kurz (S. 323)
Die linkshändige Frau — Beck 8 – DU 5/86 – Durzak, Handke – Kurz 6
Das Mündel will Vormund sein — DU 5/71
Nachmittag eines Schriftstellers — Kurz
*Die neuen Erfahrungen — UTB 1115

Publikumsbeschimpfung	Brauneck – DU 5/71 – Durzak, Handke – König 324
(Auszug)	Anal. III – Texte D R 9 und 10
Der Rand der Wörter	AR 31
Der Ritt über den Bodensee	KdD – Kraft
Das Standrecht	ASL
Die Stunde der wahren Empfindung	AR 31 – Beck 8 – Durzak, Handke – Kurz 6
Über die Dörfer	DGD 2 – Durzak, Handke – Kurz
Die Überschwemmung	Bachmann VI
Die Unvernünftigen sterben aus	Mennemeier 2
Was ich nicht bin	ASL
Die Wiederholung	Kurz (S. 342)
Wind und Meer	ASL
Wunschloses Unglück	AR 31 – ASL – Beck 8 – DU 5/82 – Durzak, Handke – König 326 – Lützeler – Rinsum 2 und 5
Zugauskunft	ASL

Hannsmann, Margarete

*Chauffeur bei Don Quichote	Kurz 6
*Magdeburg	mot. Ged. 10
*Negev	Kunert
*Nürnberg Siemens	mot. Ged. 10
*Pfad in Eftalu	Anth. 11

Hardekopf, Ferdinand

*Zwiegespräch	Anth. 13

Harig, Ludwig

*Brief nach Berlin	Müller, Lyrik

Haringer, Jakob

*Abend	Anth. 10

Harsdörfer, Georg Philipp

*Friedenshoffnung bei ...	Reclam 1

Hartmann von Aue

Der arme Heinrich	Beck – Grundlagen 6044 – König 290 – Rinsum 5 – ZDPh, Bd. 104, 1985, S. 130 f.
*Der mit gelücke	Beck
*Diz waeren	Beck
Erec	Beck – DU 6/62 und 2/68 – König 290 – WW 2/72
*Ez ist mir	Beck
Gregorius	Beck – DU 6/62 und 2/68 – Ehrismann – König 290 – WW 1/68
*Ich muos von rehte	Beck
*Ich sprach	Beck
*Ich var mit invern hulden	Beck
Iwein	Beck – König 290 – WW 4/73
*Dem kriuze zimt wol reiner muot	Anregung 2/76 – Beck – WW 6/71
*Maneger grüezet	Beck
*Mîn dienst	Beck
*Niemen ist	Beck
*Rîcher got	Beck
*Sît ich den sumer	Beck
*Swes vroide	Beck

Hartung, Harald
*Das Paar   Anth. 1

Hasenclever, Walter
*Die Mörder sitzen in der Oper   Goette
*Der Schauspieler   Denkler
Der Sohn   Mennemeier 1

Haß, Ulrike
Der plötzliche Reichtum der   DD 66/82
armen Leute von Kombach

Haufs, Rolf
*Baum und Himmel   Anth. 10
*Das hält wer aus   Anth. 5
*Drei Strophen   Anth. 9
*Felderland   Kurz
*Kinderjuni   Kunert
Ob ihr's glaubt oder nicht   Klett 5
*Peppino Portiere   Anth. 3

Hauptmann, Gerhart
Der arme Heinrich   Beck
Die Atriden. Tetralogie   Beck
*Auf der Riesenkoppe   mot. Ged. 10
Bahnwärter Thiel   AR 23 – Basis 5 – Beck – DD
                                   Heft 93 – Deutsch Kurs 9 – dtv –
                                   KlaS – König 270 – Kunz 3 – Lit.
                                   1/81 – Litko 15 – Möbius – Old.
                                   Int. 17111 – Praxis 2 – Rinsum 2
                                   und 5 – RUB 8125 – Wiese, No-
                                   velle I – WW 5/71 – Zimmermann I
Der Biberpelz   AR 32 – Beck – Berg – Dramen 1
                                   – Grundlagen 6086 – Hinck,
                                   Kom. – KdD – KlaS – Klett AL
                                   39916 – König 188 – Lit. 2/82 –
                                   Martini – Mitt. 3 und 4/82 (S. 37
                                   f.) – Möbius – RUB 8141 – Seid-
                                   lin, Klassiker – Steffen – UTB
                                   1498
Florian Geyer   Beck – König 191
Das Friedensfest   Mahal, Günter: Naturalismus
                                   (Fink). 1975
Fuhrmann Henschel   König 244
Hanneles Himmelfahrt   Möbius
Der Ketzer von Soana   Beck
Michael Kramer   König 270/70a
Der Narr in Christo ...   Beck
Die Ratten   ASL – Beck – Dramen 1 – DU
                                   3/64 und 2/71 – KdD – Klett AL
                                   39919 – König 284 – Mittler – Uhi
                                   94554
Rose Bernd   ASL – Basis 1 – König 245 –
                                   Mittler – Wiese, Drama II
Der rote Hahn   Hinck, Kom. – König 188a –
                                   Steffen
Der Schuß im Park   Freund
*Testament   Anth. 10
Till Eulenspiegel   Beck

Und Pippa tanzt	Beck – Neis – Wiese, Drama II
Die versunkene Glocke	Beck
Vor Sonnenaufgang	AR 32 – Dramen 1 – Möbius
Vor Sonnenuntergang	Beck – DU 2/88 – Mittler
Die Weber	AR 32 – ASL – Beck – Dramen 1 – Grundlagen 6083 – KdD – Klett AL 39907 – König 189 – Kraft – Manz, Bd. 12 – Mittler – Möbius – Müller, Dramen 2 – Rinsum 1 und 5 – Suhrkamp 2006 – Ullstein Reihe „Dichtung und Wirklichkeit", Ullstein Taschenbücher 3901 – Wiese, Drama II
(Ausschnitt)	Skorna

Haushofer, Albrecht

*In Fesseln	Vögeli II
*Maschinensklaven	Anth. 9
*Die Mücke	mot. Ged. 9
*Rattenzug	Bohusch

Haushofer, Marlen

Himmel, der nirgendwo endet	Kurz
Die Wand	Klett AL 39925

Hausmann, Manfred

*Anbetung	Anal. II
Die Begegnung	Lobentanzer 1
*Blumenstück	Vögeli I
*Die Bremer Stadtmusikanten Martin	Klett 5
Der Jüngste gibt ein Fest	Texte DU 5/6
*Pferde	mot. Ged. 9
Stern unter Sternen	Anal. II
*Weg in die Dämmerung	Anal. II

Havel, Vaclav

Barriere	Kienecker, Exp.
Der Philosoph	Kienecker, Exp.

Hebbel, Friedrich

Agnes Bernauer	Anregung 4/78 – Grundlagen 6382 – Kafitz 2 – Kaiser – Lit. 4/81 – Rinsum 5 – RUB 8127/27a – Suhrkamp 2006 – Wiese, Persp.
*An den Tod	Reclam 4
Aus dem Tagebuch	Anal. III
*Dämmerempfindung	Anth. 11
Genoveva	Kaiser
Gyges und sein Ring	Kafitz 2 – Kaiser – Manz 2
*Heideknabe	Freund, Ballade – Neis, Balladen – Reclam 7
*Herbstbild	Anal. II – Anregung 4/68 – Anth. 5 – Bauer, Lyrik – Hippe – Hotz – mot. Ged. 6 – Rinsum 4
Herodes und Mariamne	Kafitz 2 – Kaiser – Neis, Drama – Wiese, Drama II
*Höchstes Gebot	Anal. III
*Ich und Du	Müller

© Schöninghbuch 3 506 77895 1

Judith	Kafitz 2 – Kaiser – Wiese, Drama II
Die Kuh	Kuge – UTB 1519
Maria Magdalene	ASL – Berg – Grundlagen 6381 – Kafitz 2 – Kaiser – KdD – Klett AL 39914 – König 176 – Lesereihe 13 – Lit. 3/79 – Müller, Dramen 1 – Neis – Old. Int. 88636 – Rinsum 1 – RUB 8105 – UTB 1192
*Nachtlied	DU 3/87 – Hippe – Rinsum 5 – Wiese, Lyrik II
Die Nibelungen	Kaiser – König 77/78
*Sommerbild	Anal. III – Anth. 8 – mot. Ged. 6
Treue Liebe	Kahrmann / Reiß / Schluchter: Erzähltextanalyse. 2 Bde. (Athenäum). 1977
Der Vatermord	Kraft
*Winterlandschaft	Kranz

Hebel, Johann Peter

Der Barbierjunge von Segringen	AM 1 – Bauer 5 – Horizonte 2 – Prisma 2
Die Besatzung von Oggersheim	Prisma 4 – Spektrum
Böser Markt	Auswahl 5
Die drei Diebe	Klett 5
Drei Wünsche	Bauer 6 – Horizonte 1 – Klett 5
Die falsche Schätzung	Klett 7
Der große Schwimmer	Horizonte 3 – Klett 8
Der Herr Wunderlich	Klett 7
Der Husar in Neiße	TS G 7
Ist der Mensch ein wunderliches Geschöpf	Klett 8 – Praxis 3
Jakob Humbel	DU 1/88
Kannitverstan	Anal. I – Auswahl 7 – Bauer 7 – Baumgärtner – Klett C 6 – Leha – Litko 23 – proj. du. 1 – TS RH 7
Der kluge Richter	Anal. I – Auswahl 5 – Bauer 5 – DUK 1
Der Kommandant und die badischen Jäger in Hersfeld	Anal. II – DU 1/73
König Friedrich und sein Nachbar	Texte D H 9
Merkwürdige Gespenstergeschichte	Prisma 2
Merkwürdiges Rechnungsexempel aus der regula societatis	DU 6/78
Das Mittagessen im Hof	LDB 8
Muttersprache	Texte D R 10
Die Ohrfeige	Leha
Onkel Ben, wie seh ich aus?	Klett 7
Die Schlafkameraden	Klett 7
Schlechter Lohn	Bauer 7 – DU 6/77 und 6/78
Seltsamer Spazierritt	Anal. I – Auswahl 5 – Bauer 8 – Horizonte 1 – Praxis 3
Unverhofftes Wiedersehen	Anregung 3/66 – AbL 9 – Hippe, Bd. 4 – Knopf – Manz 1 – Neis, Erzählkunst – Rinsum 3 – Texte D R 8 – TS GR 8
Der verachtete Rat	Bauer 8
*Die Vergänglichkeit	Bauer, Lyrik

Der verwegene Hofnarr	Bauer 7
Der vorsichtige Träumer	Auswahl 5
Der Wasserträger	Knopf
Der Zahnarzt	Texte D 7

Heckmann, Herbert

563 Schritte	Anal. II
Das Henkersmahl	Int. IX
Pitt kommt zu einem Hund	AM 1 – Anal. I
Die Wohltaten des Löffels	Int. IX

Hein, Christian

Horns Ende	Dörfler

Hein, Christoph

Drachenblut	BfDL 1/88

Hein, Manfred Peter

*Lauffeuer	Anth. 1

Heine, Heinrich

	Fast alle Werke Heines sind interpretiert bei F. Futterknecht, H. Heine (Narr) (Biographie).
*Abenddämmerung	Wiese, Lyrik II
*An einen ehemaligen Goetheaner	Anth. 7
*An einen politischen Dichter	Peter – TS GR 10
*An meine Mutter B. Heine	Anal. III
*Anno 1829	Anth. 5 – Rinsum 4
*Der Apollogott	Reclam 7
*Der arme Peter	Reclam 4
*Der Asra	Anth. 8 – Hinck – Riedler 2
Atta Troll	Beck
*Aus alten Märchen winkt es	WW 6/72
*Aus dem lyrischen Intermezzo	Anth. 3
*Bei des Nachtwächters Ankunft in Paris	DD 35/77
*Belsazar	Anal. II – Bauer 7 – Freitag – Freund, Ballade – Hotz – Klett C 6 – König 62 – Moritz – Neis, Balladen – Prisma 3 – Reclam 7 – TS GR 7 – Vögeli I
Briefe aus Helgoland	WW 6/72
*Der Brief, den du geschrieben	Klett 5
*Da droben auf jenem Berge	König 62
*Das ist der Teutoburger Wald	mot. Ged. 10
*Denk ich an Deutschland in der Nacht	WW 4/83
Deutschland. Ein Wintermärchen	AR 52 – Beck – Klett AL 39903 – König 62 – Köpf (S. 112) – LuG 4 – RUB 8150(2) – Stationen – TS GR 10
*Der Dichter Firdusi	Hinck
*Donna Klara	Fritsch, Ballade
*Doktrin	Anth. 6
*Enfant perdu	Anth. 2
*Es hatte mein Haupt die schwarze Frau	Müller
*Ein Fichtenbaum	Anth. 8

*Das Fräulein stand am Meere	Bauer, Lyrik — Bohusch — Fritsch, Natur — Goette — König 62 — Lobentanzer — Wiese, Lyrik II
*Frühlingsfeier	Hippe — mot. Ged. 6
*Gedächtnisfeier	Anth. 4
*Das Glück	Lobentanzer
*Die Götter Griechenlands	König 62
*Die Grenadiere	Anth. 5 — Giehrl — Vögeli II
Die Harzreise	DD 1/86 — DU 1/86 — König 340/341
Besuch im Bergwerk	Bauer 8 — Rinsum 5
Harzwanderung	Abitur
*Die Heimkehr	DU 3/87
*Ich hatte einst ein schönes Vaterland	Anth. 9 — Peter
Ideen — Das Buch Le Grand (Auszug)	DU 5/76
*Die Ilse	König 62
*Im Hafen	König 62
*Im Oktober 1894	Müller — Reclam 4
*Im wunderschönen Monat Mai	König 62
*Die Jahre kommen und gehen	König 62
*Ein Jüngling liebt ein Mädchen	Bauer 9 — König 62
*Kaiser Karl V. und sein Narr	TS GR 10
*Der Kaiser von China	DD 35/77 — PD 22/77
*Karl I.	Baumgärtner, Ballade
Der Klabautermann	Prisma 2
*König Harald	Freitag
Der Kurfürst läßt sich bedanken	Anal. III — Rinsum III
*Leise zieht durch mein Gemüt	König 62 — Rinsum 5
London	AbL 10
*Loreley	Anal. I — Gößmann, W.: Heine im Deutschunterricht (Schwann). 1978. (S. 133 ff.) — König 62 — Moritz — Wiese, Lyrik II — WW 4/83
*Marie Antoinette	Hinck
*Das Meer erglänzte weit	Anth. 11
*Meeresstille	DD 1/87 — DU 3/87 — Hotz
*Mein Herz, mein Herz ist traurig	König 62 — TS GR 10 — WW 6/72
*Mein Kind, wir waren Kinder	Anth. 6 — König 62
*Melodie	mot. Ged. 1
*Mir träumte einst	WW 6/72
*Mir träumte wieder der alte Traum	König 62
*Die Nacht auf dem Drachenfels	ZDPh 4/86
*Nachtgedanken	LDB 9 — Müller, Modell
*Nicht gedacht soll seiner werden	Anth. 5
*Prolog	Anth. 8
*Reinigung	Storz
Reisebilder	AR. 52 — Hermand, Jos.: Der frühe Heine (Winkler) — LGW 51 — Old. Int. 17741 — TS GR 10
*Ritter Olaf	PD 35/79
Romanzero	Beck — WW 2/86

© Schöninghbuch 3 506 77895 1

Heinrich der Glîchezaere

*Der Scheidende	Anth. 6
*Schelm von Bergen	Bauer 9 — Moritz
*Die schlesischen Weber	Anal. II — Goette — Kimpel — König 62 — mot. Ged. 2 und 8 — proj. du. 8 — Skorna — UTB 973 — Texte D R 8 — TS GRH 8
Seegespenst	Kaiser, Lyrik
*Sie saßen und tranken am Teetisch	König 62 — TS GR 10
*Sie haben dir viel erzählet	Anth. 13
*Das Sklavenschiff	DD 35/77 — Fritsch, Ballade — Hinck — Klett 8 — mot. Ged. 2
*Sommertal	mot. Ged. 7
*Sonnenuntergang	Storz
*Still ist die Nacht	mot. Ged. 1
*Der Tannhäuser	Reclam 4
*Die Tendenz	Helmers
*Der Tod, das ist die kühle Nacht	König 62
*Der tugendhafte Hund	Anal. I — Klett 7
*Unsere Marine	PD 22/77
*Vermächtnis	ZDPh 1988, Sonderheft
*Wahrhaftig	TS GR 10 — WW 6/72
*Die Wanderratten	Anal. III — Storz — WW 2/76
*Der Wechselbalg	PD 22/77
*Die Welt ist so schön	WW 6/72
*Weltlauf	Praxis 3
*Wenn junge Herzen brechen	König 62
*Wir saßen am Fischerhause	König 62
*Wo?	Anth. 10
*Worte! Worte! keine Taten	Anth. 1
*Zum Lazarus	Anth. 1
*Zur Beruhigung	DD 35/77 — Helmers — Merold — PD 22/77

Heinrich der Glîchezaere
| *Reinhard Fuchs | Ehrismann |

Heinrich von Morungen
*Frouwe, wilt du mich genern	DUK 2
*Ich wêne nieman lebe	Wiese, Lyrik I
*Owê, sol aber mir iemer mê	DU 2/84 — Reclam, Lyrik

Heise, Hans Jürgen
*Baeza ist Bublitz	Riedler 1
*Dich	mot. Ged. 3
*Kopenhagen	mot. Ged. 10
*Der Phantasie Segel setzen	Kurz
*Der Zug nach Gramenz	Kurz

Heißenbüttel, Helmut
*Bruchstück III	Vögeli II
*D'Alemberts Ende	ASL
*Einfache Sätze	Anal. III — Kienecker, Exp. — Volkmann
*ich gehe gerade aus	Rinsum 4
*kam nachts	Vögeli I
*Kombination XI	Hotz 1 — Prisma 5
*Lehrgedicht über Geschichte 1954	Reclam 6

*Möwen und Tauben auch	Lektüre, Lyrik – WW 5/77
*Spielzeug der Sonne	Urbanek
*Tage abziehen Ärger zählen	Anth. 1
exakt funktionieren	
Topografien II	Anal. III – Urbanek
*vokabulär	Kopplin – Müller, Lyrik
Der Wassermaler	Int. VIII
*Zweizeiliger November 81/2	Kunert
Heliand	Anal. III – Anregung 1/70
Heller, André	
*Tulios Lied	Kunert
Helwig, Werner	
Das Geheimnis des Tieres	Prisma 4
Herburger, Günter	
Die Augen der Kämpfer	Kurz 80
Birne im Kaufhaus	AM 1
Birne und die Jäger (Auszug)	Klett 5
Birne und Supermann	DD 53/80
Flug ins Herz	Kurz 6
*Herz über Kopf	Kurz
*Das Lager	Kurz
*Perm	Kunert
Herder, Johann Gottfried	
Der afrikanische Rechtsspruch	Anal. II
Die drei Freunde	Anal. I
*Edward	Anal. III – Fritsch, Ballade – Neis, Balladen – Prisma 3 – Reclam 7 – Spektrum
Erlkönigs Töchter	Moritz – Neis, Balladen
Die ewige Bürde	Anal. II – Klett 7
*Der Genius der Zukunft	Reclam 2
Der Löwe und die Stiere	Texte D R 7
Shakespeare	Praxis 2
Stimmen der Völker in Liedern (Aus der Vorrede über das Volkslied)	Anal. III
Von der Ausbildung der Rede und Sprache	Texte D R 10
Von deutscher Art und Kunst	Rinsum 5
Hermlin, Stephan	
Arkadien	Durzak, Kg.
*Die Asche von Birkenau	Klett 8 – UTB 1470
Die Kommandeuse	Durzak, Kg.
*November	UTB 1470
*Die Zeit der Wunder	UTB 1470
Herrmann-Neiße, Max	
*Die Blessierten	Anth. 6
*Himmel erhört mich nicht	Anth. 5
*Ein Licht geht nach dem andern aus	Anth. 7
*Mein Grab	Modellanalysen 5
*Trostlied der bangen Regennacht	Anth. 7

Herwegh, Georg
  *Aufruf   Binder
  *Bundeslied   mot. Ged. 2 und 8
  *Die deutsche Flotte   Reclam 4
  *Ludwig Uhland   Anth. 2
  *Die Partei   Peter
  *Wiegenlied   mot. Ged. 2
  *Wohlgeboren   Skorna

Herz, Henriette
  Erinnerungen   DU 2/89

Hesse, Hermann
  Der Beichtvater   Int. IV
  Der Bettler   Int. IV
  *Blauer Schmetterling   Lobentanzer
  *Chioggia   mot. Ged. 10
  Demian   König 138/139 – Modellanalysen 11
                                            – Reich 2
  *Der Geliebten   mot. Ged. 4
  Das Glasperlenspiel   BfDL 3/65 – König 316/317
  *Höhe des Sommers   mot. Ged. 6
  *Im Nebel   Hotz – Vögeli II
  *In Ravenna   mot. Ged. 10
  *Knarren eines geknickten Astes Anth. 8 – Sprachh. 8
  Knulp   Bengeser – König 17 a
  *Lampions in der Sommernacht Anth. 12
  *Landstreicherherberge   Hippe
  *Der Maler malt eine Fabrik im Klett 8
    Tal
  *Mittag im September   Vögeli II
  Narziß und Goldmund   König 86 – Reich 2
  *Neid   Anth. 13
  Paradiesmärchen   Lit. 4/87
  Peter Camenzind   König 17 a
  Siddharta   AR 24 – König 138/139 – Lit.
                                            2/79 – Rinsum 2
  Der Steppenwolf   AR 24 – Basis 6 – Brauneck I –
                                            DD 13/71 – Deutsch Kurs 2 –
                                            Lehmann III – König 138/139 –
                                            Metzler – Old. Int. 88622 – Reich 2
                                            – Suhrkamp 53 – Taschenbuch
                                            Königstein Nr. 2150 (Athenäum)
  *Stufen   Anal. III – Hippe 50 – Hotz
  *Der Tod als Angler   mot. Ged. 5
  Unterm Rad   König 17 a – Old. Int. 88638 –
                                            PD 56/82 – UTB 1193
  Der Wolf   Anal. I – TS GRH 6
  *Zu einer Toccata von Bach   Hippe 50

Hetman, Frederik
  Antonella   AM 1
  Schwester Gans und Bruder   AM 1
    Fuchs

Heym, Georg
  *Abend   TS GRH 9
  *Alle Landschaften   Anth. 4
  *Der Apollogott   WW 5/85

© Schöninghbuch 3 506 77895 1

*April	Hotz — TS G 8
*Bastille	Anal. III
*Berlin II	Anth. 3 — WW 6/73
*Der Blinde	Volkmann
*Columbus	Hotz — Neis, Balladen — Prisma 4 — Spektrum
Der Dieb	Kunz 3
*Eine Fratze	Volkmann
Der fünfte Oktober	Beck 44 — Krusche — Kunz 3
*Der Gott der Stadt	Bauer, Lyrik — Berger — König 364/365 — Manz, Bd. 12 — Riha — Rinsum 4
*Halber Schlaf	DU 4/65
*Der Herbst	Anal. II — LDU 2
*Der Hunger	Prisma 4 — Spektrum
*Der Irre	DU 2/90 — König 364/365
Jonathan	Beck 44 — Zimmermann I
*Der Krieg	Anal. III — Euphorion, Beiheft 9/78 (Winter) — Goette — Klett 8 — König 364/365 — mot. Ged. 3 — Wiese, Lyrik II
*Letzte Wache	Anth. 6
*Die Märkte	Anth. 11
Mein Richard	Lesezeichen 10
*Die Morgue	mot. Ged. 5
*Ophelia	Denkler — Reclam 5
*O weiter, weiter Abend	Prisma 4 — Spektrum
*Pilatus	Reclam 7
*Printemps	König 364/365
*Die Ruhigen	Reclam 5
Das Schiff	Beck 44 — Prisma 3
*Der Seiltänzer	Bauer 8 — Horizonte 2 — Manz, Bd. 12
Die Sektion	Beck 44 — Rinsum 3
*Die Stadt	Anth. 5
*Die Toten auf dem Berge	Hinck
*Umbra vitae	König 364/365
*Der Winter	Hotz — König 364/365

Heym, Stefan

Die Augen der Vernunft	Beck 28
Der bittere Lorbeer	Beck 28
Collin	Beck 28
Der Fall Glasenapp	Beck 28
Fünf Tage im Juni	Beck 28
Goldsborough	Beck 28
Die Kannibalen	Beck 28
Der König David	Beck 28
Lassalle	Beck 28
Legende vom Ewigen Juden	Ecker, H. P.: Poetisierung als Kritik (Narr)
Lenz oder Die Freiheit	Beck 28
Schatten oder Licht	Beck 28
Die Schmähschrift der Königin gegen Defoe	Beck 28
Ein sehr guter zweiter Mann	Zimmermann II
Der Überlebende	DU 2/81

Hilbig, Wolfgang
*Die Versprengung — Kurz

Hildebrandslied — s. auch **Volksballade**
Anregung 1/70 — Manz 1 — Reclam 7 — Rinsum 5
(Auszug) — Spektrum

Hildesheimer, Wolfgang
Das Atelierfest — Zimmermann II
Biosphärenklang — Beck 11
Das Ende einer Welt — Durzak, Kg.
Das Gastspiel des Versicherungsagenten — Texte D R 9
Eine größere Anschaffung — Bachmann V — Goette — Int. II — Klett 7 — Manz, Bd. 12 — PD 23/77 — Texte D H 9
Hauskauf — Beck 11
Der hellgrüne Frühjahrsmantel — Bachmann VIII
Lieblose Legenden — Beck 11
Maria Stuart — Beck 11
Masante — Kurz 5
Monolog — Beck 11
Nachtstück — Brauneck — Beck 11
Nächtliche Anrufe — Int. VI
Paradies der falschen Vögel — Beck 11
Der Urlaub — Basis 4 — Int. VII
Warum ich mich in eine Nachtigall verwandelt habe — Int. X — Prisma 4

Hille, Peter
*Seegesicht — Anth. 10
*Waldstimme — Anth. 9 — Riedler 2

Hiltbrunner, Hermann
*Zürichsee — Vögeli I

Hinterberger, Norbert
*Amateure — Kunert

Hochhuth, Rolf
Die Berliner Antigone — Int. I
Guerillas — Beck 5
Die Hebamme — Beck 5
Lysistrate und die Nato — Beck 5
*Das siebte Jahr: Odysseus bei Kalypso — Kunert
Soldaten — Beck 5 — Ismayr — König 166/167
Der Stellvertreter — Beck 5 — Brauneck — Buddecke — Grundlagen 6092 — Ismayr — König 166/167 — Suhrkamp 2006
Zwischenspiel in Baden-Baden — Beck 5

Hochwälder, Fritz
Das heilige Experiment — Österreich in Geschichte und Literatur, Heft 6/80

Hoddis, Jakob van
*Weltende — Anal. III — Anth. 2 — Bauer, Lyrik — Denkler — König 364/365 — Reclam 5 — Rinsum 4 — TS GR 9

Hölderlin, Friedrich

*Abbitte	Anth. 8 – König 103/104 – Rinsum 4 – Urbanek
*Abendphantasie	Hippe – Rinsum 5
*An den Aether	König 103/104
*Andenken	König 103/104
*An die jungen Dichter	Kayser – Reclam 3
*An die Natur	König 103/104
*An die Parzen	König 103/104 – Manz, Bd. 12 – Urbanek
*An Zimmern	König 103/104
*Das Angenehme dieser Welt	Anth. 5 – König 103/104
*Der Archipelagus	König 103/104
*Der blinde Sänger	Reclam 3
Brief an die Mutter	Anal. III
*Brot und Wein	König 103/104 – Wiese, Lyrik I
Da ich ein Knabe war	Manz, Bd. 12
*Diotima	Insel Taschenbuch 447 – König 103/104
*Die Eichbäume	König 103/104 – Reclam 3
*Der Einzige	König 103/104
Empedokles	Heise: Hölderlin (Aufbau)
*Die Friedensfeier	König 103/104 – Lorenz – WW, Sammelband III
*Der Frühling	Anth. 7
*Ganymed	Anth. 12
*Geh unter, schöne Sonne	König 103/104
*Gesang des Deutschen	König 103/104 – Köpf (S. 108)
*Der Gott der Jugend	König 103/104
*Hälfte des Lebens	Anal. III – Bauer, Lyrik – Fritsch, Natur – Hotz – König 103/104 – Manz, Bd. 12 – mot. Ged. 6 – Neis, Gedichte – Reclam 3 – Urbanek
*Heidelberg	Enders – König 103/104 – mot. Ged. 10 – Rinsum 4
*Die Heimat	Anal. III – Sprachh. 8
Hyperion	Heise: Hölderlin (Aufbau) – König 260/262 – Lit. 2/81
*Hyperions Schicksalslied	König 103/104
*Lebenslauf	Anal. III – Anth. 11 – Berger – König 103/104 – Wiese, Lyrik I
*Der Mensch	König 103/104
*Menschenbeifall	Anal. III – Wiese, Lyrik I
*Mnemosyne	ZDPh 2/79
*Patmos	Neis, Gedichte – König 103/104
*Der Rhein	König 103/104 – Mahr, Johannes: Mythus und Politik in Hölderlins Rheinhymne (Fink). 1972
*Ringsum ruhet die Stadt	Berger – Horizonte 3
*Sokrates und Alkibiades	Anth. 6
*Dem Sonnengott	Wiese, Lyrik I
*Der Spaziergang	Anth. 4
*Stimme des Volks	Wiese, Lyrik I
*Die Tage gehn vorbei	Urbanek
*Die Titanen	Neis, Gedichte
*Der Tod fürs Vaterland	mot. Ged. 3

*Wenn aus dem Himmel	Anth. 5
*Wie wenn am Feiertage	König 103/104
*Der Winkel von Hardt	Anth. 2

Höllerer, Walter
*Der andere Gast	Knörrich
*Ein Boot ist immer versteckt	Anth. 3
*Derartige Geschäftigkeit	Kunert
*Der lag besonders mühelos am Rand	mot. Ged. 3 und 5
*Im Diesellärmen	Kranz
*Im Mittagslicht	Hippe 50
*O sieh den roten Mohn	Hippe 50
*Zweierlei Singen	WW 6/72

Hölty, Ludwig Christoph
*Adelstan und Röschen	Freitag
*Frühlingslied	mot. Ged. 6 − Klett 5 − Reclam 2
*Ihr Freunde hänget	Anth. 4
*Mailied	Hippe
*Totengräberlied	Anth. 8

Hoerschelmann, Fred von
Das Schiff Esperanza	Klett 7

Höss, Dieter
*Lied des Astronauten	Manz, Bd. 12

Hoffmann, Ernst Theodor Amadeus
Datura fastuosa	ZDPh Sonderheft 1988
Das Fräulein von Scuderi	AR 57 − Basis 5 − Deutsch Kurs 8 − Klett, Lesehefte − König 314 − Lehmann I − Lesereihe 7 − RUB 8142(2) − WW 5/71
Der goldne Topf	AR 57 − Gärditz − Klett AL 39909 − König 314 − Reclam, Erz. − Rinsum 5 − RUB 8157(2)
Klein Zaches	Lit. 2/78 − Prang, Helmut: E. T. A. Hoffmann (Wiss. Buchgesellschaft). 1976
Kreisleriana	Lit. 2/78 − Reclam, Erz
Lebensansichten des Katers Murr	Wiese, Lessing − Wiese, Roman I
Meister Floh	DU 2/55
Nachricht von einem gebildeten jungen Mann	WW 1/73
Rat Krespel	Wiese, Novelle II
Ritter Gluck	König 314
Der Sandmann	Gärditz − Lektüre − PD 54/82 − Reclam Erz. − Rinsum 5 − ZDPh 4/87 und Sonderheft 1976 (v. I. Aichinger) (Schmidt)
Eine Spukgeschichte	Bauer 9
Des Vetters Eckfenster	DU 1/87 − ZDPh 4/86

Hoffmann von Fallersleben, August Heinrich
*Der deutsche Zollverein	Anth. 12
*Das Lied der Deutschen	DD 67/82 − mot. Ged. 7 − Reclam 4 − TS H 10
*Mein Vaterland	Peter

Hofmannsthal, Hugo von

*Ballade des äußeren Lebens	Anal. III – Berger – Lesezeichen 10 – Rinsum 4 und 5 – Wiese, Lyrik II
*Die Beiden	Anal. III – Anth. 1 – Bauer 9 – Bauer, Lyrik – Hippe – Hippe, Bd. 4 – mot. Ged. 4 – Rinsum 4 – Urbanek
*Blühende Bäume	Vögeli I
Ein Brief (Chandos)	Lit. 4/86
Eines Dichters Stimme (Essay)	Strelka
Das Erlebnis des Marschalls von Bassompierre	Kunz 3
Die Flucht aus dem Turmzimmer	König 278
*Inschrift	Anth. 7
Jedermann	Grundlagen 6366 – KdD – König 278
*Der Jüngling in der Landschaft	Anth. 1 – Meyer
*Der Kaiser von China spricht	Kaiser, Lyrik
Das kleine Welttheater	König 278 – Wiese, Drama II
*Lebenslied	Anth. 13 – Urbanek
Lucidor	Int. I
*Manche freilich	Anth. 4 – Kayser – Reclam 5 – Riedler 2
*Noch spür ich ihren Atem	DU 3/62
Prinz Eugen gibt seinem Verwalter eine Lehre	Bauer
*Reiselied	Bauer, Lyrik – Texte D H 9
Reitergeschichte	Kunz 3 – Lehmann II – Träbing, G.: Hofmannsthals Reitergeschichte. St. Z. A. Heft 79 (1981) – Wiese, Novelle I – WW 5/71 – Zimmermann I
Das Salzburger große Welttheater	DU 2/71
Schicksalslied	Sockel
Der Schwierige	KdD – Lit. 1/79 – Söhnlein, H.: Gesellschaftliche und private Interaktionen. Dialoganalyse zu Hofmannsthals Der Schwierige (Narr) – Steffen – UTB 1498 – Wiese, Drama II
Der seidene Faden	Texte D R 7
*Terzinen (= *Über Vergänglichkeit)	Anth. 5
*Terzinen III	mot. Ged. 5
Der Tor und der Tod	AR 35 – Hippe, Bd. 4
Der Turm	Wiese, Drama II
Der Unbestechliche	Hinck, Kom.
*Vor Tag	Wiese, Lyrik II
*Vorfrühling	Anal. III – Bauer, Lyrik – Berger – DU 3/62 – Hippe – Hotz – mot. Ged. 6
*Was ist die Welt	Anth. 8 – Hotz
Der weiße Fächer	DU 3/72
*Wir gingen einen Weg	Goes

Hofmann von Hofmannswaldau, Christian

*Auf den Mund	Anth. 6
*So soll der Purpur deiner Lippen	Reclam 1
*Vergänglichkeit der Schönheit	Abitur — Epochen 487 — König 296 — Reclam 1 — Rinsum 4 — Sorg
*Die Welt	Hotz — König 296 — mot. Ged. 5 — Reclam 1

Hohler, Franz

Das Haustier	Kontrapunkte

Holthaus, Hellmut

Allgemeines	Int. VI
Barzahler	Prisma 2
Geschichten aus der Zachurei	Int. VI
Höchster Luxus im Haushalt	proj. du. 1
Mach mal Freude	Bachman VIII
Wahrhaftige Geschichte von der Spazierfahrt	Bachmann V — Baumgärtner — Int. IX
Wie die Stadt Zachzarach	Texte DU 5/6
Das Wirtshaus zum vollautomatischen Bären	Int. VI
Wo liegt Zachzarach	Int. VI

Holthusen, Hans Egon

*Heimkehr	Knörrich
*Tabula rasa	DU 3/63

Holz, Arno

*Abziehendes Gewitter	Anal. III
*Achtung, Achtung, Achtung	Rinsum 4
*Ein Bild	Bauer 9
*Erste Lerche	Auswahl 5 — Klett 8
*Es klagt, daß der Frühling	Anth. 2
Familie Selicke	Dramen 1 — Kafitz 2 — Möbius
*Im Tiergarten	Anth. 5 — Reclam 5 — TS GRH 9
*Märkisches Städtchen	Texte D R 8
*Mondnacht im Sommer	mot. Ged. 1
Papa Hamlet	Deutsch Kurs 9 — Lit. 1/84 — Möbius
*Phantasus	Möbius — Riha
*Rote Dächer	Prisma 2 — Rinsum 5
*Unvergeßbare Sommersüße	Bauer, Lyrik — Klett 7

Homer

Ilias	König 68/69 — Lit. 2/80
Odyssee	König 59/60
Zauberin Kirke	Bauer 6

Horst, Karl August

Stummes Glockenspiel	Basis 4

Horvath, Ödön von

Die Beratung	Volkmann
Der ewige Spießer	Reich 2
Der Fall E.	Suhrkamp 2014
Geschichten aus dem Wiener Wald	ASL — Berg — KdD — Lit. 3/79 — Rinsum 1 — Suhrkamp 2019
Jugend ohne Gott	BfDL 1981

| Kasimir und Karoline | KdD – Klett AL 39902 – Müller, Dramen 2 |
| Start und Ziel | Volkmann |

Houwald, Freiherr Ernst-Charishoff
| Die Heimkehr | Kraft |

Huber, Heinz
| Die neue Wohnung | Basis 4 |

Huch, Ricarda
Das Leben des Grafen Federigo Confalonieri	BfDL 4/85
Der letzte Sommer	Zimmermann I
*Tief in den Himmel verklingt	Goes
*Uralter Worte kundig	Anth. 9
*Wo hast du all die Schönheit hergenommen	Anth. 8

Huchel, Peter
*Am Bahndamm	Auswahl 9
*Auffliegende Schwäne	Bauer, Lyrik – Klett 7
*Bericht des Pfarrers vom Untergang seiner Gemeinde	Berger – mot. Ged. 3 – Neis, Balladen
*Brandenburg	Reclam 6
*Chausseen	Rinsum 4
*Elegie	Hippe 50
Exil	Anth. 10
*Frühe	Auswahl 5 – Klett C 6 – Prisma 4 – Spektrum
*Der Garten des Theophrast	Anth. 1 – Hotz 1 – Köpf (S. 54) – UTB 1470
*Das Gericht	UTB 1470
*Gezählte Tage	Lit. 1/81
*Der glückliche Garten	Hotz
*Griechischer Morgen	AbL 9
*Herbst	Klett C 6
*Herbst der Bettler	TS GR 7
*Die Hirtenstrophe	Auswahl 7 – Bohusch – TS GRH 7
*Ich sah des Krieges Ruhm	TS G 8
*Im Nebel	LDU 2
*König Lear	Anth. 6
*Kreuzspinne	Anth. 8 – Texte D R 9
*Letzte Fahrt	Hotz – Prisma 3
*Löwenzahn	Anal. III – Bauer 6
*Nachlässe	Anth. 8 – Riedler 2
*Ölbaum und Weide	Lit. 1/81
*Ophelia	Anth. 5
*Der Rückzug	Bauer, Lyrik – mot. Ged. 3 – Klett 8
*Schnee	TS GR 8
*Sibylle des Sommers	Anal. III – Fritsch, Natur – Lobentanzer
*Soldatenfriedhof	mot. Ged. 3
*Sommer	mot. Ged. 6 – Rinsum 4 – Texte D 7
*Unter Ahornbäumen	Anal. III – Prisma 3
*Unter der Wurzel der Distel	Hotz 1 – Knörrich – Kopplin – Lektüre, Lyrik

*Unterm Sternbild des Herkules	Lit. 1/81
*Venedig im Regen	mot. Ged. 10
*Winterpsalm	UTB 1470
*Wintersee	Giehrl
*Das Zeichen	Knörrich — Lektüre, Lyrik
Hühnerfeld, Paul	
Geschlossene Gesellschaft	Basis 4
Hüsch, Hans Dieter	
Ich möchte ein Clown sein	PD 11/75
Hufnagel, Karl Günther	
Worte über Straßen	AM 2 — Anal. III
Huggenberger, Alfred	
*Leise Stunde	Vögeli I
Hutten, Ulrich von	
*Ich hab's gewagt	DU 4/67 — Reclam 1
Ibsen, Henrik	
Gespenster	König 178
Hedda Gabler	König 177
Nora	DU 5/72 — Grundlagen 6066 — König 177
Stützen der Gesellschaft	König 101/102
Volksfeind	König 101/102
Wildente	König 178
Immerhofer, Franz	
Schöne Tage	DU 1/86
Immermann, Karl Leberecht	
Münchhausen	Wiese, Lessing — Wiese, Roman I
Jacob, Max	
Die Räuber Krips und Krabs	Baumgärtner
Jacobi, Johann Georg	
*Abend	Lobentanzer
Jägersberg, Otto	
Aussprache	UTB 1519
Dazugehören	Durzak, Kg.
Eine Liebesgeschichte	UTB 1519
Jahnn, Hans Henny	
Mov	Texte DU 10
Perrudja	Reich 2
Jan, Janheinz	
Der schwarze Lotse	proj. du. 1
Jandl, Ernst	
*Alphabet einer macht mit 3 unbekannten	DU 1/73
*altern	Kienecker, Exp.
*an gott	Anth. 9
Aus der Fremde	DGD 2 — KdD
*bericht	DU 4/80
*bibliothek	Reclam 6
*erschaffung der eva	Kienecker, Exp.
*escalator	DU 1/73

*falamaleikum	AM 1 – Helmers – Klett 8
*film	Kienecker, Exp.
*der fisch	Anth. 8
Fünf Mann Menschen	WW 3/82
*Gesammelte Gedichte	Kurz
*glückwunsch	Anth. 6
*im delikatessenladen	Prisma 2
*Die Jakobsleiter	DU 1/73
*Der Knabe und die Straßenbahn	Prisma 5
*krieg	Bauer 8 – Bauer, Lyrik
*lichtung	Anth. 4 – Helmers – Hotz 1 – TS GRH 9
*loch	Giehrl
*manchmal hab ich eine solche wut	Anth. 7
*Der mann von nebenan	Leha
*moral	Kienecker, Exp.
*nicht	DU 1/73
*ottos mops	TS GRH 6
perfektion	Rinsum 5
*ein schlimmer weg	Bohusch
*schtzngrmm	Anth. 9 – Bauer 9 – Goette – Köpf (S. 195)
*Selbstgespräch des Schachspielers als trinkende Uhr	Kurz
*7 merkmale	DU 4/80
*signal	DU 4/80
*Sommerlied	Anth. 6
*sonett 1	Lektüre, Lyrik
*Straßenrufe	Distanz
Die Tassen	Helmers
*Vater komm erzähl vom Krieg	Klett 5
*vom leben der bäume	TS H 7
*zertretener mann blues	Anth. 1

Janosch
Der Mäuse-Sheriff	AM 1

Jansen, Erich
*Annettes Kutsche auf Rüschhaus	Anth. 9

Jean Paul
Flegeljahre	Lit. 2/87 – Wiese, Roman I
Rede des toten Christus vom Weltgebäude herab, daß kein Gott sei	DU 5/64

Jens, Walter
Ahasver (Hörspiel)	Beck 20
Alte Frau im Grandhotel (Hörspiel)	Beck 20
Der Ausbruch (Telespiel)	Beck 20
Bericht über Hattington	AM 3 – Bachmann V – Basis 4 – Baumgärtner – Texte D R 9
Der Besuch des Fremden (Telespiel)	Beck 20
Der Blinde	Beck 20
Eine deutsche Universität	Beck 20
Der Fall Judas	Beck 20

Die Götter sind sterblich	Beck 20
Der Mann, der nicht alt werden wollte	Beck 20
Der Mann, der nicht sterben wollte	Beck 20
Ein Mann verläßt seine Frau	Beck 20
Der Mythos von Olympia	Prisma 3
Nein. Die Welt der Angeklagten	Beck 20 — Manz 2
Republikanische Reden	Beck 20
Die rote Rosa (Telespiel)	Beck 20
Seine Majestät, Mr. Seiler	Beck 20
Tafelgespräche (Hörspiel)	Beck 20
Der Telefonist (Hörspiel)	Beck 20
Der Teufel lebt nicht mehr	Beck 20
Der tödliche Schlag (Telespiel)	Beck 20

Jentzsch, Bernd
*Gedächtnis — Anth. 5
*Sommer — Anth. 5

Johannes von Tepl (von Saaz)
Ackermann aus Böhmen — Grundpositionen der deutschen Literatur im 16. Jahrhundert (Aufbau), 2. Aufl. 1976 (S. 114 ff.) — Hahn, Gerh.: Der Ackermann aus Böhmen des Johannes von Tepl (Wissensch. Buchgesellschaft). 1984 — Rinsum 5

Johnson, Uwe
Das dritte Buch über Achim — Beck 43 — DU 2/64 — Zimmermann II
Jahrestage — Beck 43 — Suhrkamp 2057
Jonas zum Beispiel — Anal. III — DU 2/73 und 4/74 — Int. IV — Texte D R 10
Mutmaßungen über Jakob — Beck 43 — Brauneck II — Lehmann — Lehmann IV — Lektüre — RUB 8184(2) — Sprachh. 10
Zwei Ansichten — Beck 43 — Int. V

Jokostra, Peter
Mit einem Bild Henry Rousseaus — Kranz

Jonke, Gert Friedrich
Glashausbesichtigung — ASL — DU 2/73
Der Kanal — Anth. 8

Jordan, Wilhelm
*Die welke Rose — Reclam 4

Jung, Franz
Hausierer — Reich 2
Die Kanaker — Mennemeier 1

Junge, Erich
Sechzehn Jahre — Anal. III
Der Sieger — Anal. II

Jünger, Ernst
Auf den Marmorklippen — Schelle, Hansjörg: Ernst Jüngers „Marmorklippen" (Brill). 1970
In Kröpkes Garten — Kienecker, Prosa

© Schöninghbuch 3 506 77895 1

In Stahlgewittern	DU 5/89 — Volmert, Joh.: E. Jünger. In Stahlgewittern (Fink) — UTB 1263

Jünger, Friedrich Georg

*Beschwörung	Anth. 1
*Fischer in Moselkern	mot. Ged. 8
*Goslar	mot. Ged. 10
*Der Mohn	Reclam 5
*Moselwanderung	mot. Ged. 10
Der Traum	Texte D R 10
Urlaub	Int. X
*Der Wildschwan	mot. Ged. 9

Kästner, Erich

Als ich ein kleiner Junge war	
Die kleine Ida	proj. du. 1
Ein kleiner Junge unterwegs	Auswahl 5
*Eine Animierdame stößt Bescheid	mot. Ged. 3
*Ballade vom Defraudanten	Neis, Balladen
*Die Ballade vom Nachahmungstrieb	Freund, Ballade — Moritz
*Der Blinde	Volkmann
Brief an den Vater	Goette
Catch as catch can	Prisma 4
*Chor der Fräuleins	Anth. 2
Emil und die Detektive	Reich 2
Die Entwicklung der Menschheit	Bauer — Hotz — TS H 9
Fabian	Basis 6 — Beck 26 — proj. du. 6 — Reich 2
Das fliegende Klassenzimmer	DD 53/80
*Ganz vergebliches Gelächter	Kranz
Der gordische Knoten	Horizonte 3
*Der Handstand auf der Loreley	Bauer, Lyrik — Hippe 50 — TS GR 9
Herrn Bremser geht ein Licht auf	Horizonte 2
Ein Hund hält Reden	Volkmann
*Im Auto über Land	Analysen I — Goette — Vögeli I
*Jahrgang 1899	Reclam 5
*Kicherfritzen	Bohusch
Die kleine Ida	Horizonte 1
*Kurt Schmidt, statt einer Ballade	Baumgärtner, Ballade — Kamp 8
Das letzte Kapitel	LDU 1
Mama ist nicht zu Hause	Baumgärtner
Das Märchen vom Glück	AM 2 — Auswahl 5 — Bauer 6 — Horizonte 1 — Klett 7 — Texte D 7
*Moral	Anth. 7
Münchhausen	Anal. I
*Sachliche Romanze	Anal. III — Anth. 2 — Auswahl 9 — Bauer 9 — Hotz — Klett 8 — Vögeli II
Schule der Diktatoren	Ismayr
*Der September	Klett 7
Sinn und Wesen der Satire	Goette
*Sogenannte Klassefrauen	Anth. 6

*Stiller Besuch — Anal. III

*Verzweiflung Nr. 1 — Bauer 7 — Bauer, Lyrik

*Die Zeit fährt Auto — Riha

*Zur Photographie eines Konfir- — Anth. 4
manden

Kafka, Franz

Eine alltägliche Verwirrung — WW 3/81

Ein altes Blatt — Zobel

Amerika — Brauneck I — DU 2/72 — König 209 — Reich 2 — Sprachh. 10

Auf der Galerie — DU 4/74 — Int. Prosa — Klett AL 399210 — König 344/345 — Zimmermann I

Der Aufbruch — Eversberg — Volkmann

Der Bau — Nagel — proj. du. 1 — Krusche — Sockel

Ein Bericht für eine Akademie — Emrich — WW 1/73

Der Dorfschullehrer — Emrich

Das Ehepaar — Int. I — Kienecker, Prosa

Eisenbahnreisende — Klett AL 399210

Forschungen eines Hundes — Emrich — Steinmetz, Horst: Suspensive Interpretation. Am Beispiel Franz Kafkas (Vandenhoeck). 1977

Fragment — BfDL 2/71

Der Geier — BfDL 2/71

Eine Gemeinschaft von Schurken — Zobel

Gib's auf — Abitur — König 320

Heimkehr — Klett AL 399210 — Merold

Der Heizer — Deutsch Kurs 10 — Wiese, Persp.

Ein Hungerkünstler — AR 22 — Frey, Eberhard: Franz Kafkas Erzählstil (Lang). 1970 (Bietet zehn Deutungen.) — König 279 — Nagel — Wiese, Novelle I

In der Strafkolonie — Billen, Josef: Die deutsche Parabel (Wissenschaftl. Buchgesellschaft). 1986 — Deutsch Kurs 10 — König 344/345 — Nagel — WW 3/89

Der Jäger Gracchus — DU 1/73 — Emrich — König 320

Josephine, die Sängerin — Emrich

Eine kaiserliche Botschaft — Anal. III — Eversberg — Klett AL 399210 — König 279 a — Zimmermann I

Kleine Fabel — BfDL 2/78 — Klett 8 — LDU 1 — proj. du. 1 — Rinsum 3 — WW 4/74

Eine kleine Frau — Kunz 3

Der Kreisel — Klett AL 399210

Eine Kreuzung — Emrich

Der Kübelreiter — Goette — Int. Prosa — Int. II — König 320 — Prisma 2 — Spektrum — Texte D R 10

Ein Landarzt — Billen (s. o.) — DD 72/83 — Emrich — Int. Prosa — König 344/345 — Lit. 3/86 — UTB 1289

Der Nachbar	Goette − König 320 − Manz, Bd. 12 − Neis, Gedichte − Prisma 5 − Texte DU 10 − Zimmermann II
Das nächste Dorf	Bauer 8
Parabel (Gemeinschaft)	Billen (s. o.) − Kraft, Herbert: Kafka. Wirklichkeit und Perspektiven (Rotsch). 1972
Der Prozeß	AR 42 − Basis 1 − DD 50/79 − Deutsch Kurs 10 − Emrich − Grundlagen 6039 − König 209 − Lehmann III − Lobentanzer 2 (Auszug) − Lützeler − Reich 2 − Rinsum 2 − Sockel − Wiese, Roman II
Prüfung	König 320
Schakale und Araber	Rinsum 3
Schlag ans Hoftor	König 320 − Lit. 3/81
Das Schloß	AR 42 − DD 72/83 − Emrich − König 209 − Lit. 3/86 − Manz 2 − Meyer − Nicolai, Ralf: Ende oder Anfang? (Fink). 1977 − Reich 2 − Rinsum 5
Die Sorge des Hausvaters	Int. II
Das Stadtwappen	König 320 − Texte D R 10 − Zimmermann I
Der Steuermann	AbL 10
Und die Menschen gehn in Kleidern	Anth. 2
Das Urteil	Anregung 4/75 − AR 22 − Demmer, J.: Franz Kafka. Das Urteil (Fink). 1972 − Deutsch Kurs 10 − Kimpel − König 344/345 − Lehmann − Lit. 4/81 − Litko 16 − Nagel − WW 1/89 und Sammelband IV − Zimmermann I
Verlockung im Dorf	Prisma 4
Die verlorenen Söhne	Billen (s. o.)
Der Verschollene	Reich 2
Die Verwandlung	Basis 6 − Deutsch Kurs 10 − DU 4/74 − Emrich − König 279 − Lit. 3/83 − Michel − Nagel − Rinsum 2 − Schubiger, Jürg: Franz Kafka. Die Verwandlung. Eine Interpretation (Züricher Beiträge zur deutschen Literatur- und Geistesgeschichte 34) (Atlantis). 1969 − Sockel − RUB 8155(2) − Wiese, Novelle II − WW 6/82
Von den Gleichnissen	Billen (s. o.)
Vor dem Gesetz	Anal. III − AR 22 − Emrich − König 344/345 − Nagel − Rinsum III − Zimmermann I
Die Vorüberlaufenden	Zobel

Kahn, Lisa
*Emerson — Kunert

Kaiser, Georg
Amphitryon — König 18

Die Bürger von Calais	Brauneck – KdD – König 289 – Manz, Bd. 12 – Wiese, Drama II
Gas I	KlaS
Hölle Weg Erde	Mennemeier 1
Pygmalion	Wiese, Drama II
Der Spiegel	Anth. 6
Von morgens bis mitternachts	DU 2/71 – Mennemeier 1 – Neis – RUB 8131

Kaléko, Mascha

*Im Exil	Anth. 8
*Kleine Havel-Ansichtskarte	Anth. 1
Schienen-Sehnsucht	Baumgärtner

Kant, Hermann

Die Aula	DU 4/74 und 6/80
Die erste Schulstunde	Goette
Kleine Schachgeschichte	Durzak, Kg.

Kant, Immanuel

Idee zu einer allgemeinen Ge-schichte in weltbürgerlicher Absicht (8. Satz)	Anal. III
Was ist Aufklärung?	Praxis 2

Karsunke, Yaak

*Berliner Mauer	mot. Ged. 10
*Genauigkeitsübung	Merold
*Jahrestag	Rinsum 5
*Zimmer mit Küche und Bad	Kunert
*taxi zum vietnam-kongreß	Rinsum 4

Kasack, Hermann

Mechanischer Doppelgänger	Anal. III – Bachmann IV – Int. II
*Nebelreiter	Prisma 4
*Selinunt	mot. Ged. 10
*Sizilien	mot. Ged. 10
Das unbekannte Ziel	Prisma 4 – Texte DU 10

Kaschnitz, Marie Luise

Alle Jahre wieder	Auswahl 8
*Als sie den Dichter begraben haben	Manz, Bd. 12
*Die alten und die neuen Be-rufe	Goette
Am Strande	Riedler 2 – Vögeli II
Beschreibung eines Dorfes (Auszug)	Beck 40 – TS H 10 Prisma 5
Beschwörung	Auswahl 9 – Hippe 50
Christine	Auswahl 10 – Bachmann IV – Int. IX
*Delphi	mot. Ged. 10
Das dicke Kind	Anal. III – Beck 40 – Int. I – LDU 2 – Texte DU 9 – Zimmer-mann II
*Dreimal	Baumgärtner, Ballade – Herr-mann
Eisbären	Basis 4 – Int. X
*Flugvorbereitung	DU 6/76
*Die Gärten	Anth. 1

*Ein Gedicht	Anth. 1 und 5 – Merold
*Genazzano	Bauer, Lyrik – Friedrich, Hugo: Die Struktur der modernen Lyrik. Bd. 25–26 a (Rowohlt) – Müller, Lyrik
Gespenster	Int. VII
*Hast du ihn gesehen	Auswahl 5
*Hiroshima	Anal. II – Auswahl 9 – Baumgärtner, Ballade – Goette – Herrmann – Hotz 1 – Lit. 1/81 – mot. Ged. 3 – Müller, Lyrik – Rinsum 4 – Texte D R 8 – TS H 9 – Vögeli II
*Interview	Kamp 9 – Lesezeichen 10 – Reclam 6
Ja, mein Engel	Auswahl 9
*Juni	Hotz – Lesezeichen 8
*Die Katze	Vögeli I
Lange Schatten	DD Heft 97 – Kamp 9 – MuB – Texte D R 10
Laternen	Durzak, Kg.
*Mein Gedicht	Kamp 9
Mein Ort	DU 6/76
*Der Mond	Horizonte 2
*Müllabfuhr	Lektüre, Lyrik
*Nesemann	Texte DU 7
*Nicht aus Erde	DU 6/76
*Nicht gesagt	Anth. 9 – Kienecker, Lieder – Kopplin – Merold
*Ohne Ort und Ziel	DU 6/76
Orte	DD 1/86
*Ostia antica	Hotz – Manz, Bd. 12 – mot. Ged. 10
Popp und Mingel	Bachmann V – Int. IX – Texte D 7
Die Reise nach Jerusalem	Basis 4
*Rom	mot. Ged. 10
Das rote Netz	Int. VIII
*Rückkehr nach Frankfurt	mot. Ged. 3 und 10
*Schiffsweiß	Bauer, Lyrik
Schneeschmelze	Bachmann VII – Int. I
*Segesta	mot. Ged. 10
Späte Abenteuer	WW 5/71
*Spring vor	DU 6/76
*Standort	DU 6/76
Der Strohhalm	DU 4/74 – Krusche
*Strom der Zuversicht	Anal. II
*Taormina	mot. Ged. 10
*Unfall an der Schranke	Manz, Bd. 12
*Vögel	Anth. 10
Vorstadt	Hippe 50 – Hotz 1
Wer fürchtet sich vorm schwarzen Mann? (Hörspiel)	AM 2 – Bauer 8 – Klett 8
Wie wäre es, wenn	Prisma 3
Das Wunder	Klett 7

Kaspar, Hans
*Nachricht	Anal. II – Bauer, Lyrik

Kefer, Linus
*lautlos   Auswahl 5

Keller, Gottfried
*Abendlied   Anal. III − Anth. 10 − Bauer,
                                  Lyrik − Berger − Kaiser, G.:
                                  Gottfried Keller. München 1985 −
                                  mot. Ged. 5
*Am fließenden Wasser   Anth. 5
*Berliner Pfingsten   Modellanalysen 5
Dietegen   König 255 − WW 2/85
Die drei gerechten Kammacher   Aufsätze zur Literatur. Hrsg.
                                  und kommentiert von Klaus Je-
                                  ziorkowski (Winkler). 1972 − Ba-
                                  sis 5 − Ecker − Old. Int. 88640 −
                                  ZDPh 2/85
*Du milchjunger Knabe   Goes − Manz, Bd. 12
*Die Ehescheidung   Anth. 6
*Erwiderung auf Justinus Ker-   Sorg
   ners Lied
Das Fähnlein der sieben Aufrech- Jacobi − RUB 8121 − WW 3/89
   ten
Frau Regel Amrain und ihr Jüng-   König 255 − Neis, Erzählkunst
   ster
*Friede der Kreatur   Anth. 3
*Frühes Verschulden   Anth. 3
*Frühlingsglaube   Vögeli II
Der grüne Heinrich   Festschrift − Insel Taschenbuch
                                  184. 1976 − König 182/183 − Leh-
                                  mann III − Wiese, Roman II
*Ich hab in kalten Wintertagen   Sorg
Judith   TS GR 10
*Jugendgedenken   Anth. 13
Kleider machen Leute   Anregung 5/75 und 3/81 − dtv −
                                  Jacobi − KlaS − Klett, Lesehefte
                                  − König 184 − Lehmann I − Litko
                                  22 − LU 2 − Manz, Bd. 12 − Old.
                                  Int. 87011 − Rinsum 5 − RUB
                                  8165 − Wiese, Novelle I − WW 5/71
*Die kleine Passion   mot. Ged. 9
Der Landvogt von Greifensee   Wiese, Novelle II
Die Leute von Seldwyla   Kunz 2
*Morgenlied   Bauer, Lyrik
*Parteileben (Sprüche)   Peter
Romeo und Julia auf dem Dorfe   AR 45 − DU 6/82 − König 251 a −
                                  Lehmann I − Lesereihe 8 − LuG 2
                                  − Old. Int. 88607 − Praxis 2 −
                                  Rinsum 2 − RUB 8114 − UTB 1407
                                  − WW 3/84
*Schlafwandel   Vögeli II
*Schöne Brücke   Anth. 9
*Seemärchen   Anth. 9 − DU 6/85
Das Sinngedicht   Kunz 2
*Sommernacht   DU 3/87 − Reclam 4
Souveränität des Volkes   Anal. III
*Stille der Nacht   Vögeli II
Das Tanzlegendchen   Bauer 9

© Schöninghbuch 3 506 77895 1

*Unser ist das Reich der Epigonen	Sorg
*Unter dem Himmel	Sorg
*Waldlied	Vögeli I
*Wegelied	mot. Ged. 2
*Weihnachtsmarkt	Modellanalysen 5
*Wie glänzt der helle Mond	Anth. 3
*Winternacht	Anth. 9 – Bauer 7 – Bauer, Lyrik – Sorg
*Die Zeit geht nicht	Wiese, Lyrik II
Züricher Novellen	Kunz 2

Keller, Hans Peter

*Folge	Anth. 1

Keller, Paul

Mutter Oder	Anal. I
Das Niklasschiff	Texte DU 5/6

Kemelmann, Harry

Quiz mit Kemelmann	Sprachh. 6

Kempff, Diana

*Herzzeit	Kurz

Kempner, Friederike

*Frohe Stunden	Anth. 3

Kempowski, Walter

Aus großer Zeit	Beck 39
Im Block	Beck 39
Ein Kapitel für sich	Beck 39
Schöne Aussicht	Beck 39
Tadellöser & Wolff	Basis 6 – Beck 39 – Dierks, M.: Walter Kempowski (Francke)
Uns gehts ja noch gold	Beck 39

Kerner, Justinus

*Liebesplage	Anth. 11
*Der Wanderer in der Sägemühle	Anth. 5

Kerr, Alfred

*Der folgsame Heini	Kranz
*Wir wollen	mot. Ged. 2

Kersten, Paul

*Krähen	Kunert

Kessel, Martin

Von der Größe des Tages	Int. Prosa

Kesten, Hermann

*Ich bin der ich bin	Anth. 1
Olaf	AM 3

Keun, Irmgard

Das kunstseidene Mädchen	Klett AL 39902
Nach Mitternacht	Klett AL 39904

Keyserling, Eduard Graf

Am Südhang	Wiese, Novelle II

Kinau, Rudolf

Unter dem Schornstein	Anal. I

© Schöninghbuch 3 506 77895 1

Kipphardt, Heinar
*Bruder Eichmann	DGD 1 – Lit. 3/85
Der Hund des Generals	Ismayr
In der Sache J. Robert Oppen-heimer	Basis 1 – Brauneck – Buddecke – Grundlagen 6078 – Ismayr – KdD – Kienecker, Drama – König 160/161 – Old. Int. 88623 – PD 39/80 – rororo 12111 – Suhrkamp 2006
März	Lit. 2/80

Kirchhoff, Bodo
Das Kind oder Die Vernichtung von Neuseeland	DGD 2

Kirsch, Sarah
*Bei den Stiefmütterchen	Anth. 10
*Der Droste würd ich gern Was-ser reichen	PD 1/87
*Einäugig	Anth. 4
*Erdreich	Anth. 11
*Der Himmel schuppt sich	UTB 1470
*Im Juni	Anth. 3
*Katzenkopfpflaster	UTB 1470
*Katzenleben	DU 1/86 – Kurz
*Klosterruine Dshwari	Anth. 2
*Die Luft riecht schon nach Schnee	Anth. 9 – Hotz 1 – Köpf (S. 96) – Reclam 6
*Nachricht aus Les bos	Anth. 3
*Die Nacht streckt ihre Finger aus	UTB 1115
*Reisezehrung	Anth. 10
*Tilia Cordata	UTB 1470

Kirst, Hans Hellmuth
Der Bauer aus Masuren	Anal. II

Kirsten, Rudolf
Der Schein trügt	Bauer 6
Wer hat recht?	proj. du. 1

Kirsten, Wulf
*Gottfried Silbermann	Anth. 12 – Hotz 1
*grabschrift	Anth. 3 – Lobentanzer

Kisch, Egon Erwin
Ein Vulkan bricht aus	proj. du. 3

Kiwus, Karin
*An die Dichter	Hotz 1 – Reclam 6
*Im ersten Licht	Anth. 4

Klabund
*aus: Dreiklang	Anth. 3
*Der Blinde	Volkmann
Borgia, Roman einer Familie	Reich 2
*Klage der Garde	Anth. 3
*Man soll in keiner Stadt	Anth. 9
*Der Seiltänzer	Bauer 8
Der Turm	Volkmann
Die zwei Reiche	Volkmann

Klaj, Johann
*Hellglänzendes Silber   Kaiser, Lyrik
*Vorzug des Sommers   Prisma 3

Kleist, Heinrich von
Amphitryon   Catholy — Hinderer — Lit. 1/78,
                                      3/81 und 2/84 — Mitt. 3/4/82 (S.
                                      37 f.) — RUB 8162 — Wittkowski,
                                      W.: Kleist. Amphitryon (de Gruy-
                                      ter). 1978
*An die Königin Luise von   Anth. 9
  Preußen
Anekdote   Anal. III
Anekdote aus dem letzten preußi-   Prisma 4 — Rinsum 3 — Texte D R
  schen Kriege   7
Bach-Anekdote   DU 6/78
Das Bettelweib von Locarno   Anal. III — Goette — Hippe, Bd. 4
                                      — Kamp 8 — König 280 — Manz 1 —
                                      Rinsum 3 — Strelka — TS GRH 9 —
                                      WW 4/65
Brief an seine Schwester Ulrike   Anal. III
Das Erdbeben in Chili   AR 33 — Basis 2 und 5 — König
                                      280 — Kunz 1 — RUB 8175(2) —
                                      Wiese, Novelle II — WW 3/81
Die Familie Schroffenstein   Hinderer — Kraft
Der Findling   Gärditz — König 280 — Kunz 1
Franzosen-Billigkeit   Bauer 7 — DU 6/77 und 6/78
Das Grab des Diogenes   DU 6/78
Die heilige Cäcilie   König 280 — WW 2/69
Die Hermannsschlacht   Hinderer
Kapuzineranekdote   DU 6/78
*Katharina von Frankreich   Anth. 1
Das Käthchen von Heilbronn   AR 33 — Hinderer — KdD — König
                                      29 a — RUB 8139
Mädchenrätsel   Anth. 8
Die Marquise von O.   AR 33 — Basis 1 — dtv — Klett AL
                                      39908 — Kunz 1 — Lehmann I —
                                      Reclam, Erz.
Michael Kohlhaas   AR 34 — Basis 2 — BfDL 1983 —
                                      Eversberg — KlaS — Klett AL
                                      39908 — König 87 — Lehmann I —
                                      Müller, Modell — Neis 10 — Neis,
                                      Erzählkunst — Reclam, Erz. —
                                      Rinsum 2 und 5 — RUB 8106 —
                                      UTB 1027 — Wiese, Novelle I —
                                      WW 5/83
Mutterliebe bei einem wilden   s. Hebel, Kannitverstan — PD
  Tier   42/80
Penthesilea   DU 3/65 — Hinderer — König 212 a
                                      — Wiese, Drama I
Prinz Friedrich von Homburg   AR 34 — Basis 2 — DD 1/70 — DU
                                      2/61, 4/61 und 2/73 — Grundla-
                                      gen 6400 — Hinderer — KdD —
                                      Klett AL 39917 — König 151 —
                                      Kraft — LiLi 3/73 — Lit. 3/80 —
                                      Litko 7 — Müller, Dramen 1 —
                                      Neis, Drama — Neis 10 — proj.

© Schöninghbuch 3 506 77895 1

	du. 7 – Rinsum 1 und 5 – RUB 8147(3) – Suhrkamp 2006 – Wiese, Drama I – WW 5/83
Rätsel	Anal. III
Robert Guiskard	Hinderer – König 87
Shakespeare Anekdote	Abitur
Sonderbarer Rechtsfall in England	Bauer 9 – Texte D R 9
Über das Marionettentheater	AR 33 – Sembdner, H.: Kleists Aufsatz über das Marionettentheater (Schmidt). 1980
Über die allmähliche Verfertigung der Gedanken beim Reden	Texte D R 10
Der verlegene Magistrat	Anal. II – Bauer 7 – Horizonte 3 – Klett 8
Die Verlobung in St. Domingo	Basis 1 – König 280
Der zerbrochene Krug	Basis 2 – Catholy – Grundlagen 6399 – Hinck, Kom. – Hinderer – KdD – Klett AL 39916 – König 30 – LuM – Martini – Meyer – Müller, Modell – Neis – Neis 10 – Rinsum 1 – RUB 8123 – Strelka – UTB 1498 – Wiese, Drama I
Der Zweikampf	Freund – König 280 – ZDPh 2/86
Klemm, Wilhelm	
*An der Front	Anth. 9
*Betrachtungen	Denkler
Klepper, Jochen	
Der Kahn der fröhlichen Leute	AR 29
Der Vater	AR 29
Klessmann, Eckart	
*E. T. A. Hoffmann am Fenster	Anth. 6
Klinger, Friedrich Maximilian	
Hans Ruprechts Kalb	Anal. III
Das leidende Weib	ZDPh 4/85
Sturm und Drang	Dramen 2
Die Zwillinge	Huyssen – Kafitz 1
Klopstock, Friedrich Gottlieb	
*An die Freude	Lit. 1/87
*Der Eroberungskrieg	Reclam 2
*Die frühen Gräber	Anal. III – Anth. 1 – Hippe – mot. Ged. 1 und 5
*Die Frühlingsfeier	Epochen 486 – Kaiser, Lyrik – Wiese, Lyrik I – WW, Sammelband III
*Furcht der Geliebten	Anth. 9
*Mein Wäldchen	Meyer
*Die Musik	Anth. 13
*Nicht in den Ozean	Reclam 2
*Das Rosenband	Anth. 8 – Hippe – Urbanek
*Die Sommernacht	Hippe – mot. Ged. 1 und 5
*Die Sprache	Sprachh. 1
*Der Unschuldige	DD 1/87 – DU 3/87
*Der Zürchersee	Fritsch, Natur – Lit. 1/87 – Reclam 2

© Schöninghbuch 3 506 77895 1

Klose, Werner
Am roten Forst   Bachmann IV — Int. IX

Kluge, Alexander
Abschied von gestern   Beck 19
Die Artisten in der Zirkuskuppel   Beck 19
— ratlos
Gelegenheitsarbeit mit einer   Beck 19
Sklavin
Der große Verhau   Beck 19
In Gefahr und größter Not bringt   Beck 19
der Mittelweg den Tod
Lebensläufe   Beck 19
Lernprozesse mit tödlichem   Beck 19
Ausgang
Ein Liebesversuch   Durzak, Kg.
Massensterben in Venedig   AM 3
Öffentlichkeit und Erfahrung   Beck 19
Die Patriotin   Beck 19
Schlachtbeschreibung   Beck 19
Der starke Ferdinand   Beck 19
Das Zeitgefühl der Rache   Durzak, Kg.

Kneip, Jakob
*Aus fremden Welten   Anal. III
Zigeunerkind   Anal. I

Knorr von Rosenroth
*Morgenandacht   Hotz

Koch, Werner
Diesseits von Golgatha   Kurz (S. 381)
Seeleben   Kurz

Koeppen, Wolfgang
Der Baseballspieler   Int. X
Jugend   Hielscher
Tauben im Gras   Dörfler — Hielscher — Lützeler
Der Tod in Rom   Hielscher
Das Treibhaus   Hielscher — Lit. 3/83 — UTB 1347

Körner, Theodor
*An mein Volk   Binder
*Auf der Riesenkoppe   mot. Ged. 10
*Gebet während der Schlacht   Rinsum 4

Kolleritsch, Alfred
*Absturz ins Glück   Kurz

Kolmar, Gertrud
*Die Fahrende   Anth. 3
*Der Krötendämon   mot. Ged. 9
*Lied der Schlange   mot. Ged. 9
*Rue St. Honoré   Neis, Balladen
*Die Verlassene   Anth. 7
*Verwandlungen   Reclam 5

Koltz, Anise
*Brancusi   Kranz

Kommerell, Max
*Spiegelung der Sonne   Anth. 7

Konrad von Würzburg
*Engelhard   ZDPh 1/86
*Heinrich von Kempten   ZDPh 3/88

Kopisch, August
*Die Büsumer   Auswahl 5
*Der große Krebs   Bohusch
*Die Heinzelmännchen   PD 35/79

Korff, Friedrich Wilhelm
Jericho   Durzak, Kg.

Kornfeld, Paul
Himmel und Hölle   Mennemeier 1
Die Verführung   Mennemeier 1

Korschunow, Irina
Mann am Fenster   LDU 2

Kotzebue, August von
Die deutschen Kleinstädter   Hinck, Kom.

Kräftner, Hertha
*Abends   Anth. 10
*Dorfabend   Anth. 5

Kraemer, Otto
*Schüttelreim-Rondo   Klett 8

Kraft, Werner
*Lied   Anth. 8

Kramer, Theodor
*Die Gaunerzinke   Anth. 2
*Slawisch   Reclam 5
*Wenn ein Pfründner einmal Wein Anth. 12
will
*Wer läutet draußen an der Tür? Anth. 8

Kramp, Willy
Das Geburtstagsgedicht   Anal. I
Was ein Mensch wert ist   Anal. II – Int. VI

Krappen, Rolf
*Toskana   Neis, Gedichte – mot. Ged. 10

Kraus, Karl
Krieg   Anal. III
Die letzten Tage der Menschheit Wiese, Drama II
*Man frage nicht, was all die Anth. 6
Zeit ich machte
*Wiese im Park   Anth. 10

Krauss, Simon
*Kap Sunion   Lobentanzer

Krechel, Ursula
*Episode am Ende   Anth. 4
*Liebe am Horizont   Rinsum 4
*Meine Mutter   Reclam 6
Zweite Natur   Kurz 80

Kreisler, Georg
*Frühlingsmärchen   Anth. 1

Kretzer, Max
Meister Timpe   DU 2/88

Kreuder, Ernst
Phantom der Angst   Neis, Gedichte
Sonntagspiraten   Prisma 2
Was der Kolkrabe den Tieren riet AM 1 – Anal. I – proj. du. 6

Krieger, Arnold
Der Weg zum Jordan   Kurz

Krille, Otto
*Die Spülerin   mot. Ged. 8

Kroetz, Franz Xaver
Agnes Bernauer   Beck 10
Dolomitenstadt Linz   Beck 10
Hartnäckig   Beck 10
Heimarbeit   Beck 10
Männersache   Beck 10
Maria Magdalena   Beck 10 – WW 6/82
Mensch Meier   DGD 1 – KdD – Merold
Münchner Kindl   Beck 10
Muttertag   Klett 8
Das Nest   ASL – Beck 10 – Buddecke
Oberösterreich   ASL – Beck 10 – Grundlagen
                                 6091 – KdD
Der stramme Max   Lit. 1/81
*Tröste mich   Anth. 11
Weitere Aussichten   Beck 10
Wildwechsel   Beck 10
Wunschkonzert   Beck 10

Krolow, Karl
*Der Augenblick des Fensters   Texte D R 10
*Augenschein   Bauer, Lyrik
*Bürgerlich   Lehmann
*Diese alten Männer   Anth. 9 – Hotz 1
*Drei Orangen. Zwei Zitronen   Fritsch, Natur
*Eisblumen   Klett 7
*Familientisch   Riedler 1
*Gedicht für J. S.   Urbanek
*Gedicht von der Liebe in   mot. Ged. 4
   unserer Zeit
*Gesammelte Gedichte   Kurz
*Die goldene Wolke   Anth. 12
*Herbstlandschaft   Auswahl 5 – Bauer 6 – Giehrl
*Hoher Herbst   Bauer 6
*Im Birnbaumschatten   DD Heft 97
*Im Boot   Müller, Lyrik
*Im Leben   DU 4/65
*Im Spätwinter   Texte D 7
*Kurzes Unwetter   Hotz
*Liebesgedicht I   Vögeli II
*Liebesgedicht III   Vögeli II
*Mit feuchten Händen   Anth. 1
*Mondspur   mot. Ged. 1
*Müßiggang   Kopplin
*Der Nächtliche   Anth. 3

*Neues Wesen	Knörrich
*Niederlage des Herbstes	Lobentanzer
*Noch einmal	Anth. 13
*Orte der Geometrie	Anal. III
Pappellaub	Knörrich
*Robinson I	BfDL 3/68 — Eckermann — Lektüre, Lyrik — Manz, Bd. 12
*Schlaflied im Sommer	Bauer 5 — TS GRH 5
*Schreib deinen Namen	Kunert
*Sonntagvormittag	Auswahl 7 — Bauer 7 — Bauer, Lyrik — Klett 8
*Stele für Catull	Anth. 11
*Terzinen vom früheren Einverständnis	Reclam 6
*Verlassene Küste	Hippe 50
*Worte	Lektüre, Lyrik
*Die Zeit verändert sich	Hippe 50 — Hippe, Bd. 4
*Zwei Menschen	AM 1 — Texte D R 10

Krüger, Horst

Auf deutscher Autobahn	AM 3

Krüger, Michael

*Die Enten	Anth. 13
*Der erschrockene Mensch	Kunert

Krüss, James

Die Brabbelberta	Praxis 3
*Das Feuer	Auswahl 5 — TS GRH 5
Die Geschichte vom Zaunkönig	Leha
Die Geschichte von den drei Geschichtenerzählern	Klett 5 — TS G 5
Die Geschichte von Pepe, dem Clown	Auswahl 5
Die gestohlene Uhr	Bauer 5
*Hymne der Krautonen	Helmers
*Lied des Menschen	Prisma 2
*Der Menschenzoo	Anal. I
Mister Silberlöffel	Bauer 6
*Die sonderbare Stadt Tempone	AM 1
Der Tausendfüßler und der Skarabäuskäfer	Anal. I
*Unkenmunkeln	Klett 5
*Wann ist das Jahr erwachsen	Anal. I
Wenn die Möpse Schnäpse trinken	Bauer 6 — Leha
*Wenn die Tiere träumen	Bohusch

Krusche, Dietrich

*Wiedersehen	Riedler 1

Kubin, Alfred

Die andere Seite	Lippuner, Heinz: Alfred Kubins Roman „Die andere Seite" (Francke). 1978

Kühner, Otto Heinrich

Es gibt doch noch Wunder	Int. I

Küpper, Heinz

Sebastian oder Verführung durch Vernunft	Anal. I — Bachmann I

Vorläufig alles über ihn	Anal. III
Kürenberg, Der von	
*Ich zôch mir einen falken	Anal. III – Anth. 3 – Bauer 8 – Hippe
Kunert, Günter	
*Als unnötigen Luxus	TS G 9
Andromeda zur Unzeit	Bachmann VI – Int. IX
*Atlas	Anth. 8
*Auf der Schwelle des Hauses	Anal. II
Die Beerdigung findet in aller Stille statt	UTB 1519
Das Bild der Schlacht am Isonzo	Klett AL 39921
Bildnis Baudelaire	PD 63/84
Der brave Mann denkt an sich selbst zuletzt	Texte D R 9
*Dahinfahren	DU 3/72
Dornröschen	Horizonte 3
Dürers Traum des Doktors	PD 63/84
El Dorado	Zobel
*Ernst Blacke	Anth. 3
*Es sind die Städte	Riha
Fahrt mit der S-Bahn	Bachmann VI – Int. VIII
Film – verkehrt eingespannt	Texte D R 9
*Den Fischen	Anth. 9
*Der fliegende Mensch	UTB 1519
*Gagarin	PD 62/83
*Gesetze	Kopplin
*Ikarus 64	UTB 1470
*Im Norden	Anth. 13
*Konjunktiver Doppelgänger	Anth. 2
*Laika	Auswahl 9
*Laßt uns reisen	Texte D R 8
*Leute	Horizonte 1
Lieferung frei Haus	Basis 4
*Marx	mot. Ged. 7 – Peter
Die Maschine	Lesezeichen 9 – Zobel
*Meine Sprache	Lektüre, Lyrik
*Möglichkeit, einen Sinn zu finden	Lesezeichen 10
*Neuere Ballade infolge älterer Sage	Freitag
Piranesi	PD 63/84
*Raumflug	UTB 1470
Reisesucht	Zobel
*Reminiszenz	Riedler 1
*Sind Gedichte Luxus?	Lobentanzer 2
*Sinnsuche	UTB 1470
Stiefel	Merold
*Stilleben	Kurz
Tagträume	PD 63/84 – Zobel
Traum	PD 63/84
*Über einige Davongekommene	Auswahl 9
Der ungebetene Gast	Freund, Ballade – Neis, Balladen
*Unterschiede	TS H 7
Unterwegs mit M.	TS GRH 10
Unterwegs nach Utopia	Lesezeichen 8

*Verlaufen	Hotz 1
*Vision an der Oberbaumbrücke	Anth. 11
*Vom klugen Kia King	Klett 8
*Vorortabend	Anth. 1
*Vorschlag	Lesezeichen 10 – Texte D R 8
*Die Waage	Durzak, Kg. – Kontrapunkte
*Wie ich ein Fisch wurde	Anal. III – Neis, Balladen
Zentralbahnhof	Durzak, Kg.
Zirkuswesen	Int. X – Klett 7

Kunze, Reiner

*8. Oktober 1970	DU 6/76
*Die Antenne	UTB 1470
*Beim Auspacken der mitge-brachten Bücher	UTB 1470
Beweggründe	DU 6/78 – Rinsum 3
*Dichter, nicht gekreuzigt	UTB 1470
*Düsseldorfer Impromptu	mot. Ged. 10
*eines jeden einziges leben	Kurz
Element	Durzak, Kg.
*Das Ende der Kunst	Bauer 9 – proj. du. 8 – TS GRH 9
*Er ging	DU 6/76
*Erster Brief der Tamara	Anth. 3
*Fahrschüler für LKW	Anth. 5
Friedenskinder	DU 2/81
Fünfzehn	TS GR 8 – Lobentanzer 2 – Volk-mann
*Hallstadt mit schwarzem Stift	Anth. 7
*In der Thaya	DU 6/76
*In Deutschland	Volkmann
*Das kleine Auto	Anth. 1
Kleines Ruhmesblatt ...	Hotz 1
*Literaturarchiv in M.	Anth. 11
Das Märchen vom Dis	Kontrapunkte
Mit dem Gastgeber durch die Prärie	Volkmann
*Nach der Geschichtsstunde	UTB 1470
*Ordnung	TS H 8
Die Post (aus: 21 Variationen)	Texte D R 10
*Sensible Wege	Hotz
Siebzehnjährig	Texte D R 10
*Tagebuchblatt	Anth. 4
Die wunderbaren Jahre	
Auslösung der Gitarre	Rinsum 5
Beweggründe	DU 6/78 – Rinsum 3
Siebenjähriger	DU 6/78
Weihnachten	DU 6/78 – Rinsum 3
*Zimmerlautstärke	DU 6/76 und 6/78 – Rinsum 4
*Zuflucht noch hinter der Zu-flucht	Kienecker, Lieder – UTB 1470

Kusenberg, Kurt

Die Belagerung	Prisma 4 – Spektrum
Der Einbrecher	Bauer 7
Eine ernste Geschichte	Int. IV
Es brennt	Bauer 8
Die Fliege	Anal. III
Herr G. steigt aus	Basis 4

© Schöninghbuch 3 506 77895 1

Herr Schramm verreist	Texte D R 9
Die Löwenjäger	Texte DU 5/6
Mal was anderes	Texte D R 9
Ordnung muß sein	Texte DU 10
Die Rohre	Bauer 8 – Klett 8
Schnell gelebt	Bauer 7 – Goette – Texte D R 9
Eine Schulstunde	Bauer 7 – Texte D 7
Das Spielzeug	Texte DU 5/6
Zum stillen Winkel	AM 1

Lagerlöf, Selma
Aus meinen Kindertagen	Texte DU 5/6
Die Flucht nach Ägypten	Anal. I
Die heilige Nacht	Anal. I – Klett C 6
Die wunderbare Reise des kleinen Nils Holgersson mit den Wildgänsen	
Der Ausweg	Anal. I – Prisma 2
Silber im Meer	Anal. I

Lampe, Friedo
| Die Alexanderschlacht | Basis 4 |

Lange, Hartmut
| Marski | Buddecke |

Lange, Horst
*Attischer Mond	mot. Ged. 1
*Eine Geliebte aus Luft	Anth. 5
*Nachts	mot. Ged. 1

Langgässer, Elisabeth
An der Nähmaschine	Texte DU 7
*Daphne	Anth. 2 – Reclam 5
Der Erstkommuniontag	DU 6/58
*Frühjahr 1946	Anth. 2
Die getreue Antigone	Anal. III – Basis 4 – Int. II
Glück haben	Durzak, Kg. – Int. III – Zimmermann II
*In den Mittag gesprochen	Urbanek
Saisonbeginn	Auswahl 8 – Bachmann III – Bauer 8 – Goette – Int. IV – Kamp 8 – Klett 8 – LU 3 – Manz 1 – MuB – Thiemermann
*Saturn	DU 4/59
*Schneckenhaus und Rose	Knörrich
Untergetaucht	Bachmann IV – Int. II – Lesezeichen 9 – LU 3 – Rinsum 3
*Vorfrühlingswald	Anth. 12
*Winterwende	Anth. 8
Die zweite Dido	Int. III

Langour, Fritz
| Die Hornissen | Texte DU 5/6 |

Lask, Berta
| Leuna 1921 | Mennemeier 1 |

Lasker-Schüler, Else
| *Abraham und Isaak | Bohusch |
| *Ein alter Tibetteppich | Anth. 5 – Reclam 5 – Rinsum 4 |

Artur Aronymus	Mennemeier 1
*Dir	Merold
In der Morgenfrühe	Volkmann
*In meinem Schoße	Anth. 5
*Liebeslied	mot. Ged. 4 − Vögeli II
*Ein Lied	Texte D R 9
*Man muß so müde sein	Anth. 6
*Mein blaues Klavier	Anal. III − Bauer, Lyrik − Hippe 50 − Hotz
*Mein Volk	Anal. III
*Die Verscheuchte	Anth. 2 − Hippe 50
*Weihnachten	Vögeli I
Die Wupper	Mennemeier 1

Lattmann, Dieter

Die Brüder	Kurz

Laub, Gabriel

Beruf	LDU 1

Lavant, Christine

*Bei Dir und der Dreifaltigkeit	Knörrich
*Drüben vor der Scheunentür	Prisma 3
*Habe keine Honigwaben	Urbanek
*Hilf mir, Sonne	Kienecker, Lieder
*Kreuzzertretung	Kranz
*Seit heute, aber für immer	Anth. 7
*Wieder Nacht und doppelt Nacht	Kopplin

Le Fort, Gertrud von

Die Consolata	König 286
Die Frau des Pilatus	Int. IV
Das Gericht des Meeres	König 286
*Die Heimatlosen	mot. Ged. 3
Die letzte am Schafott	König 286 − Rinsum 5 − Zimmermann I
*Die Mauer	mot. Ged. 2 und 10
Mutter	Anal. II
Die Tochter Jephthas	Lehmann
Der Turm der Beständigkeit	Int. I

Lehmann, Wilhelm

*Abgeblühter Löwenzahn	WW 5/79
*Ahnung im Januar	Prisma 4
*Altjahrsabend	Auswahl 8
*Amnestie	Anth. 1
*An meinen ältesten Sohn	Anal. III − Hotz
*Antibes	mot. Ged. 10
*Atemholen	Urbanek
*Auf den abgeernteten Feldern	DU 2/66
*Auf sommerlichem Friedhof	Anth. 3
*Augustwolken	WW 5/79
*Früchte	Manz, Bd. 12
*Grille im Tessin	Reclam 5
*Heißer Herbstabend	WW 5/79
*Herbstgesang der Stare	mot. Ged. 9
*Hier	Urbanek
*In Solothurn	Anth. 7 − mot. Ged. 10
*Klage ohne Trauer	Hippe 50

*Mond im Januar	Anth. 7 – mot. Ged. 1
*Mondjubel	mot. Ged. 1
*Oberon	Anth. 4 – Lobentanzer – Rinsum 4
*Ruhm des Daseins	Knörrich
*Die Signatur	Anal. III
*Tür ins Nichts	WW 5/79
*Weinstock in der Veranda	Hippe 50
*Zu Zweien	WW 5/79

Leip, Hans
*Lied im Schutt	mot. Ged. 3
*Lili Maleen	Anth. 4
Der rasende Eisberg	Klett C 6

Leisegang, Dieter
*Einsam und allein	Anth. 9

Leisewitz, Joh. Anton
Julius von Tarent	Dramen 2

Leising, Richard
*Berlin Mulackstraße	Prisma 2

Lenau, Nikolaus
*An die Entfernte	mot. Ged. 4
*Die Drei	Reclam 4
*Die drei Zigeuner	Anth. 3 – Bohusch
*Einsamkeit	Anal. III – Anth. 3 – Wiese, Lyrik II
*Liebesfeier	mot. Ged. 6
*Postillion	Vögeli I
*Winternacht	Bauer, Lyrik

Lenz, Hermann
Die Begegnung	Kurz 6
Ein Fremdling	Kurz
*In der schlechten Zeit	Riedler 1
Der innere Bezirk	Kurz 80
*Regen	Anth. 12
Tagebuch vom Überleben	Kurz 6
Der Tintenfisch in der Garage	Gärditz

Lenz, Jakob Michael Reinhold
*An die Sonne	Anth. 4
Der Hofmeister	ASL – DD 4/71 – Dramen 2 – Huyssen – Hinck, Kom. – KdD – Klett AL 39918 – Michel – RUB 8177(2)
Der neue Menoza	WW 3/83
Die Soldaten	ASL – Dramen 2 – Klett AL 399070 – Litko 8 – Rinsum 1 – RUB 8124 – Wiese, Drama I
*Willkommen	Anth. 13

Lenz, Siegfried
Der Anfang von etwas	WW 5/71
Die Augenbinde	Beck 2 – Texte DU 10
Der Beweis	Bachmann II
Brot und Spiele	Beck 2 – DUK 1 – TS GRH 9
In der Zielgeraden	Anal. III

Deutschstunde	AR 11 – Beck 2 – DU 1/71 – Elm, Theo: Siegfried Lenz. Deutschstunde (Fink). 1974 – Hippe, Bd. 4 – König 92 a – Lehmann IV – Lützeler – Old. Int. 05063 – Rinsum 2
Drüben auf den Inseln	König 90/91
Duell in kurzem Schafspelz	Bachmann VIII
Duell mit dem Schatten	Beck 2
Einstein	Beck 2 – König 90/91
Eisfischen, oder was man mit Hechten erleben kann	DU 5/6
Die Enttäuschung	Beck 2
Er war da mit dem Zirkus	Leha
Es waren Habichte in der Luft	Beck 2
Das Feuerschiff	Beck 2 – Klett, Lesehefte – König 90/91
Ein Freund der Regierung	Auswahl 9 – Goette – Kuge – Thiemermann – Texte DU 10
Der Geist der Mirabelle	Beck 2
Das Gesicht	Beck 2 – Ismayr
Der Gleichgültige	Durzak, Kg.
Die große Konferenz	Bachmann IV – Int. IX
Der große Wildenberg	Basis 4 – Int. VI – Kienecker, Prosa – Lesezeichen 9
Heimatmuseum	Anregung 1/80 – Kurz 6
Der heimliche Wahlsieger	Lesezeichen 10
Ich zum Beispiel	TS GRH 9
Jäger des Spotts	Anal. II – Beck 2 – Int. III – König 90/91 – Prisma 2
Die Kunst, einen Hahn zu fangen	Horizonte 2 – Klett C 6
Der Kunstradfahrer	Kamp 8
Das Labyrinth	Beck 2
Der längere Arm	UTB 1519
Der Läufer	Auswahl 7 – Bauer 6 – Horizonte 2 – Klett 7 – König 90/91 – Texte DU 7
Lehmanns Erzählungen	Beck 2
Der Leseteufel	Bachmann VIII – Bauer 7 – Int. VI – Texte D R 9
Eine Liebesgeschichte	Texte D R 8
Lieblingsspeise der Hyänen	DU 3/66
Lotte soll nicht sterben	Auswahl 5 – Bachmann – Texte DU 5/6
Lukas, sanftmütiger Knecht	Klett, Lesehefte – König 90/91 – Texte DU 9
Mädchen an der Biegung des Stroms	Auswahl 9
Der Mann im Strom	Beck 2 – Prisma 2
Die Mannschaft	Kamp 8
Die Nacht im Hotel	AM 1 – Anal. I – Auswahl 8 – Int. VII
Nachzahlung	Zimmermann II
Nur auf Sardinien	König 90/91
Die Phantasie	UTB 1519
Der rasende Schuster	Texte DU 7
Das schönste Fest der Welt	Beck 2

Der seelische Ratgeber	Texte D H 8 und R 10
Ein sehr empfindlicher Hund	Bachmann I
So leicht fängt man keine Katze	Auswahl 5 – Texte D 5 – Texte DU 5/6
So schön war mein Markt	Int. VI
So war es mit dem Zirkus	Auswahl 5 – Int. VI – TS GRH 9
So zärtlich war Suleyken	Beck 2
Stadtgespräch	Beck 2
Stimmungen der See	König 90/91
Suleyken	König 90/91
Taucher	Texte DU 7
Das unterbrochene Schweigen	Bachmann VII – Leha
Ursachen eines Streitfalles	Kontrapunkte
Das Vorbild	Beck 2 – Kurz 5
Die Wellen des Balaton	Durzak, Kg.
Wie bei Gogol	Durzak, Kg. – Lesezeichen 10
Das Wrack	Bachmann III
Zeit der Schuldlosen	Beck 2 – Ismayr – Lucas

Leonhard, Rudolf

*Sachlich um der Leser willen	Bauer 9
*Das verlassene Dorf	mot. Ged. 1 und 3

Leppa, Karl Franz

Die Bekehrung des Ellechsners	Knopf

Lernet-Holenia, Alexander

*Die Bilder	Anth. 3
*Linos	Anth. 4

Lersch, Heinrich

Es geht um die Brücke	Anal. II
Hammerschläge	Reich 2
*Mensch im Eisen	mot. Ged. 8
*Morgenlied der neuen Arbeiter	mot. Ged. 8
*Nach der Arbeit	mot. Ged. 8
*Schiffswerft	mot. Ged. 8
*Wir Werkleute all	mot. Ged. 8

Lessen, Ludwig

*An der Drehbank	mot. Ged. 8
*In der Gießerei	mot. Ged. 8

Lessing, Gotthold Ephraim

*Auf Luzinden	Reclam 2
Der Besitzer des Bogens	TS G 8
Brief an die Mutter vom 20.1.1749	LDB 10
Briefe die Neueste Litteratur betreffend (17. Brief)	Praxis 2
Doktor Faust	König 105
*Die drei Reiche der Natur	Reclam 2
Die Eiche und das Schwein	proj. du. 1 – TS GRH 8
Emilia Galotti	AR 47 – Beck – Berg – Grundlagen 6391 – KdD – Klett AL 39918 – König 16 – Lit. 4/87 – LuM – Merold – Neis – Old. Int. 88624 – Praxis 2 – PD 31/78 und 41/80 – Reclam, Lessing – Rinsum 1 und 5 – RUB 8111/11a – Stationen –

	UTB 1433 — Wiese, Drama I — ZDPh 2/86
Der Esel mit dem Löwen	Klett 8 — Rinsum 3
Der Esel und der Wolf	Bauer 5
Der Fuchs und der Storch	proj. du. 1 — Rinsum 5
Die Gans	Anal. I — Bauer
Der Hamster und die Ameise	TS GRH 5
*Hinz und Kunz	Klett 7
Die Hunde	DD 4/71 — proj. du. 1
Die Juden	Meyer
Der junge Gelehrte	Catholy
Der kriegerische Wolf	proj. du. 1
Laokoon	Beck
*Lob der Faulheit	Anth. 7 — TS G 6
Der Löwe mit dem Esel	Klett 8 — TS H 9
Minna von Barnhelm	AR 7 — Beck — Catholy — Grundlagen 6390 — Hinck, Kom. — KdD — Klett AL 39923 — KlaS — König 312/313 — Lit. 2/84 — Martini — Meyer — Mitt. 3/4 82 (S. 37 f.) — Praxis 2 — Reclam, Lessing — Rinsum 1 und 5 — RUB 8108 — UTB 1498 — Wiese, Drama I — Wiese, Lessing
Miß Sara Sampson	Beck — Festschrift — Kafitz 1 — Reclam, Lessing — Weber, Albrecht: Das Menschenbild des bürgerlichen Trauerspiels (Aufbau)
Nathan der Weise	AR 10 — Basis 1 — Beck — Bohnen, Klaus: Lessings Nathan der Weise (Wiss. Buchges.). 1984 — DD Heft 83 — DU 2/76 — Grundlagen 6380 — KdD — Klett AL 39915 — König 10 — Lit. 1/79 — Manz, Bd. 12 — Müller, Dramen 1 — Müller, Modell — Neis 10 — Old. Int. 19581 — Reclam, Lessing — Rinsum 1 und 5 — RUB 8118/a — Wiese, Drama I
*Nix Bodenstrom	Anth. 3
Parabel	LDB 10
Die Parabel von den drei Ringen	Anal. III — Goette — Manz, Bd. 12 — TS GR 9
Die Pfauen und die Krähe (nach Aesop)	proj. du. 1
Philotas	DU 5/88 — WW 5/81
Der Rabe und der Fuchs	Bauer 5 — Goette — Reclam 2 — TS GRH 7
Der Rangstreit der Tiere	Anal. III
Der Rezensent braucht nicht besser machen zu können, was er tadelt	Anal. III
*Die Sinngedichte an den Leser	Anth. 7
Die Sperlinge	Klett C 6 — TS G 7
Der Tanzbär	Klett 5
Die Wasserschlange	DU 6/79 — proj. du. 1
Der Wolf auf dem Todbette	Bauer 7 — Klett C 6
Der Wolf und das Schaf	Horizonte 1 — Manz 1

© Schöninghbuch 3 506 77895 1

Lettau, Reinhard
Absage   AM 1
*Ein Beispiel für Bildkraft und   Herrmann
  Sprache eines Barockforschers
Mißglückte Landnahme   Bachmann VII
*Spielzeug   Anal. II
Wie es einem Preisträger zu Köln   Herrmann
  die Feder aus der Hand schlug

Leutenegger, Gertrud
Ninive   Kurz 7

Lichtenberg, Georg Christoph
Aphorismen   Anal. III
Die gefährlichen Unwahrheiten   Klett 8
Der Schuh und der Pantoffel   Klett 5

Lichtenstein, Alfred
*Abschied   Anth. 5
*Dämmerung   Denkler — König 364/365 — Re-
                                         clam 5
*Gefangene Fliegen   mot. Ged. 1
*Montag auf dem Kasernenhof   Anth. 2
*Punkt   König 364/365
*Die Schlacht bei Saarburg   Anth. 10
*Die Stadt   König 364/365

Lienert, Meinrad
*Dr. Pfyffer   Vögeli II

Liliencron, Detlev von
*An meinen Freund, den Dichter   Reclam 4
*Ballade in U-Dur   Spektrum
*Dorfkirche im Sommer   Anth. 2
*Der Handkuß   Bauer 9
*In einer großen Stadt   Bauer 9 — Bauer, Lyrik — Berger
*In Herbstestagen   Bauer 6
*Die Musik kommt   Anth. 12 — Hotz
*Pidder Lüng   Neis, Balladen
*Schöne Junitage   Anth. 4
*Das schönste Mädchen von der   mot. Ged. 4
  Welt
*Schwalbensiziliane   mot. Ged. 9
*Einen Sommer lang   mot. Ged. 4
*Tod in Ähren   mot. Ged. 3
*Wer weiß wo   Wiese, Lyrik II
*Zwei Meilen Trab   Lobentanzer

Lingg, Hermann
*Das Krokodil   Anth. 12

Linke, Johannes
Besuch in der Christnacht   Anal. I
*Rodelnde Kinder   Anal. I — Bohusch

Lissauer, Ernst
Aus dem großen Bauernkrieg   Prisma 4
Balkons in der Vorstadt   Texte D R 8

Löns, Hermann
Die allerschönste Blume   Anal. I
Der Eichelhäher   TS R 9

Das Erwachen des Waldes	Anal. I
Die Großstadtschwalbe	Texte DU 7
Der letzte seines Stammes	Anal. I
Der Maikäfer	Anal. I
Der Morgenspaziergang	Anal. I
Mümmelmann	Klett 5

Loerke, Oskar
*Ans Meer	Anth. 1
*Blauer Abend in Berlin	Bauer, Lyrik – Berger – Fritsch, Natur – Horizonte 3 – Rinsum 4
*Die ehrwürdigen Bäume	Riedler 2
*Die Einzelpappel	Anal. III
*Grab des Dichters	Anth. 6
*Märkische Landschaft	mot. Ged. 10
*Mit Adams Seele	DU 2/66
*Pansmusik	Anth. 8
*Der Silberdistelwald	Hotz
*Timur und die Seherin	Anth. 10 – Köpf (S. 36)
*Webstuhl	Anth. 13
*Winterliches Vogelfüttern	Anth. 9 – Reclam 5

Logau, Friedrich von
*Der Frühling	Bauer 6 – Hippe
*Heutige Weltkunst	mot. Ged. 2
*Des Krieges Buchstaben	Klett 8 – mot. Ged. 3 – Texte D R 9
*Der Mai	mot. Ged. 6
*Sinngedichte	Anal. III – König 296 – Reclam 1

Lohenstein, Daniel Casper von
Arminius	Emrich, W.: Deutsche Literatur der Barockzeit (Athenäum). 1981
*Auf das Absterben Georg Wilhelms	Reclam 1
*Aufschrift eines Labyrinths	Anth. 6
Cleopatra	Suhrkamp 2006

Lotichius, Petrus
*De puella infelici	Reclam 1

Lotz, Ernst Wilhelm
*Aufbruch der Jugend	König 364/365

Lowenfels, Walter
Amerikanische Stimmen	Skorna

Ludwig, Otto
Der Erbförster	DD 3/77

Lukasevangelium
Der verlorene Sohn	Merold

Luther, Martin
*Aus tiefer Not	Anal. III – Spektrum
*Deus noster refugium et virtus (XLVI. Psalm)	Anth. 8
*Ein feste Burg	Reclam 1
Der Fuchs	Anal. III
*Jesaia dem propheten das geschach	Kaiser, Lyrik

*Ein Lied von der Heiligen Christlichen Kirchen	Anth. 4
*Mitten wir im Leben sind	Anal. III
Sendbrief vom Dolmetschen (Auszug)	Anal. III
Die Teilung der Beute	DD 4/71
Untreue schlägt den eigenen Herrn	AM 1 – LDU 1
Vom Frosch und der Maus	Hippe, Bd. 4 – Fabel (S. 147)
Vom Hunde im Wasser	Klett 5 – TS GRH 5
Vom Wolf und Lämmlein	Horizonte 1 – Manz 1
Vorrede zu „Etliche Fabeln aus Aesopo"	AM 1 – LDU 1

Lutter, Rebecca
| *Mein Platz | Anth. 13 |

Lutz, Joseph Maria
| *Herbstgang | Lobentanzer |

Mader, Helmut
| *Umgebung der Logik VII | Müller, Lyrik |

Märchen
Aschenputtel	Märchen – Schödel
Der Binger Mäuseturm	Bauer 6
Die Bremer Stadtmusikanten	Manz 1
Die dankbaren Tiere	Klett 5
Dornröschen	Märchen
Die drei Federn	Texte D 5
Die drei goldenen Haare des Greises Allesweis	LDU 1
Die drei Wünsche	Auswahl 5 – TS GRH 5
Frau Holle	Baumgärtner – Leha
Frau Trude	WW 3/74
Der Fuchs und die Katze	proj. du. 1
Die Gänsemagd	ASL – WW 4/73
Die Geiß und die sieben jungen Wölflein	LDU 1
Die Geschichte vom bösen Hänsel, der bösen Grete und der Hexe	LDU 1
Der gestiefelte Kater	Märchen – proj. du. 6
Der Gevatter Tod	TS RH 6
Hans im Glück	ASL – Manz 1 – TS GH 5
Hänsel und Gretel	DU 2/71 – Märchen – PD 47/81 – proj. du. 6 – Schödel
Jorinde und Joringel	Klett 5 – PD 47/81
Die Kinder zu Hameln	Bauer 6 – Leha
Das kluge Mädchen	Bauer 5
König Drosselbart	proj. du. 6 – Rinsum 3
Die Prinzessin auf dem Baum	Rinsum 3
Rotkäppchen	Horizonte 2 – Manz 1 – Märchen – Schödel
Rumpelstilzchen	DU 2/71 – Leha – Schödel
Schneewittchen	Baumgärtner 12 – DU 2/71 – proj. du. 6
Sechse kommen durch die ganze Welt	Klett 5

Der singende Knochen	Hippe, Bd. 4
Die Sterntaler	Abitur — AbL 9 — Goette — WW 3/74
Das tapfere Schneiderlein	Rinsum 3
Der Teufel mit den drei golde-nen Haaren	ASL
Tischlein deck dich	DD 48/79
Vom Fischer und seiner Frau	Manz 1 — Rinsum 3
Vom Knecht, der ein Herr wurde	LDU 1
Das Wasser des Lebens	Klett C 6
Die Wassernix	TS GH 5
Die wilden Schwäne	Schödel
Der Wolf und die sieben Geißlein	AM 1 — LDU 1 — proj. du. 6 — Texte D R 10
Der Zaunkönig	Anal. I

Magiera, Kurtmartin

In den Sand geschrieben	Bachmann VI — Int. IX

Mai, Manfred

*Wofür?	Kunert

Maiwald, Peter

*Balladen an Samstag auf Sonntag	Kurz
*Letzte Stunde	Anth. 12

Malecha, Herbert

Die Probe	Bachmann III — Int. I — Lesezei-chen 8 — Manz 1 — TS G 7

Malkowski, Rainer

*Einer muß der Letzte sein	Riedler 1
*In der Laubenkolonie	Kunert
Schöne seltene Weide	Anth. 2
Stadtkirche am Vormittag	Anth. 5
*Was auch immer geschieht	Kurz

Mann, Golo

Geschichtsunterricht heute	Lobentanzer 2

Mann, Heinrich

Abdankung	Anal. III — AR 37 — Goette — Zim-mermann I
Contissima	UTB 1519
Drei Minuten Roman	UTB 1519
Eugénie	Klett AL 39906
Die große Sache	UTB 1387
Heldin	UTB 1519
Professor Unrat	Brauneck I — Lehmann III — Lit. 3/82
Der Untertan	AR 37 — Harder, H.: H. Manns Roman Der Untertan (Vanden-hoeck & Ruprecht) — König 348 — Lützeler — Mitt. 3/83 — Müller, Modell — Old. Int. 88608 — PD 22/77 — Rinsum 2 — Sockel — UTB 974

Mann, Klaus

Der Vulkan	DD 64/82

Mann, Thomas

Anekdote	König 47
Die Artistin Andromache	Lobentanzer 1
Beim Propheten	Krusche
Bekenntnisse des Hochstaplers	DU 2/71 – Jacobs – Lehmann IV –
Felix Krull	Modellanalysen 12 – Old. Int.
	88626 – Sprachh. 10 – Vorträge
Der Hochstapler	WW, Sammelband III
Buddenbrooks	AR 38 – Brauneck I – König
	264/265 – Lützeler – Moulden,
	Wilpert: Buddenbrooks-Handbuch
	(Kröner). 1988 – Old. Int. 88604
	– Rinsum 2 – UTB 1074 – Wiese,
	Roman II
Doktor Faustus	Old. Int. 88625 – Vorträge – WW
	1/72 und 2/79 – ZDPh 4/86
Das Eisenbahnunglück	Anregung 6/68 – Int. VII – Tex-
	te D R 9 – Texte DU 10 – WW
	5/80 – ZDPh 4/86
Enttäuschung	König 47
Der Erwählte (Auszug)	Lobentanzer 2
Joseph und seine Brüder	Literatur und Leben. Neue Folge,
	Bd. 14 (Böhlau). 1971
Der kleine Herr Friedemann	AR 60 – König 47
Königliche Hoheit	Ecker – WW 4/74
Lotte in Weimar	Neis, Erzählkunst
Mario und der Zauberer	König 288 a – RUB 8153 – Schwarz
	– Sprachh. 4 – UTB 976 – Zim-
	mermann I
Mephisto	Basis 6
*Monolog	Anth. 1
Die Rettung des Narziß	Vorträge
Tobias Mindernickel	Klett 8
Der Tod in Venedig	AR 55 – Basis 6 – BfDL 1980 und
	1/85 – DD 66/82 – DU 4/77 –
	Festschrift – Lektüre – König 47
	– Kunz 3 – Litko 19 – Rinsum 2 –
	Wiese, Novelle I
Tonio Kröger	Anregung 6/63 – AR 55 – Basis 1
	– DD 1/90 – Goette – König 288 –
	Lektüre – Lit. 2/78 – Old. Int.
	06184 – Rinsum 5 – RUB 8163 –
	Zimmermann I
Tristan	AR 60 – König 288 – Lehmann II
	– RUB 8115 (s. dort weitere Se-
	kundärliteratur)
Das Wunderkind	Anal. III – DU 3/66
Der Zauberberg	Koopmann – Lützeler – Neis, Er-
	zählkunst – Reich 2 – Seidlin,
	Klassiker – UTB 1387 – Vorträge
	– WW 5/70 und 2/80

Manz, Hans

*Katharina	AM 1 – Horizonte 1

Margul-Sperber, Alfred

*Auf den Namen eines Vernich-	Anth. 7
tungslagers	

© Schöninghbuch 3 506 77895 1

Maron, Monika
Flugasche   Zimmermann III

Marti, Kurt
*An warmen Tagen   Volkmann
*Atomreaktor Würen-Lingen   Kranz
*Aus Caracas oder irgendwoher   Volkmann
Bürgerliche Geschichten   Kurz 80
Charlie Mingus ist tot   Lesezeichen 10
*dank − doch wer dankt   Vögeli II
*Gedicht von Gedichten   Bauer, Lyrik
*großer gott klein   Anth. 9
*Der innere Schweinehund   Volkmann
*Leichenrede   Kienecker, Lieder
*mittag   Volkmann
*der name   Reclam 6
Neapel sehen   Anal. III − Bachmann VI − Int. IX
                                   − Merold
Die Riesin   Kurz 7
*Warnung   mot. Ged. 2

Marx, Karl
Der Arbeitsprozeß   Anal. III

Mayer-Tasch, Peter C.
*Im Gewirr der Geraden   Kurz

Mayröcker, Friederike
*Kindersommer   Riedler 1

Mechtel, Angelika
Ein kleiner Tag   Bachmann VI − Int. IX
Marthas kleine Reise   Lesezeichen 9

Meckauer, Walter
Die Bergschmiede   Int. IV

Meckel, Christoph
*An wen auch immer ich mich   Anth. 6
   wende
*Andere Erde   Hotz − Reclam 6
*Ballade   Freitag
Drusch, der glückliche Magier   Bachmann III
*Es war der Atem im Schnee   Anth. 10
*Gedicht für meinen Vater   Anth. 1
*Geerntet der Kirschbaum   Anth. 5
Die Geschichte der Geschichten   Prisma 2 − Texte D R 8
Kommt einer von weit   Müller, Lyrik
*Die Krähe   Bachmann VIII − Prisma 3
*Leicht   Hotz 1 − Kunert
*Lied aus der Uhr   Prisma 3
*Ein Mann kam zu mir   Prisma 4
Mein König   Klett 8 − Texte D H 9
*Ode an mächtige Mannschaften   Prisma 5
*Odysseus   Anregung 5/76
Prospekt   Volkmann
Suchbild   Kurz 80
Süße Person   Anth. 4
*Über das Erfinden von Schiffen   Prisma 3
*Unglück läßt grüßen   Riedler 1
Die Vampire   Basis 4

Mehring, Walter
*Oratorium vom Krieg, Frieden   Vögeli II
   und Inflation
*Die Reklame bemächtigt sich   Riha
   des Lebens
Sechstagerennen   Vögeli I

Meier Helmbrecht   s. Wernher der Gartenaere

Meister, Ernst
*Die Erzählung   UTB 1115
*Gedächtnis   Riedler 2
*Gedenken   Riedler 2
*Der Hügel   Knörrich
*Ich sage Ankunft   Reclam 6
*Langsame Zeit   Anth. 1
*Sage vom Ganzen   Hotz 1
*Und bei dem Stein   Kopplin
*Utopische Fahrt   Anth. 8
*Zu wem   Anth. 5

Melissius (Schede), Paulus
*De fonte in clivo   Reclam 1

Merkel, Inge
*Die letzte Posaune   Kurz

Merseburger Zaubersprüche   Anregung 1/70 — BfDL 3/78 —
                                       Rinsum 5 — Sprachh. 4

Meyer, Conrad Ferdinand
*Die alte Brücke   König 240
*Die Ampel   König 240
Das Amulett   dtv — Klett, Lesehefte — König 273
                                       — Lehmann I — Lit. 1/81 — Modell-
                                       analysen 13 — RUB 8140 — WW 1/85
*Auf dem Canal Grande   Anth. 9 — Berger — Hippe — Kö-
                                       nig 240
*Auf Goldgrund   Reclam 4 — Sprachh. 8
*Bettlerballade   Bohusch
*Das bittere Trünklein   König 240
*Chor der Toten   Anal. III — König 240
*Dämmergang   König 240
*Eingelegte Ruder   König 240
*Das Ende des Festes   Anth. 2
*Fingerhütchen   König 240
*Firnelicht   Vögeli II
*Friede auf Erden   Anal. II
*Die Füße im Feuer   Anal. II — Auswahl 9 — Bauer 9 —
                                       Bauer, Lyrik — Freund, Ballade
                                       — Kamp 8 — König 240 — LDB 8 —
                                       LDU 1 — Manz 1 — Moritz — Neis,
                                       Balladen — Reclam 7 — Texte D H 9
                                       — TS GRH 9
*Das Gemälde   König 240
*Der Gesang des Meeres   Klett 7 — Reclam 4
*Der gleitende Purpur   König 240
*Das Glöcklein   König 240
Gustav Adolfs Page   König 208 — Lehmann I — Rinsum 5
Der Heilige   König 228

*Das heilige Feuer	König 240
*Himmelsnähe	Vögeli II
Die Hochzeit des Mönchs	König 257/258 – Kunz 2 – Wiese, Novelle II
*Hochzeitslied	König 240
Huttens letzte Tage	König 217
*Im Spätboot	Hippe – König 240 – mot. Ged. 5
*In der Sistina	König 240
*In Harmesnächten	König 240
*Jung Tirel	Wiese, Lyrik II
Jürg Jenatsch	König 218
*Die Karyatide	König 240
*Die Ketzerin	König 240
*Die kleine Blanche	König 240
*Konradins Knappe	König 240
*Lethe	König 240 – Wiese, Lyrik II
*Maientag	König 240
*Mit zwei Worten	König 240 – Neis, Balladen
*Morgenlied	König 240
*Möwenflug	mot. Ged. 9 – Sprachh. 8
*Der Musensaal	König 240
*Nachtgeräusche	König 240 – Lobentanzer
*Nächtliche Fahrt	König 240
*Nicola Pesce	Anth. 9
*Ein Pilgrim	Anth. 1 – König 240 – Vögeli II
*Requiem	König 240
Die Richterin	Freund – König 257/258
*Der römische Brunnen	Anal. III – Hippe – Hippe, Bd. 4 – Hotz – König 240 – Lobentanzer – Rinsum 5 – Sprachh. 8 – TS GR 9
*Die Rose von Newport	Freitag – Reclam 4
*Säerspruch	König 240
*Schillers Bestattung	König 240
*Die Schlittschuhe	Vögeli II
*Schnitterlied	König 240
*Der schöne Tag	Kaiser, Lyrik
Der Schuß von der Kanzel	König 257/258 – WW 5/71
*Schwarzschattende Kastanie	Bauer, Lyrik – König 240
*Stapfen	König 240 – mot. Ged. 4 – Wiese, Lyrik II
*Die tote Liebe	Anth. 6
*Venedig	König 240
Die Versuchung des Pescara	König 210 – Kunz 2 – Wiese, Novelle I – WW 5/71 und 3/78
*Vor einer Büste	König 240
*Zwei Segel	Hippe, Bd. 4 – König 240 – mot. Ged. 6 – Sprachh. 8 – Texte D R 10

Meyer-Wehlack, Benno
Die Versuchung — Anal. II

Meyrink, Gustav
Das Geheimnis des Schlosses Hathaway — Bauer 9

Michelsen, Hans Günter
Helm — Ismayr

Mickel, Karl
  *Dresdner Häuser   Reclam 6
  *Inferno XXXIV   Anth. 13
  *Maischnee   Anth. 9

Miegel, Agnes
  *Die Frauen von Nidden   Bauer 9 – Neis, Balladen
  *Heimweh   Bohusch
  *Mär vom Ritter Manuel   Auswahl 9 – Hinck – Moritz – Wiese, Lyrik II
  *Die Nibelungen   Neis, Balladen
  *September   Anal. I

Mitscherlich, Alexander
  Autorität soll befreien, nicht zwingen   Anal. III

Mombert, Alfred
  *Du frühster Vogel   Reclam 5

Mon, Franz
  *artikulationen   Distanz
  *aus den augen   Distanz
  *crna gora   Knörrich
  *es   Kopplin – Rinsum 4
  *lauf ich   Distanz
  *panoptikum   UTB 1115
  *der posaunenschlund Bachmann I
  *textbild   Müller, Lyrik

Mönch von Salzburg
  *Muter, guter sach die pest Reclam, Lyrik

Mörike, Eduard
  *Ach, nur einmal noch im Leben DU 2/79
  *Der alte Turmhahn König 164
  *Am Rheinfall König 164 – mot. Ged. 10
  *An eine Äolsharfe Anth. 7
  *An einem Wintermorgen vor Sonnenaufgang mot. Ged. 6
  *An Longus WW 1/72
  *An meinen Vetter WW 1/72
  *Auf das Grab von Schillers Mutter König 164
  *Auf eine Christblume Anth. 9 – König 164 – Wiese, Lyrik II
  *Auf eine Lampe Abitur – WW, Sammelband IV
  *Auf einen Klavierspieler Anth. 12
  *Auf einer Wanderung Anth. 1 – König 164 – Texte D 6
  *Besuch in Urach König 164
  *Bilder aus Bebenhausen mot. Ged. 10 – Müller
  *Denk es, o Seele Anth. 5 – Bauer, Lyrik – König 164 – Wiese, Lyrik II
  *Er ist's Anal. I – Auswahl 5 – Berger – Hippe – Hotz – Klett C 6 – König 164 – Lesezeichen 8 – mot. Ged.6 – Texte D 7
  *Erinna an Sappho König 164 – Wiese, Lyrik II
  *Der Feuerreiter Anal. II – Bauer 8 – Bauer,

	Lyrik – Bohusch – Freitag – Freund, Ballade – Hotz – Klett 7 – König 164 – Manz, Bd. 12 – Moritz – Neis, Balladen – Texte D R 7 und H 8 – T S R 9 – WW, Sammelband IV
*Frage und Antwort	Anal. III
*Früh im Wagen	Anth. 4 – Goes – TS GR 9 – Urbanek
*Der Gärtner	Rinsum 5
*Gebet	Hotz – König 164 – Spektrum
*Die Geister am Mummelsee	König 164 – Moritz – Neis, Balladen – Prisma 2
*Gesang Weylas	DU 3/88 – Kaiser, Lyrik
*Göttliche Reminiszenz	Frey, E.: Poetik des Übergangs. Zu Mörikes Gedicht (Niemeyer)
Historie von der schönen Lau	Bauer 6
*Im Frühling	DU 2/82 – Hippe – König 164 – mot. Ged. 6 – Reclam 4
*Im Weinberg	Lobentanzer – Reclam 4
*In der Frühe	König 164 – Lobentanzer – PD 46/81 – Prisma 4
*Inschrift auf einer Uhr mit den drei Horen	WW 2/68
*Lied vom Winde	König 164
Maler Nolten	Basis 5 – WW 1/74
Mozart auf der Reise nach Prag	Enders – Jacobi – König 234 – Kunz 2 – Rinsum 5 – RUB 8135 – Wiese, Novelle I
*Nixe Binsefuß	Moritz
*Peregrina	WW 1/74
*Restauration	Anth. 12 – Müller
*Die schlimme Greth und der Königssohn	Hinck
*Schön-Rohtraut	mot. Ged. 4
*Die schöne Buche	König 164 – Müller – Wiese, Lyrik II
*Selbstgeständnis	Horizonte 1 – König 164
*Septembermorgen	Auswahl 5 – Bauer 6 – DU 2/81 – Giehrl – Klett 5 – König 164 – LDU 2
Sommer-Refektorium	Anth. 6
Stuttgarter Hutzelmännlein	WW 5/69
*Die Tochter der Heide	Baumgärtner, Ballade
*Die traurige Krönung	Hinck – Horizonte 3 – König 164 – Moritz – Neis, Balladen – Vögeli I
*Um Mitternacht	Anal. III – Anth. 2 – Bauer, Lyrik – Hippe – König 164 und 266 – Lesezeichen 8 – Rinsum 4 – TS GRH 8
*Verborgenheit	Anal. III – Anth. 13 – König 164 – Rinsum 5
*Das verlassene Mägdlein	Anth. 2 – König 164 – Rinsum 4
*Waldplage	König 164
*Zu viel	Anth. 6
*Zum neuen Jahre	Anal. I – Bohusch – König 164

© Schöninghbuch 3 506 77895 1

Montanus, Martinus
Ein Gast sagt zum Wirt, er solle   LU 4
   ihm das Fleisch aufschneiden
Ein Hase jagt neun Bayern   LU 4

Morgenstern, Christian
  *Anto-logie   Anth. 4
  *Aus stillen Fenstern   Anth. 13
  *Das ästhetische Wiesel   Anth. 6 – Vögeli I
  *Brüder   Anal. II
  *Das Butterbrotpapier   Riedler 2
  *Drei Hasen   Anal. III – Fritsch, Ballade –
                                 Texte D R 9
  Egon und die Familie   Bauer 8
  *Fisches Nachtgesang   Anth. 2 – LiLi 4/74 – Prisma 4 –
                                 Rinsum 4
  *Der Gaul   Goes – Prisma 4
  *Das große Lalulā   Anth. 7 – Helmers – Vögeli I
  *Gruselett   PD Jan. 87
  *Das Häslein   Anal. I
  *Das Huhn   Bauer 5
  *Ein Lächeln irrt verflogen   Anth. 2
  *Der Lattenzaun   Hotz – Vögeli I
  *Die Mausefalle   Klett 8
  *Eine Minute   Bauer 6
  *Mittagszeitung   Prisma 5
  *Der Mond   Anal. II – mot. Ged. 1 – Prisma 5
  *Möwenlied   Anth. 7 – Prisma 3
  *Neue Bildungen, der Natur vor-   Helmers
    geschlagen
  *Novembertag   Klett 8
  *Palmström an eine Nachtigall   Anth. 10
  *Der Rabe Ralf   Helmers
  *Der Schaukelstuhl   Bauer 5
  *Der Schnupfen   Bauer 5 – Klett 7
  *Die Schwestern   Anth. 7
  *Der Traum der Magd   Anth. 9
  *Der Träumer   Prisma 4
  *Die Trichter   AM 1 – Bauer 6 – TS GR 5
  *Die unmögliche Tatsache   Bauer 6 – Hotz – TS R 7
  *Der vergessene Donner   Prisma 2
  *Zäzilie   Anth. 6
  *Die zwei Parallelen   Vögeli II
  *Die zwei Wurzeln   AM 1

Moritz, Karl Philipp
  Anton Reiser   Lit. 4/85 – Wiese, Roman I
  Reisen eines Deutschen   ZDPh 2/88
    in Italien

Moriz von Craûn   ZDPh 3/88

Morungen, Heinrich von   s. **Heinrich von Morungen**

Mossmann, Walter
  *Ballade von der unverhofften   Reclam 7
    Last

Mühl, Karl Otto
  Siebenschläfer   Kurz 6

Mühsam, Erich

Frühe Dichtung	Kauffeldt, Rolf: Erich Mühsam (Fink). 1983 (S. 116 ff.)
Judas	Mennemeier 1
Revolutionäre Lyrik	Kauffeldt (s. o.) (S. 243 ff.)
*Der Revoluzzer	Anth. 9 – Freitag – Neis, Balladen – TS H 10
*Was ist der Mensch?	TS GRH 9

Müllenhoff, Karl

Knaben entscheiden einen Rechtsfall	Anal. I

Müller, Heiner

Der Auftrag	Beck 25
Das eiserne Kreuz	Durzak, Kg.
Germania	Beck 25 – Klett AL 39920 – Suhrkamp 2006
Die Hamletmaschine	DGD 1
Die Horatier	Beck 25 – Lit. 1/82
Die Korrektur	Buddecke
Der Lohndrücker	Beck 25
Mauser	Beck 25
Philoktet	Beck 25 – KdD – Kienecker, Drama
Die Schlacht	Beck 25

Müller, Wilhelm

*Im Dorfe	Anth. 3
*Der Lindenbaum	Anth. 4 – Bohusch
*Mut	Anth. 10
*Die Post	Anth. 11
*Rückblick	Anth. 3

Müllner, Adolf

Der neunundzwanzigste Februar	Kraft
Die Schuld	Kraft

Münchhausen, Börries Freiherr von

*Das alizarinblaue Zwergenkind	Anal. III
*Ballade vom Brennesselbusch	mot. Ged. 4 – Neis, Balladen
*Bauernaufstand	Anal. I – Prisma 4
*Die Hesped-Klage	Anth. 13
*Hunnenzug	Anal. I – Baumgärtner, Ballade – Klett C 6
*Lederhosensaga	Anal. II – Bohusch
*Schlachtfeld am Barenberge	mot. Ged. 3

Muschg, Adolf

Albissers Grund	Beck 42
Baiyun	Beck 42
Gegenzauber	Beck 42
Gottfried Keller	Beck 42
Im Sommer des Hasen	Beck 42
Das Licht und der Schlüssel	Kurz
Mitgespielt	Beck 42
Noch ein Wunsch	Beck 42

Musil, Robert

Die Affeninsel	Anal. III – König 322 – LDU 1 – Rinsum 3

© Schöninghbuch 3 506 77895 1

Die Amsel	DD, Sonderband 1973 — König 322 — Wiese, Novelle II
Drei Frauen	Litko 13 — UTB 1287
Die Erweckte	König 322 — Lit. 1/80 — UTB 1287
Fischer an der Ostsee	König 322 — Zobel
Das Fliegenpapier	Anregung 5/81 — Int. X — König 322
Geschwindigkeit ist eine Hexerei	Prisma 5
Grigia	Kunz 3
Hasenkatastrophe	Groeben: Rezeption und Interpretation (Narr). 1981
Hier ist es schön	Prisma 5
Inflation	König 322
Kindergeschichte	Bauer 7 — Texte D R 9
Der Mann ohne Eigenschaften	Brauneck I — DD Heft 88 — Heydebrand, Renate v.: Robert Musil (Wiss. Buchgesellschaft). 1982 — Lützeler — Reis, G.: Musils Fragen nach der Wirklichkeit (Athenäum). 1983 — UTB 1287 — Wiese, Roman II — WW 1/78
(Auszug)	Texte D R 10
Der Verkehrsunfall	Anal. II — Goette — Thiemermann — WW 3/67
Nachlaß zu Lebzeiten	DU 1/88
Die Portugiesin	Int. II — Zimmermann I
Der Riese Agoag	Basis 4 — Zobel
Tonka	Kunz 3
Triedere	König 322
Vereinigungen	Krusche — UTB 1287
Die Verwirrungen des Zöglings Törless	Lehmann III — Lit. 2/82 — Old. Int. 88627 — Reis (s. o.) — Rinsum 2 — UTB 1287
Vinzenz	Stationen — Steffen

Muspilli   Anregung 1/70

Nadolny, Sten
Die Entdeckung der Langsamkeit   Kurz

Neidhart von Reuental

*Es gruonet wol diu heide	König 292 — Reclam, Lyrik
*Ez meiet hiuwer aber als ê	Wiese, Lyrik I
*Ine gesach diu heide	König 292
*Nu ist der leide winter hie	Reclam, Lyrik
Die Preislieder	Brunner, Horst (Hrsg.): Neidhart (Wiss. Buchgesellschaft). 1986
*Rûmet ûz die schämel	König 292
Winterlied (sog.)	ZDPh Sonderheft 1985

Nestroy, Johann Nepomuk

Freiheit in Krähwinkel	Hinck, Kom. — Klett AL 39903
Judith und Holofernes	WW 3/76
Einen Jux will er sich machen	KdD
Kampl	WW 3/87
*Lied des Fabian	Anth. 1
(aus: Die Ballnacht)	
Lumpazivagabundus	ASL — RUB 8148(2) — UTB 1498

© Schöninghbuch 3 506 77895 1

Der Talisman	Gärditz — KdD — LuG 3 — RUB 8128 — Wiese, Drama II
Der Unbedeutende	DU 2/79
Zu ebener Erde und erster Stock	DU 2/79
Neumann, Robert	
*Der von Traverz	Bauer 8 — mot. Ged. 3
Nibelungenlied	Ehrismann — Ehrismann, Otfried: Nibelungenlied (Beck). 1987 — Grundlagen 6046 — Hoffmann, Werner: Das Nibelungenlied (Oldenbourg). 1969 — König 94/95 — Rinsum 5 — WW 3/85
Rüdegers Tod	Anal. III
Nick, Dagmar	
*Gotik	Neis, Gedichte
*Gute Aussicht	Kunert
*Hybris	Anth. 12 — Neis, Gedichte — Lobentanzer
*Städte	mot. Ged. 5
*Treibjagd	Anth. 11
Nicolai, Friedrich	
Freuden des jungen Werther	Klett AL 39911
Nietzsche, Friedrich Wilhelm	
*An der Brücke	Reclam 5
*Dionysos Dithyramben	Kaiser, Lyrik
*Ecce homo	Anal. III
*Es geht ein Wandrer durch die Nacht	Modellanalysen 5
*Der geheimnisvolle Nachen	Wiese, Lyrik II
Die Maschine als Lehrerin	Anal. III
*Die Sonne sinkt	Anth. 13 — Fritsch, Natur
*Venedig	Anth. 5
*Vereinsamung	Anal. III — Hotz — Spektrum — Vögeli I — Wiese, Lyrik II
Vom Problem des Schauspiels	Lit. 2/81
Noack, Hans-Georg	
Rolltreppe abwärts	DU 6/80 — PD 28/79
Die Wand	Int. VII
Nöstlinger, Christine	
Von der Frieda	MuB
Nossak, Hans Erich	
Begegnung im Vorraum	Beck 27
Bereitschaftsdienst	Beck 27
Dann entschuldigen Sie, bitte	Bauer 9
Der Fall d'Arthez	Beck 27 — Manz 2
Die gestohlene Melodie	Beck 27
Ein glücklicher Mensch	Beck 27
Der jüngere Bruder	Beck 27
Klonz	Beck 27
Das Mal	Anal. III — Int. VIII
Nach dem letzten Aufstand	Beck 27
Der Neugierige	Zimmermann II
Der Paternoster	Kienecker, Prosa

Rief da ein Mann	Kamp 8
Spätestens im November	Beck 27
Spirale	Beck 27
Das Testament des L. E.	Beck 27
Dem unbekannten Sieger	Beck 27 — Manz 2
Der Untergang	Beck 27

Novak, Helga
*Abgefertigt	Int. X
Schlittenfahren	Bachmann VI — DUK 1 — Int. IX

Novalis (Friedrich von Hardenberg)
*An Tieck	Reclam 3
*Geistliche Lieder (XV)	Anth. 2 — Epochen 480
Heinrich von Ofterdingen	Epochen 480 — Rinsum 5 — RUB 8181 — Wiese, Roman I — WW 1/70
*Hymnen an die Nacht	DU 2/82 — Hippe — Modellanalysen 5 — mot. Ged. 5 — Reclam 3
*Das Lied der Toten	Wiese, Lyrik I
*Wenn ich in bangen, trüben Stunden	Anal. III
*Wenn nicht mehr Zahlen und Figuren	Anal. III — Anth. 12 — König 266 — Neis, Gedichte — Rinsum 4 und 5 — Sprachh. 1

Oberlin, Urs
*Osteria	Urbanek

Ohms, Hans Herbert
*Konzert auf dem Schuttplatz	AM 1

Opitz, Martin
*Abendlied	König 296
*Ach Liebste, laß uns eilen	Anal. III — Praxis 2 — Reclam 1 — Rinsum 5
*Auf Leyd kompt Freud	König 296
Buch von der deutschen Poeterey	Praxis 2 — RUB 8397(2)
*Ein jeder spricht zu mir	Wiese, Lyrik I
*Das Fiberliedlin	Anth. 11
*Francisci Petrarchae	Reclam 1
*Ich gleiche nicht mit dir	Wiese, Lyrik I
*Ich will dies halbe Mich	Wiese, Lyrik I
*Itzund kommt die Nacht herbei	mot. Ged. 4
*Lobgedicht an die königliche Majestät zu Polen und Schweden	DU 2/76

Ossowski, Leonie
Stern ohne Himmel	Lehmann IV

Oswald von Wolkenstein
*Es ist ain altgesprochener rat	Reclam, Lyrik
*Los, frau	Reclam, Lyrik
*„Nu huss!" sprach der Michel	Reclam, Lyrik
*Sag an, herzlieb	Reclam, Lyrik

Pastior, Oskar
*Abendlied	Anth. 8

Paul | s. **Jean Paul**

Pauli, Johannes
Vom Ernst   LU 4
Vom Schimpf   LU 4

Pausewang, Gudrun
Die letzten Kinder von Schewen-   DU 5/88
born

Pedretti, Erica
Das Modell und sein Maler   Kurz
Sonnenaufgänge, Sonnenunter-   Kurz
gänge

Penzoldt, Ernst
Brief an seinen Sohn Günter   Texte D R 9
Der Delphin   Neis, Gedichte

Perutz, Leo
Der Meister des jüngsten Tages   Reich 2

Peterich, Eckart
*Sonette einer Griechin   Anth. 2

Petzold, Alfons
*Der Arbeitslose   mot. Ged. 8
*Die Teilnahmslosen   mot. Ged. 8

Pfau, Ludwig
*Der Leineweber   mot. Ged. 8

Phädrus
Die Frösche wollen einen König   DU 6/79
Der Sklave   DD 4/74 − proj. du. 1

Piontek, Heinz
*Abends im Gehölz   Knörrich
*Abends im Oderried   Texte DU 10
*Bei den Brunnenbauern   mot. Ged. 8
*Bootsfahrt   Auswahl 8
Bruder und Bruder   Auswahl 8
Dichterleben   Kurz 6
*Die Furt   Bauer 6 − Hotz
Gibst du es noch nicht auf?   Anal. III
*Gipfelluft   Kopplin
*Heimweg   Hippe 50
*Herbst   Müller, Lyrik
*Ich, Anton Pawlowitsch   Riedler 1
*Die Landmesser   Anal. II − Auswahl 7 − Bauer,
                                         Lyrik − Klett 7

*Lauingen an der Donau   Hotz 1
*Das Mahl der Straßenwärter   Bauer 5 − Klett 8 − Lobentanzer
Mit einem schwarzen Wagen   Klett 7
*Pferdejunge   mot. Ged. 8
*Romanze vom schwarzen Hund   mot. Ged. 9 − Vögeli I
*Schlittenromanze   Anth. 2
*Schwarzwaldserpentinen   Bauer, Lyrik
*Um 1800   Lehmann − Lobentanzer
Verlassene Chausseen   Durzak, Kg.
*Die Verstreuten   Manz, Bd. 12

Platen, August Graf von
*Dies Land der Mühe   Anth. 7

*Es liegt an eines Menschen Schmerz	Anregung 1/68 – Anth. 6 – Reclam 4
*Ghasel	Riedler 2
*Das Grab im Busento	Hotz – Manz, Bd. 12 – Vögeli II
*Harmosan	Bohusch
*Kassandra	mot. Ged. 2
Lebensstimmung	Anth. 6
*Sonett	Anth. 3 – Wiese, Lyrik II
*Sonette aus Venedig	mot. Ged. 10
*Tristan	Reclam 4
*Wer wußte je das Leben	Anth. 8

Plenzdorf, Ulrich

Der alte Mann, das Pferd, die Straße	Beck 41
Buridans Esel	Beck 41
Echte Jeans	Goette
Gute Nacht Geschichte	Beck 41
Karla	Beck 41
kein runter kein fern	Beck 41 – Durzak, Kg.
Legende vom Glück ohne Ende	Beck 41
Legende von Paul und Paula	Beck 41
Die neuen Leiden des jungen W.	AR 20 – Beck 41 – BfDL 1/77 – König 304 – Kurz 5 und 6 – Litko 21 – Lucas – Suhrkamp 2013

Plivier, Theodor

Des Kaisers Kulis	Reich 2

Pocci, Franz von

Kasperl in der Türkei	Nayhauss

Podewils, Clemens

*Zenit	Lobentanzer

Poethen, Johannes

*Auch diese Wörter	Kurz
*Floß	Urbanek
*Schwarz das All	Kurz

Pohl, Gerhart

Jannis letzter Schwur	Int. IV

Pohl, Martin

*Josephs Zisternengebet	Kienecker, Lieder

Polgar, Alfred

Das geschlachtete Kalb	Zobel
Grotesker Film	Zobel
Kain und Abel	Zobel
Liebe im Herbst	Zobel
Sechstagerennen	Bauer 9
Der unbekannte Soldat	Zobel

Poth, Chlodwig

Ein Bedarf wird geweckt	LDU 1

Preußler, Otfried

Reineke Fuchs (Hörspiel)	PD 31/78

Prutz, Robert Eduard

*Der Minister	DU 2/79
*Rechtfertigung	Reclam 4

© Schöninghbuch 3 506 77895 1

Qualtinger, Helmut/Merz, Carl
Der Herr Karl · DU 4/74

Raabe, Wilhelm
Die Akten des Vogelsangs · Basis 5 – DD 57/81
*Einst kommt die Stunde · Helmers
Else von der Tanne · König 220
*Flüchtiges Glück · Riedler 2
Horacker · Weber
Der Hungerpastor · König 200
Im Siegeskranze · KlaS – Kunz 2
Die Innerste · Wiese, Novelle II
*Des Menschen Hand · Anth. 9
Das Odfeld · Müller – Wiese, Roman II
Die schwarze Galeere · Basis 5 – BfDL 4/75 – König 205
– Sprachh. 10
Stopfkuchen · Gärditz – Klett AL 39905
Zum wilden Mann · Hirata, T.: Ein Interpretations-
versuch. Jahrbuch 1983 der
Raabe-Gesellschaft (Niemeyer).
1989 – Klett AL 39905

Radecki, Sigismund von
Der Hai war schneller · Texte D 7
Mein Zeuge ist Don Gasparo · Klett 7 – Prisma 4

Radtke, Günter
Die Schwäne · Kontrapunkte

Raimund, Ferdinand Jakob
Der Alpenkönig und der Men- · Hinck, Kom. – KdD – Lit. 3/80 –
schenfeind · Wiese, Drama II
Der Bauer als Millionär · ASL
*Das Hobellied · Anth. 8

Ramler, Karl Wilhelm
*Der Fuchs und die Trauben · Leha
*Der Junker und der Bauer · TS H 9

Rascher, Friedrich
*Mondbesuch · mot. Ged. 1

Reding, Josef
Die Bulldozer kamen · Int. VI
*Ermunterung · Bohusch
Fahrerflucht · Bachman VIII – Int. VI
Fenster im 14. Stock · Auswahl 5
Die Jäger kommen zurück · Bachmann I
Jerry lacht in Harlem · Int. VI
Joshuas blaue Trompete · Nayhauss
Ein kleiner bebrillter Ömmes · Auswahl 5 – TS H 7
*Meine Stadt · Leha
Die Nacht nach dem Panther · Bachmann III
Todesschicht Heizöl · Auswahl 5
Todessprünge für die Gringos · Bachman VIII
Während des Filmes · Durzak, Kg. – Int. VI
Zum Runterschlucken für Grabner · Bachmann VIII – Lesezeichen 9
Zwischen den Schranken · Int. VI

Reger, Erik
Union der festen Hand · Reich 2

Rehmann, Ruth
Endlich leben
Das neue Verwaltungsgebäude   Baumgärtner
P und A   Anal. III – Texte DU 9
                                     Klett 8

Rehn, Jens
Der Zuckerfresser   Bachmann VII – DU 6/70 – Manz 1
                                     – Prisma 3

Reichenbach, Wendelin
Sieben Buben – sieben Zitronen   Anal. II

Reinfrank, Arno
*Düsseldorfer Radschläger   mot. Ged. 10

Reinig, Christa
*Der alte Pirat   Kamp 7
*Die ballade vom blutigen Bomme   Bauer 7–Freitag – Moritz – Neis,
                                     Balladen – Reclam 7 – UTB 1115
*Baumwerden   Kopplin – mot. Ged. 4
Drei Schiffe   Int. VIII
Der Engel trinkt   Anal. III – Anth. 8
*Gott schuf die Sonne   AbL 9 – Goette – Kienecker, Ly-
                                     rik
*Katzenverfassung   Knörrich
*Mein Besitz   DD Heft 97
*Die Prüfung des Lächlers   Anth. 1
*Regengesicht   Klett 5
*Robinson   Anal. II – Bohusch – Hippe 50 –
                                     Hippe, Bd. 4 – Hotz 1 – Prisma 4
Ein Roboter   Giehrl
*Sämtliche Gedichte   Kurz
Skorpion   Basis 4 – Int. X – Kontrapunkte
                                     – Merold
*Vor der Abfahrt   Volkmann
*Der Zeitungsbote   Anal. II

Reinmar von Hagenau
*Niemen seneder suoche   Wiese, Lyrik I
*Wol im, der nu vert verdarp   Reclam, Lyrik

Reinmar von Zweter
*Manger zuo den frouwen gât   Sprachkunde II, Heft 1/71

Remarque, Erich Maria
Im Westen nichts Neues   BfDL 1984 – DD Heft 89 – Modell-
                                     analysen 4 – Reich 2 – Rinsum 5
                                     – UTB 1387

Rennert, Jürgen
*Erschaffung des Golems   Anth. 3

Renz, Peter
Die Glückshaut   Kurz 80
Vorläufige Beruhigung   Kurz 80

Reuter, Fritz
*De Koppweihdag   Anal. III

Rexhausen, Felix
40 Jahre Glasers Fruchtbonbons   proj. du. 3

Reynke de Vos   s. **Volksbuch**

Richarz, Karl
Nur einer kann überleben   Anal. I

Richter, Hans Peter
Damals war es Friedrich   PD 41/80

Rieble, Egon
*Großstadt   Texte D R 8

Riedler, Rudolf
*Sklavenhaus bei Dakar   Riedler 1

Rieger, Franz
Schattenschweigen   Kurz

Rilke, Rainer Maria
*Abend   Hippe – König 285
*Das Abendmahl   Kranz
*Der Abenteuerer   Anth. 8
*Abschied   Anth. 4
*Advent   Anal. I – Auswahl 5
*An der sonngewohnten Straße   Anth. 7
*Archaischer Torso Apollos   Abitur – DU 6/76 – Hamburger – Lit. 2/88 – Neis, Gedichte
*Auferstehung   Anth. 12
Die Aufzeichnungen des Malte Laurids Brigge   Hamburger – Kimpel – Lützeler – Müller, Modell – Naumann, H.: Malte Studien (Schäuble). 2. Aufl. 1983 – Neis, Erzählkunst – WW 3/81
*Ausgesetzt auf den Bergen des Herzens   Rinsum 4 – Wiese, Lyrik II
*Der Ball   Hamburger
Der Bettler und das stolze Fräulein   Int. Prosa – Zimmermann I
*Blaue Hortensie   Anth. 12
*Der Blinde   Abitur
*Brau uns den Zauber   DU 6/76
*Brügge   mot. Ged. 10
Cornet   ZDPh 4/88
*Da leben Menschen   mot. Ged. 5
*Denn Herr, die großen Städte sind   Riha – Rinsum 4
*Denn sieh: sie werden leben   Reclam 5
*Die Duineser Elegien   Hamburger – König 285
  *Die erste Duineser Elegie   DD, Sonderband 1972
  *Die fünfte Duineser Elegie   Lit. 1/78
  *Die achte Duineser Elegie   Lorenz
  *Die zehnte Duineser Elegie   mot. Ged. 5 – Strelka
*Der Engel   König 285
*Die Erblindende   König 285
*Die Flamingos   Anth. 3 – Hippe, Bd. 4 – König 285 – mot. Ged. 9
*Früher Apollo   Anth. 9 – DU 6/76
*Das Füllhorn   Anth. 8
*Gebet für die Irren   Anth. 3
*Der Geist Ariel   Wiese, Lyrik II
*Gieb mir, oh Erde, den reinen   Wiese, Lyrik II
*Der Goldschmied   Sprachh. 4

*Gott im Mittelalter
*Die großen Städte
*Herbst

*Herbsttag

*Ich bin so jung
*Ich fürchte mich so
*Ich lebe mein Leben
*Die Insel-Nordsee
*Jetzt reifen schon
*Das Karussell

*Komm her, du letzter
*Die Kurtisane
*Der Liebende
*Liebeslied
*Lied vom Meer
*Lösch mir die Augen aus
*Der Magier
*Noch fast gleichgültig
*O Brunnen-Mund
*O Herr
*Orpheus. Euridike. Hermes
*Papageienpark
*Der Panther

*Persisches Heliotrop
*Pont du Carrousel
*Römische Fontäne

*Rose, oh reiner Widerspruch
*Sankt Petersburg
*Der Schauende
*Schenken
*Der Schwan
*Sei allem Abschied voran
*Sieben Gedichte

*Die Sonette an Orpheus

*Spätherbst in Venedig
*Das Stundenbuch
*Der Tod des Dichters
*Der Tod ist groß
Die Turnstunde
*Überfließende Himmel

Neis, Gedichte
König 285
Hippe − König 285 − Lit. 1/86 −
mot. Ged. 6
Anal. III − Anth. 12 − BfDL 2/66
− Hippe − Hotz − König 285 −
mot. Ged. 6 − Vögeli I
Urbanek
Anth. 8 − Rinsum 4
König 285
mot. Ged. 10
König 285
Bauer, Lyrik − Hotz −
Lobentanzer − Riedler 2
Reclam 5
Anth. 1
mot. Ged. 4
Anth. 7
König 285
König 285
Neis, Gedichte − Sprachh. 4
Anth. 10
Hippe − Wiese, Lyrik II
mot. Ged. 5
Hamburger − Wiese, Lyrik II
mot. Ged. 9
Anal. III − Anth. 5 − Bauer,
Lyrik − Bohusch − DU 1/80 −
Goette − Horizonte 3 − Hotz −
Klett 8 − König 285 − Manz 1 −
mot. Ged. 9 − Rinsum 5
Meyer
Abitur
Anal. III − Hippe − Hippe, Bd. 4
− Lobentanzer
Anth. 7
mot. Ged. 10
König 285
Hotz
Anth. 11
Reclam 5
Unseld, Siegfried: Das Tagebuch
Goethes und Rilkes Sieben Ge-
dichte (Insel Bd. 1000). 1978
Anth. 4 (XXI) − König 285 − Lei-
si, E.: Rilkes Sonette an Orphe-
us (Narr) − mot. Ged. 5 − Müller,
Wolfgang: Rainer Maria Rilkes
„Neue Gedichte" (Anton Hain).
1971 (Deutsche Studien, Bd. 13)
− Wiese, Lyrik II
König 285
Hamburger − König 285 − Rinsum 5
Hippe
Hippe − mot. Ged. 5
Lesezeichen 10
DU 3/62

© Schöninghbuch 3 506 77895 1

*Venedig – San Marco	mot. Ged. 10
*Vorfrühling	Hippe – mot. Ged. 6
Die Weise von Liebe und Tod des Cornets Christoph Rilke	König 285 – Suhrkamp 190
*Werkleute sind wir	mot. Ged. 8
*Winterliche Stanzen	mot. Ged. 6

Ringelnatz, Joachim

*Die Ameisen	Auswahl 5 – Bauer 5
*An der Alten Elster	Anth. 7
*An meinen längst verstorbenen Vater	Anth. 6
*Bumerang	Auswahl 5 – Klett C 6
*Fallschirmabsprung meiner Begleiterin	Anal. II
*Der Globus	Anal. II
*Ich hab dich so lieb	Anth. 6
*Im Park	Bohusch
*Der Klimmzug	Bauer 8
*Das Lied von der Hochseekuh	Helmers – Praxis 3
*Liedchen	Anth. 12
*Morgenwonne	Prisma 4
*Die neuen Fernen	Anal. III
*Die Schnupftabakdose	Auswahl 5
*Vorm Brunnen in Wimpfen	Anth. 1

Rinser, Luise

Ein alter Mann stirbt	MuB
David	Int. IV
Eine dunkle Geschichte	Lehmann
Der fremde Knabe	Int. VII
Jan Lobel aus Warschau	Lit. 3/4/89
Kriegsspielzeug	Kurz 6
Mirjam	Kurz
Die rote Katze	Auswahl 8 – Bachmann II – Durzak, Kg. – Frank – Lehmann

Risse, Heinz

Der Diebstahl	Anal. II – Auswahl 7
Das Gottesurteil	Auswahl 8 – Int. I
Die gute Tat	Texte DU 7
Der schmale Grat	Neis, Gedichte – Texte DU 7
Verkehrsunfall	Int. II

Ritter, Elsie

Die Welt will betrogen sein	Anal. I

Rodenberg, Julius

*Die reinen Frauen	Reclam 4

Roegner, Martha

Fuchsmutter	Anal. I

Rösler, Jo Hanns

Die Perle vom Prinzen	Lobentanzer 1

Roggendorf, Heinrich

*Song in einem Industriebetrieb	Kranz

Rohde, Hedwig

Die Ärztin	Anal. I

Rolandslied	s. Pfaffe Konrad

Roscher, Helga
Kampf dem unsichtbaren Feind — Anal. II

Rosegger, Peter
Als ich noch der Waldbauernbub war
  Als ich das erste Mal auf dem Dampfwagen saß — Anal. I – Klett C 6

Rosei, Peter
Die Milchstraße — Kurz 80

Roth, Eugen
*Bücher — Bohusch
*Das Ferngespräch — Auswahl 5
*Für Fortschrittler — Auswahl 5
*Januar — Prisma 4
*Das Kängeruh — Bohusch
*München — mot. Ged. 10
*Parabel — Klett C 6
*Die Postkarte — Leha
*Das Sprungbrett — Auswahl 5
*Die Termiten — mot. Ged. 9
*Trost — Hotz

Roth, Friederike
*Auf und nirgends an — Anth. 9
Das Buch des Lebens — Kurz
*Mimosen — Anth. 9
Ritt auf die Wartburg — DGD 1
*Wir beide — Anth. 12

Roth, Joseph
Der Gesang des Bettlers — proj. du. 3
Hiob — Neis, Erzählkunst – Reich 2
Der neunte Feiertag der Revolution — proj. du. 3
Radetzkymarsch — DU 2/84 – Lehmann III – Lützeler – Reich 2 – Zimmermann I
Reisebrief aus Merseburg — Anal. III

Rubiner, Ludwig
Die Gewaltlosen — Mennemeier 1
*Gold — Anth. 12

Rudolf von Ems
*Der guote Gêrhart — ZDPh 104, Bd. 1985, S. 130 f.

Rudolf von Fenis
*Gewan ich ze minnen — Reclam, Lyrik

Rüber, Johannes
Ein Feuer für Goethe — Kurz 6
Wer zählt die Tage — Kurz 5

Rückert, Friedrich
Abendlied — Berger
*Amaryllis — Anth. 2
*Chidher — Bohusch – Reclam 4

*Ich bin der Welt abhanden ge-kommen	Anth. 10
*Kehr ein bei mir	Anth. 10
*Die Liebe sprach	Anth. 12
*Nach Dschelaleddin Rumi	Anth. 2
*Um Mitternacht	Wiese, Lyrik II
*Das vierzigste Ghasel	Anth. 12
*Was schmiedst du, Schmied?	Anth. 13

Rühm, Gerhard

*die ersten menschen sind auf dem mond	Reclam 6
*Die Frösche	ASL
*zart	Kienecker, Exp.

Rühmkorf, Peter

*Anti-Ikarus	Texte D R 9
*Auf eine Weise des Joseph Freiherrn von Eichendorff	Anth. 10 – Hotz 1
*Auf was nur einmal ist	Anth. 6
*Bleib erschütterbar	Anth. 4
*De mortuis oder Üble Nachrede	Anth. 2
*Heinrich-Heine-Gedenk-Lied	Anth. 4
*Hochseil	Reclam 6
*Poet am Marterpfahl	Lobentanzer 2
*Selbstportrait	UTB 1115
*Variation auf das „Abendlied" von Matthias Claudius	mot. Ged. 1 – Rinsum 4
*Variationen auf „Gesang des Deutschen" von Friedrich Hölderlin	Müller, Lyrik

Runge, Doris

*ikarus	Anth. 11

Runge, Erika

Erna E., Hausfrau	Anal. III – Goette – Prisma 5
Maria B., Putzfrau	DD 2/70

Ruodlieb

	Anregung 1/70

Saar, Ferdinand von

*Herbst	Anth. 12

Sabais, Hein-Winfried

*Politische Drucksache	mot. Ged. 2

Sachs, Hans

Der Doktor mit der großen Nase	Nayhauss
*Der Edelfalk	Reclam 1
Der fahrend Schüler im Paradeis	Auswahl 5 – Baumgärtner – Klett C 6 – Prisma 2 – Spektrum 8
Die Hasen fangen und braten den Jäger	Bauer 5
*Der klagend ernholdt	Binder
Der Krämerskorb	Bauer 5 – Klett 7 – Leha
*Schlaraffenland	Anal. I
*Tischzucht	Bohusch

Sachs, Nelly

*Abram im Salz	Beck 16

© Schöninghbuch 3 506 77895 1

*Chor der Geretteten	Anal. III – Goette – Manz, Bd. 12 – Prisma 3
*Das ist der Flüchtlinge Plane- tenstunde	Reclam 6
*Dornengekrönt	Kranz
Eli, ein Mysterienspiel	Beck 16
*Der Fuchs mit dem Hahn	Rinsum 5
*Hinter den Lippen	Knörrich
*Ich sah ihn aus dem Haus treten	Kopplin
*In der Flucht	mot. Ged. 3
*Leben unter Bedrohung	Beck 16
*Nachtwache	Beck 16
*Schmetterling	Manz, Bd. 12 – Lobentanzer
*Simson fällt durch Jahrtausende	Beck 16
*Die Tänzerin	Hotz 1
*Ein totes Kind spricht	Prisma 3 – Spektrum
*Völker der Erde	Anth. 3
Wer aber leerte den Sand aus euren Schuhen?	Anth. 7

Sagen

Der Binger Mäuseturm	Baumgärtner
Daidalos und Ikaros	AM 1 – Anal. I – Klett C 6 – LDU 1
Der geprellte Teufel	Sage
Gilgamesch	Manz 1
Gudrun	König 54 – WW, Sammelband II
Herakles	Horizonte 2
Hermann Billung	Anal. I
Hildebrand und Hadubrand	Lesezeichen 8
Hubertus	Anal. I
Kyffhäuser	Sage
Odysseus	AM 1 – Manz 1 – LDU 1
Das Pferd des Odysseus	Horizonte 2
Prometheus	Anal. I
Der Rattenfänger zu Hameln	Sage
Der Reiter auf dem Bodensee	TS H 5
Rübezahl	Anal. I
Siegfried	AM 1 – Horizonte 2 – LDU 1
Sintflut Sage	Manz 1
Sisyphos	LDU 1
Tellsage	LDB 8
Turmbau zu Babel	TS GR 5
Die Weiber von Weinsberg	TS GRH 5
Der Werwolf	Sage
Die wilde Jagd am Main	TS GRH 5
Der wilde Jäger	Sage
Wilhelm Tell	Anal. I
Das wütende Heer	Sage

Salis, Richard
*Bilanz — mot. Ged. 2

Salis-Seewis, Johann Gaudenz Freiherr von
*Zu singen bei einer Wasserfahrt — Wiese, Lyrik I

Sangerberg, Georg
Das Märchen vom Wunschkind — PD 19/76 (Sonderheft)

Schaaf, Hanni
Evelyn — PD 29/78

Schacht, Ulrich
  *Ferner Morgen   UTB 1470
  *Jahre hinter mir liegender   UTB 1470
    Strand
  *Scherbenspur   Kurz
  *Wenn die Verfolgten   Kunert
  *Wintersee   UTB 1470

Schädlich, Hans Joachim
  Schwer leserlicher Brief   Lesezeichen 10
  Versuchte Nähe   Durzak, Kg.

Schaefer, Oda
  *Frühe Vision   Int. I
  *Salzburg   mot. Ged. 10

Schäfer, Wilhelm
  Der Cellospieler   Neis, Gedichte
  Der Fährmann   DU 6/78
  Der Hirtenknabe   Int. Prosa – Int. IV
  Im letzten D-Zug-Wagen   Int. Prosa
  Mozarts Begräbnis   Int. I

Schäuffelen, Konrad Balder
  da kannten die soldaten kein   Goette
    pardon mehr

Schallück, Paul
  Die Deutschstunde   Goette
  Köln liegt am Rhein   Anal. II
  Mein Freund Markos   Kamp 8
  9. Nov. 1938   Auswahl 8
  Pro Ahn sechzig Pfennig   LDB 10
  Sein frohes Gesicht   Texte DU 5/6
  Der Tod hat Verspätung   Int. IV
  Unser Eduard   AM 3 – Int. VII

Scharrer, Adam
  Vaterlandslose Gesellen   Brauneck II

Scheffel, Josef Viktor von
  *Wanderlied   Reclam 4

Schenkendorf, Max von
  *Freiheit, die ich meine   mot. Ged. 2
  *Frühlingsgruß an das Vaterland   Peter

Schickele René
  Das Erbe am Rhein   Reich 2
  *Großstadtvolk   Goette
  Die Witwe Bosca   Reich 2

Schieber, Anna
  Die Legende vom heiligen Chri-   Anal. I
    stopherus

Schiller, Friedrich von
  *Der Abend   König 19
  *An die Freude   König 19
  *An die Parzen   König 19
  *Der Antritt des neuen Jahrhun-   mot. Ged. 2
    derts
  *Aus den Xenien   König 63/64

© Schöninghbuch 3 506 77895 1

Die Braut von Messina	Hinderer – Kraft – WW 5/71
Brief an Goethe	Anal. III
(v. 23. August 1794)	
Brief an seine Mutter	Anal. II
Briefe über die ästhetische Erziehung des Menschen	Epochen 485 – Pott: Eine Interpretation zu Schillers Schrift „Briefe ..." (Schöningh). 1980
*Die Bürgschaft	Anal. II – Anregung 3/82 – Auswahl 7 – Bauer, Lyrik – Freitag – Freund, Ballade–Hotz – Kamp 7 – König 93 – Manz, Bd. 12 – Moritz–Neis, Balladen – Reclam 3 – TS R 8 – Vögeli I
Demetrius	Hinderer – Kraft
*Deutsche Größe	Impulse, Folge 11 (Aufbau)
*Dithyrambe	Anth. 2 – König 63/64 – Wiese, Lyrik I
Don Carlos	Anregung 2/66 – AR 46 – ASL – Grundlagen 6470 – Hinderer – KdD–Klett AL 39913 – proj. du. 7 – RUB 8120/20 a/b
Geben Sie Gedankenfreiheit	Goette
*Der Eroberer	König 19
*Freigeisterei und Leidenschaft	König 19
*Die Freundschaft	Reclam 2
*Das Geheimnis	Anal. III
*Der Genius	König 63/64
Die Geschichte des Abfalls der vereinigten Niederlande (Auszug)	Anal. III
*Das Glück	König 63/64
*Die Götter Griechenlands	Epochen 485 – König 19 – Reclam 2 – Wiese, Lyrik I
*Der Graf von Habsburg	Auswahl 5 – Hinck – König 93
*Die Größe der Welt	Anal. III – König 19
*Der Handschuh	Bauer 9 – Baumgärtner, Ballade – Hotz – König 93 – Moritz – Neis, Balladen – TS G 8
*Hektors Abschied	König 93
Herzog Alba bei einem Frühstück auf dem Schlosse zu Rudolstadt im Jahre 1547	Klett 8 – Texte D 7
*Hoffnung	König 63/64
Die Huldigung der Künste	Hinderer
*Das Ideal und das Leben	König 63/64 – Reclam 3
Die Jungfrau von Orléans	Grundlagen 6387 – Hinderer – König 2 – PD 31/78 – RUB 8164(2) – Wiese, Drama I
Kabale und Liebe	AR 44 – ASL – Graf – Grundlagen 6398 – Hinderer – Huyssen – KdD – Keimer 1 – KlaS – Klett AL 39918 – König 31/a – Lektüre – Merold – Müller, Modell – Neis, Drama – proj. du. 7 – Rinsum 1 und 5 – RUB 8149(2) – Wiese, Drama I – ZDPh 2/88
*Der Kampf mit dem Drachen	König 93

© Schöninghbuch 3 506 77895 1

*Kassandra	König 63/64
*Kennst du das Bild?	Klett 7
*Die Kindesmörderin	König 19
*Die Kraniche des Ibykus	Anal. II — Epochen 485 — Freitag — König 93 — Lit. 2/83 — Moritz — Neis, Balladen — Prisma 3 — Rinsum 5 — Wiese, Lyrik I
*Die Künstler	König 63/64
*Das Lied von der Glocke	BfDL 1983 — DD, Sonderband 1972 — König 36 und 93
*Das Mädchen aus der Fremde	Anth. 3
*Das Mädchen von Orléans	Anth. 1
Maria Stuart	AR 43 — DU 2/81 — Epochen 485 — Grundlagen 6469 — Hinderer — KdD — König 5 — Neis, Drama — proj. du. 7 — RUB 8143 — Wiese, Drama I
*Melancholie an Laura	König 19
Der Menschenfeind	Hinderer
*Nänie	Anth. 3 — Epochen 485 — Hippe, Bd. 4 — König 63/64 — mot. Ged. 5 — Reclam 3 — Urbanek
*Pegasus im Joche	Prisma 4
*Phantasie an Laura	König 19
*Der Pilgrim	Anal. III — Anth. 13 — König 93
*Punschlied	Klett 8
*Quelle	Bauer, Lyrik
Die Räuber	AR 51 — ASL — Dramen 2 — DU 2/81 — Grundlagen 6468 — Hinderer — KdD — König 28a — Neis 10 — Rinsum 1 — RUB 8134
*Der Ring des Polykrates	Horizonte 2 — König 93 — LDU 1 — Manz, Bd. 12 — Moritz — Neis, Balladen — Vögeli I
*Die Sänger der Vorwelt	Sprachh. 1 — WW 4/69
*Sehnsucht	König 63/64
Semele	Hinderer
*Der Spaziergang	König 63/64 — Reclam 3
*Sprache	Kaiser, Lyrik
*Spruch des Konfuzius	König 63/64 — Lobentanzer
*Der Tanz	König 63/64 — Neis, Gedichte
*Der Taucher	König 93 — Neis, Balladen — Reclam 7 — Vögeli I
*Die Teilung der Erde	Anth. 12 — Prisma 4 — Urbanek
*Theosophie des Julius	König 19
Turandot	Catholy
Der Verbrecher aus verlorener Ehre	ASL (auch in Lit. 2/78) — BfDL 2/78 — Epochen 485 — Freund — Grundlagen 6162 — Klett AL 399080 — LuM — Neis 10 — proj. du. 9 — Wiese, Novelle I — WW 1/79
*Das verschleierte Bild zu Sais	Anal. III — König 63/64 — Neis, Balladen
Die Verschwörung des Fiesco zu Genua II. Akt, 8. Auftritt	ASL — Hinderer — König 23 — RUB 8168(3) Abitur

*Die vier Weltalter	König 63/64
Wallenstein	Basis 1 – Epochen 485 – Gärditz – Grundlagen 6389 – Hinderer – KdD – Klett AL 39920 – König 3 und 4 – Kraft – Lektüre – Lit. 1/78 – Müller, Dramen 1 – Rinsum 1 – RUB 8136(3) – Suhrkamp 2006 – Wiese, Drama I
Was kann eine gut stehende Schaubühne	Huyssen
Wilhelm Tell	Anregung 5/78 – AR 5 – BfDL 2/77 – DD Heft 91 – DU 5/71, 2/73 und 1/83 (S. 78, 82, 84) – Grundlagen 6388 – Hinderer – Jacobi – KdD – Kaiser, G.: Idylle und Revolution. In: Deutsche Literatur und Französische Revolution (Göttingen) (S. 87 ff.) – König 1 – Neis 10 – Rinsum 5 – RUB 8102 – Suhrkamp 2006 – Uhi 94552
*Die Worte des Glaubens	Anal. III – König 63/64 – Kamp 9 – Lesezeichen 10
*Die Worte des Wahns	Anal. III – König 63/64
*Würde der Frauen	König 63/64
Schirnding, Albert von	
*Bitte um Heimsuchung	Anth. 4
*Epitaph	Riedler 1
*Mit anderen Augen	Kurz
Schlaf, Johannes	
Familie Selicke	Dramen 1
Meister Oelze	Dramen 1
Papa Hamlet	Möbius
Schlegel, Friedrich von	
Lessing-Aufsatz	Michel
Lucinde	Epochen 480
*Weise des Dichters	König 266 – Neis, Gedichte
Schlegel, Johann Elias	
Der geschäftige Müßiggänger	Catholy
Die stumme Schönheit	DU 1/84 – Martini
Schleiermacher, Friedrich	
Reden über die Religion Zweite Rede	Epochen 480
Schlesinger, Klaus	
Neun	Lesezeichen 10
Der Tod meiner Tante	Durzak, Kg.
Schmid, Carlo	
Über den Haß	Anal. III
Schmidli, Werner	
Wovon keiner sprach	Texte D 5
Schmidt, Arno	
Er war ihm zu ähnlich	Durzak, Kg.

Gelehrtenrepublik	Hinrichs, Boy: Utopische Prosa als längeres Gedankenspiel (Niemeyer). 1984
Kaff	Beck 15 — Hinrichs (s. o.)
Leviathan	Beck 15
Schwarze Spiegel	Hinrichs (s. o.)
Sommermeteor	Int. X
Das steinerne Herz	DU 4/90

Schmidt, Uve

*Deutschlandlied	mot. Ged. 7
Radfahren in Britz	Anal. III

Schmitthenner, Hans Jörg

Wildgewordene Lokomotive rast durch Milwaukee	Anal. II — Auswahl 5

Schnabel, Ernst

Großes Tamtam	Texte DU 9
Hochwasser	Auswahl 8 — Texte DU 7
Hundert Stunden vor Bangkok	Bachmann V — Basis 4 — Int. I
Hurricane	Horizonte 3
Im dunklen Tal des Bären	Bachmann I
Sie sehen den Marmor nicht	Int. I

Schnack, Friedrich

*Franken	mot. Ged. 10
Der kleine Vogel	Anal. I
*Vater und Kind	Anal. II
Weinernte in Mainfranken	Anal. I

Schneider, Eulogius

*Auf die Zerstörung der Bastille	Binder

Schneider, Georg

*Sankt Benedikt in Mals	mot. Ged. 10

Schneider, Peter

Lenz	Kurz 6
Der Mauerspringer	Kurz 80
Das Wiedersehen	Durzak, Kg.

Schneider, Reinhold

*Allein den Betern kann es noch gelingen	Bohusch
Der große Verzicht	Suhrkamp 2006
Las Casas vor Karl V.	Zimmermann I

Schneider, Rolf

Imagination	Kontrapunkte — Texte D R 9
Die Reise nach Jaroslaw	Lehmann IV

Schneider-Schelde, Rudolf

Ein talentloser junger Mann	Anal. III

Schnell, Robert Wolfgang

David spielt vor Saul	Durzak, Kg.
Letzte Gedanken vor dem Zitronenkauf	Bachmann VI

Schnitzler, Arthur

Ehrentage	Lit. 3/81
Flucht in die Finsternis	Klett AL 39924

Fräulein Else	Goette – König 374/375
Der grüne Kakadu	DD 1/88 – DU 1/88 – Steffen
Die grüne Krawatte	Texte D R 9 – Zobel
Komtesse Mizzi	Schwarz
Leutnant Gustl	Basis 6 – König 374/375 – Kunz 3 – WW 5/65
Liebelei	KdD
Der Reigen	DU 2/76
Spiel im Morgengrauen	Kunz 3 – Lit. 4/86
Sprechende Gebärden	Lobentanzer 1
Sterben	Lit. 4/80
Die Toten schweigen	Wiese, Novelle II
Traumnovelle	Lehmann II
Der Weg ins Freie	WW 6/73
Das weite Land	Söhnlein, H.: Gesellschaftliche und private Interaktionen zu Schnitzlers Das weite Land (Narr)

Schnurre, Rainer

*Kinder	AM 1
*Wir Kinder sind doch bessere Leute	Bohusch

Schnurre, Wolfdietrich

Ein ahnungsvolles Versehen	proj. du. 1
Als Vaters Bart noch rot war	
Der Brötchenclou	Texte D 7
Jenö war mein Freund	Auswahl 8 – Bauer 7 – Horizonte 3 – Kamp 8 – Klett C 6 – Kuge – PD 39/80 – Prisma 3 – Spektrum – Texte D 6
Die Leihgabe	Anal. II – Auswahl 7 – Bauer 5
Ruß in der Luft	Prisma 2
Veitel und seine Gäste	AM 1 – Anal. I – Bauer 5 – Horizonte 1 – Klett C 6
Der Verrat	Auswahl 5 – Bachmann I
Auf der Flucht	Basis 4 – Durzak, Kg. – Texte DU 7
Die Auszeichnung	Texte D 6
Die Dauer des Glückes	Bauer 7
Die Eintagsfliege	Bauer 9
Epitaph	Müller, Lyrik
Ein Fall für Herrn Schmidt	Bachmann V – Int. II – Kamp 9
Die Falle	Bachmann II
Das Fest der Genügsamen	Texte DU 9
*Frost	Prisma 2
Gottes schwierige Position	Bauer 5
Ich brauch dich	DU 5/86
Immer die Falschen	Bauer 6
Kampf der Schüchternheit	proj. du. 1
*Kulisse	Anal. III – Lobentanzer
*Lied	Auswahl 9 – WW 6/72
Das Manöver	Durzak, Kg. – Neis, Gedichte – Zimmermann II
Ein Mord	Kontrapunkte
Ohne Einsatz kein Spiel	Prisma 3 – Texte D H 9
Politik	Bauer 6 – TS H 9

Die Prinzessin	Bachmann VII
*Rainer M. Orpheus	Hippe 50
Reusenheben	Anregung 3/75 – Texte D 5
Die Rückkehr	Kuge
Der Schattenfotograf	Kurz 6
Die Tat	Int. III
Unerwünschtes Entsetzen	Bauer 7
Vergeudeter Mut	Klett C 6
*Volksarmist	mot. Ged. 3
*Wahrheit	Bauer, Lyrik – Riedler 1
Wovon der Mensch lebt	Int. VI

Scholtis, August

Ostwind	Reich 2

Scholz, Wilhelm von

Das Inwendige	Int. IV
Der Raumfahrer	Anal. III

Schopenhauer, Arthur

*Auf die Sixtinische Madonna	Anth. 11
Die Stachelschweine	AM 3

Schreiber, Mathias

*Demokratie	mot. Ged. 2
*Fließband	Bohusch – mot. Ged. 8

Schröder, Rudolf Alexander

*Es mag sein	Anal. II – Wiese, Lyrik II
*Hirten bei Nacht	Anal. I
*Im halben Eise	Anal. III
*Kommt alle	Anal. I
*Lebenslauf	Knörrich
*Reisesegen	Hippe 50
*September-Ode	Hippe 50
*Stanze aus dem Liederzyklus „Elysium"	Anth. 2
*Vom Glück der Untröstlichkeit	Anth. 9

Schubart, Christian Friedrich

*Die Aussicht	proj. du. 8
Deutsche Chronik (Zeitungsbericht)	Klett 8
*Die Forelle	Reclam 2
*Die Fürstengruft	mot. Ged. 2
*Kaplied	Skorna
*Der Kupferstecher nach der Mode	Anth. 9

Schücker, Hans-Gerd

*Distanz	Kunert

Schürmann, Petra

Die Angst vor dem Fliegen	Lobentanzer 1

Schult, Friedrich

*Du bist ein anhangloser Mann	Anth. 4

Schulze-Wegener, Günther

Das törichte Kreuz	Anal. II

Schumacher, Hans

*Jenseits von heute	Vögeli II

© Schöninghbuch 3 506 77895 1

Schwänke
Münchhausens Kampf gegen die Türken — Theiß
Vom Schmaus der Einfältigkeit — Theiß
Von der schrecklichen Drohung — Theiß

Schwaiger, Brigitte
Wie kommt das Salz ins Meer — Kurz 6

Schwitters, Kurt
*Ballade — Neis, Balladen
*Die Nixe — Reclam 5

Seghers, Anna
Der Aufstand der Fischer von St. Barbara — Reich 2
Der Ausflug der toten Mädchen — Zimmermann II
Die Nixe — DU 6/85
Das Obdach — Auswahl 9 – Kuge – Texte DU 10 – TS H 10
Die Reisebegegnung — BfDL 1983
Die Rettung (Auszug) — DD Heft 88 – Klett 8 – Prisma 3 – Texte DU 7
Das Schilfrohr — Lesezeichen 9
Das siebte Kreuz — Brauneck I – Klett AL 39904 – Lehman IV – Lützeler
Das Verhör — Goette
Transit — WW 1/77
Das wirkliche Blau — Klett, Lesehefte – Praxis 3
Zwei Denkmäler — PD 23/77

Seidel, Heinrich
*Aprillaunen — Anal. I
*Jahreszeiten — Anal. I

Seidel, Ina
Die Orange — Klett 5 – Texte D 5
*Trost — Anth. 1
*Waldarbeiter — mot. Ged. 8
Das Wunschkind — Reich 2

Seume, Johann Gottfried
*Gebet — TS H 8

Seuren, Günter
Andere Schritte — Texte D R 9
Das Experiment — Basis 4

Sidow, Max
*Elbufer — mot. Ged. 10

Sloterdijk, Peter
Der Zauberbaum — Kurz

Sommer, Siegfried
Ferien der Weisheitsburg — Lobentanzer 1
Kinohelden — Lobentanzer 1

Sorge, Reinhard Johannes
Der Bettler — Mennemeier 1

Späth, Gerold
Stimmgänge — Jacobs

© Schöninghbuch 3 506 77895 1

Spang, Günter
  Seine große Chance   Int. III
  Wie Papa gegen den Zeitgeist   AM 1
    protestierte

Spee, Friedrich von
  *Die Gespons Jesu lobet ihren Ge- König 296 — Reclam 1
    liebten mit einem Liebgesang
  *Ein kurz poetisch Christgedicht Anth. 3
    von Ochs und Esel bei der
    Krippen

Sperber, Manès
  Die Wasserträger Gottes   Kurz 5

Sperr, Martin
  Jagdszenen aus Niederbayern   ASL — Brauneck — KdD
  Landshuter Erzählungen   Berg

Spervogel, Görge
  Der Hechtkönig   Int. III

Spitteler, Carl
  *Die Betzeitglocke   Vögeli II
  *Das Herz   Vögeli II
  *Nur ein König   Vögeli II

Stade, Martin
  Der Alte und das Pferd   Lesezeichen 10

Stadler, Ernst
  *Der Aufbruch   König 364/365
  *Bahnhöfe   Anal. II — Merold
  *Die Dirne   König 364/365
  *Fahrt über die Kölner Rhein- Anth. 9 — König 364/365 — mot.
    brücke bei Nacht   Ged. 10 — Reclam 5
  *Fluß im Abend   König 364/365
  *Form ist Wollust   König 364/365
  *Gegen Morgen   Urbanek
  *Gratia divinae pietatis   Anth. 3
  *Kinder vor einem Londoner Ar- Texte D H 7
    menspeisehaus
  *Der Spruch   Denkler — König 364/365 — Rin-
                  sum 5
  *Vorfrühling   Anal. III — Berger — Hippe —
                  mot. Ged. 6 — Wiese, Lyrik II

Stamm, Karl
  *Der Blinde im Frühling   Vögeli I

Steffen, Albert
  *Laßt uns die Bäume lieben   Vögeli II

Stehr, Hermann
  Der Heiligenhof   Reich 2

Steiner, Franz Baermann
  Elefantenfang   Anth. 1

Steiner, Jörg
  *Die weiße Zementfabrik ist weiß Prisma 2

Steiniger, Kurt
  *Kinderschuhe   Hippe 50

© Schöninghbuch 3 506 77895 1

Steinmar von Klingnau, Bertold
  *Ein kneht der lac verborgen   DU 2/84 — Festschrift für John Asher (Schmidt)

Sternheim, Carl
  Bürger Schippel   Brauneck — Durzak, Sternheim — KdD — Steffen — Wiese, Drama II
  Busekow   Krusche
  Europa   Sebald, Winfried Georg: Carl Sternheim (Kohlhammer). 1969 (Sprache u. Lit. Bd. 58)
  Die Hose   Durzak, Sternheim — Grundlagen 6364 — KdD
  Die Kassette   Durzak, Sternheim — Hinck, Kom. — KdD
  1913   Durzak, Sternheim
  Der Snob   Durzak, Sternheim — UTB 1498
  Tabula rasa   Durzak, Sternheim — Mennemeier 1

Stifter, Adalbert
  Abdias   Lit. 2/87 — Lobentanzer 2 (Auszug) — RUB 8112 — Wiese, Novelle II
  Bergkristall   Jacobi — König 250
  Brigitta   dtv — König 249 — Kunz 2 — Lehmann I — RUB 8109 — Wiese, Novelle I
  Bunte Steine (Vorrede)   König 213/214
  Dürre   Anal. I
  Gewitter   Anal. I
  Granit   WW 4/82
  Heidedorf   König 250
  Der Hochwald (Auszug)   Rinsum 5
  Der Kondor   Kunz 2
  Der Nachsommer   Müller — Neis, Erzählkunst
  Die Sonnenfinsternis am 8. Juli 1842   Anal. III
  Waldsteig   DD 1/86 — DU 1/86
  Winterwald   Anal. II
  Witiko   WW 4/82
  Zwei Schwestern   Kunz 2

Stolberg-Stolberg, Friedrich Leopold Graf zu
  *Lied auf dem Wasser zu singen Kranz — Reclam 2

Stoltze, Friedrich
  *Frankfurt   mot. Ged. 10

Storm, Theodor
  *Abends   Anth. 3
  *Abseits   Bauer 5 — König 199 — Rinsum 5 — TS GRH 8 — Wiese, Lyrik II
  Aquis submersus   KlaS — König 198 — Kunz 2
  Auf dem Staatshof   Müller — DU 5/88
  *August (Inserat)   Anal. I
  *Aus den Monatsgedichten König 199
  *Aus den Sprüchen   König 199
  Beim Vetter Christian   König 199

Bötjer Basch	DD 45/79 – König 195
*Dämmerstunde	König 199
*Elisabeth	König 199
*Gasel	König 199
*Gode Nacht	TS H 6
*Größer werden die Menschen nicht	König 199
*Ein grünes Blatt	König 199
Hans und Heinz Kirch	Basis 5 – dtv – König 199 – Lit. 3/88 – RUB 8171 – Wiese, Novelle II
*Herbst	Klett 7 – König 199
*Hyazinthen	Anth. 5 – König 199
*Im Herbst	König 199
*Im Herbste	König 199
Immensee	Basis 5 – DU 5/86 und 5/88 – König 193 – RUB 8166 – WW 4/85
*In Buhlemanns Haus	König 199
*Juli	Lobentanzer – Neis, Gedichte
*Knecht Ruprecht	König 199
*Kruzifix	König 199
*Lied des Harfenmädchens	König 199 – mot. Ged. 5
*Meeresstrand	Anal. I – Auswahl 5 – Goette – König 199 – Neis, Gedichte – TS GR 7
*Die Nachtigall	König 199 – mot. Ged. 4
*Oktoberlied	Hippe – König 199 – mot. Ged. 6
*Ostern	König 199
Pole Poppenspäler	Jacobi – König 194 – RUB 8182
Der Schimmelreiter	DD Heft 97 – Ecker – Festschrift – Grundlagen 6045 – Jacobi – KlaS – König 192 – Modellanalysen 10 – Old. Int. 88641 – Rinsum 5 – RUB 8133(2) – Ullstein Taschenbuch 3934 – WW 5/71
*Schlaflos	RUB 8133
*Schließe mir die Augen beide	Anal. III – König 199
Die Söhne des Senators	König 193
*Sommermittag	TS R 10
*Spruch	Anal. III
*Die Stadt	Anal. I – Bauer 7 – Bauer, Lyrik – Berger – Hotz – Klett 7 – König 199 – Leha – Lesezeichen 8 – Manz, Bd. 12 – Texte D R 8 – Vögeli II
*Tiefe Schatten	Reclam 4
*Einer Toten	König 199
*Über die Heide	Lobentanzer
Viola tricolor	Jacobi – König 199
*Die Zeit ist hin	König 199

Storz, Oliver

Lokaltermin	Basis 4

Strachwitz, Moritz Graf von

*Das Herz von Douglas	Freund, Ballade
*Rolands Schwanenlied	Auswahl 6 – Kamp 6

© Schöninghbuch 3 506 77895 1

Stramm, August
*Erinnerung — Reclam 5
Erwachen — Mennemeier 1
*Freudenhaus — König 364/365
*Kriegsgrab — mot. Ged. 3
*Die Menschheit — Sprachh. 1
*Patrouille — Abitur — Anal. III — DU 1/72 — mot. Ged. 3 und 5 — Rinsum 5
*Sturmangriff — mot. Ged. 3
*Traum — Anal. III
*Trieb — mot. Ged. 4
*Untreu — Denkler — Lobentanzer
*Wache — Rinsum 4

Strauß, Botho
*Diese Erinnerung an einen, der nur einen Tag zu Gast war — Kurz
Groß und Klein — BfDL 1/84 und 2/84 — DU 3/84 — KdD
Der junge Mann — Kurz
Kaldewey Farce — KdD — Lit. 3/83
Mister Minit — Lesezeichen 10
Paare Passanten — Kurz 80
Der Park — DGD 2 — DU 5/86 — UTB 1498
Rumor — Kurz 80
Trilogie des Wiedersehens — Buddecke — KdD — Müller, Dramen 2
Die Widmung — DU 4/89 — Kurz 6

Strauß, Ida
Mißbrauchte Frauenkraft — DD 68/82

Strauß und Torney, Lulu von
*Libussa — Neis, Balladen
*Löwenzahn — Anal. I
*Schiff ahoi — Neis, Balladen
*Die Tulipan — Anal. II — Neis, Balladen

Strittmatter, Erwin
Der Soldat und die Lehrerin — Durzak, Kg.

Strub, Urs Martin
*Guter Boden — Vögeli I

Struchhold, Edgar
Die Fabrik der Pfennige — Anal. I

Struck, Karin
Klassenliebe — Kurz 6
Lieben — Kurz 6
Die Mutter — Kurz 6

Sudermann, Hermann
Die Ehre — Dramen 1
Gefährliche Schlittschuhfahrt — Anal. I

Süskind, Patrick
Das Parfum — Dörfler — Lit. 3/89

Süverkrüp, Dieter
*Lied vom Bürgermeister Tschech — DU 2/79

Szabo, Wilhelm
*Dorfangst   Kranz

Tepl   s. Johannes von Tepl

Tergit, G.
Käsebier erobert den Kurfür-   UTB 1387
stendamm

Tersteegen, Gerhard
*Andacht bei nächtlichen Wachen   Goes

Tetzner, Lisa
Der fliegende Holländer   Klett C 6
Die Kinder aus Nr. 67   DU 4/89
Von einem, der mutig werden   Texte D 5 – Texte DU 5/6
wollte

Thenior, Ralf
*Die Fastfrau   Rinsum 4 – UTB 1115

Theobaldy, Jürgen
*Abenteuer mit Dichtung   Anth. 13 – Hotz 1
*Hier, die Anrede   Kunert
*Schnee im Büro   Köpf (S. 90)
*Weiche Körper   Anth. 1
*Zu Besuch   Bohusch

Thies, Klaus
*Du Bi Du   Kunert

Thoma, Ludwig
Käsebiers Italienreise   Texte D R 8
Der Krieg   LDU 1
Magdalena   ASL
Moral   UTB 1498
Der vornehme Knabe   Bauer 5 – Horizonte 2

Thoor, Jesse
*In einem Haus   Anth. 2

Thüring von Ringoltingen
Melusine   Ertzdorff

Tieck, Ludwig
Abdallah   Kreuzer
Der Abschied   Kraft
Almansur   Kreuzer
Der blonde Eckbert   AR 69 – DU 1/87 – Epochen 480 –
                                    Klett AL 39909 – Kreuzer – LuG 2
                                    – Lit. 4/88 – Reclam, Erz. – RUB
                                    8178
Briefe an die Brüder Schlegel   Briefe an die Brüder Schlegel.
                                    Hrsg. und kommentiert von Ed-
                                    gar Lohner (Winkler). 1972
Die Elfen   AR 69 – Kreuzer – LuG 2
Erster Klasse   KdD
Franz Sternbalds Wanderungen   Epochen 480
Der gestiefelte Kater   Catholy – Hinck, Kom. – UTB
                                    1498
*Glosse   Reclam 3
Karl von Berneck   Kraft

© Schöninghbuch 3 506 77895 1

Des Lebens Überfluß	Lehmann I – Wiese, Novelle I
*Melankolie	Reclam 3
*Mondbeglänzte Zaubernacht	König 266
Moral	KdD
Das Rosaline Märchen	Kreuzer
Der Runenberg	AR 69 – DU 6/82 – Kreuzer – Reclam Erz. – RUB 8178
Ulrich, der empfindsame	Kreuzer
Vittoria Accorombona	Wiese, Roman I

Till Eulenspiegel — s. Volksbuch

Timm, Uwe
Der Schlangenbaum — DU 5/89 – Kurz

Tournier, Michel
Kaspar, Melchior & Balthasar — Kurz (S. 36)

Tobler, Johann Christoph
Die Natur — Anal. III

Toller, Ernst
Hinkemann	DU 2/72 – KdD – Mennemeier 1
Masse Mensch	DU 2/72 – Mennemeier 1
Die Wandlung	Brauneck – DU 2/72 – Manz 2 – Mennemeier 1

Törne, Volker von
*Amtliche Mitteilung — Kranz

Torberg, Friedrich
Der Schüler Gerber hat absolviert — DU 5/89 – Reich 2

Toussel, Peter
*Der Mensch — mot. Ged. 3

Trakl, Georg
*Der Abend	mot. Ged. 1
*Abend in Lans	Anth. 10
*Abendländisches Lied	Rinsum 5
*De profundis	Anth. 6 – Kienecker, Lieder – König 364/365 – Reclam 5 – Sorg
*Elis	Reclam 5
*Geburt	Vietta/Kemper: Expressionismus (Fink). 1975
*Geistliches Lied	Riedler 2
*Gesang des Abgeschiedenen	Wiese, Lyrik II
*Das Gewitter	Urbanek
*Der Gewitterabend	Bauer, Lyrik
*Grodek	Anal. III – Anth. 4 – König 364/365 – Manz, Bd. 12 – mot. Ged. 3 und 5 – Rinsum 4 – Sorg – Wiese, Lyrik II
*Heimkehr	Philipp, E.: Die Funktion des Wortes in den Gedichten G. Trakls (Niemeyer)
*Der Herbst des Einsamen	Denkler – Urbanek
*Herbstseele	Sprachh. 8
*Im Herbst	Anth. 7
*Im Park	Anth. 2

*Im Winter	Auswahl 7 – Hotz – LDU 2 – Manz, Bd. 12 – Prisma 4 – Sprachh. 3
*In den Nachmittag geflüstert	Fritsch, Natur
*Die junge Magd	DD 21/75 – Freund, Ballade
*Kaspar Hausers Lied	DU 6/80 – Rinsum 4 – Sorg
*Klage	Müller, Lyrik
*Leise	Sprachh. 8
*Musik im Mirabell	Bauer, Lyrik
*Nachts	Neis, Gedichte
*Oft am Brunnen	Hippe
*Passion	Philipp (s. o.)
*Rondell	AM 1 – Klett C 6 – TS GR 6
*Die schöne Stadt	Anth. 6 – Hotz
*Sommer	Bauer, Lyrik
*Die Sonne	Giehrl – Klett C 6
*Trompeten	Anth. 6
*Trübsinn	Wiese, Lyrik II
*Untergang	DU 1/71 – Neis, Gedichte
*Verfall	Anal. III – mot. Ged. 6
*Verklärter Herbst	Anal. III – Auswahl 7 – Hippe – mot. Ged. 6 – Vögeli I
*Verklärung	Anth. 7
*Ein Winterabend	Anal. II – Bauer, Lyrik – Manz, Bd. 12 – König 364/365 – Lobentanzer – mot. Ged. 6 – Vögeli I

Traven, Bruno
Der Großindustrielle   Baumgärtner

Treichel, Hans-Ulrich
*Von großen Dingen   Anth. 12

Trojan, Johannes
*Mutter   Anal. I

Tsakiridis, Vagelis
*Untersuchung   Kopplin

Tucholsky, Kurt

Affenkäfig	Anal. III
*An das Baby	Anth. 2
*An das Publikum	Klett 8
*An einen Bonzen	Peter
*Augen in der Großstadt	Anal. III – Bauer 9 – Bauer, Lyrik – Berger – Hotz – Prisma 5 – Riha – Texte D R 8 – TS H 10
Blick in ferne Zukunft	Zobel
Deutsch für Amerikaner	Bauer 9
*Deutsches Lied 1923	Beck 36
*Ein Deutschland	mot. Ged. 2
Ein Glas klingt	Zobel
*Der Graben	Reclam 5
Gruß nach vorn	Volkmann
Herr Wendriner erzieht seine Kinder	Goette – Texte D H 7
*Das Ideal	Bauer, Lyrik
Jemand besucht etwas mit seinem Kind	Skorna

© Schöninghbuch 3 506 77895 1

Die Katze spielt mit der Maus	Zobel
Kleine Station	Volkmann
Die Kunst, falsch zu reisen	Texte D R 8
Die Laternenanzünder	Zimmermann I
*Mutterns Hände	Anal. II — Bohusch
*Park Monceau	Anth. 5
Ratschläge für einen schlechten Redner (Auszug)	Goette
Rheinsberg	Anth. 8 — Beck 36
Schloß Gripsholm	Beck 36 — Reich 2
*Stationen	Kranz
Was darf die Satire?	Texte D R 9
Die Zentrale	Zobel

Tumler, Franz

Aufschreibung aus Trient	Zimmermann, H. D.: Welche Sprache ich lernte (Piper). 1986
*Entwicklung	Kunert
*Fortschritt	mot. Ged. 3
Die gewonnene Zeit	Anal. II
Hier in Berlin	Auswahl 8
Das Land Südtirol	Zimmermann (s. o.)
Pia Faller	Zimmermann (s. o.)

Ude, Karl

Die Tunnelfahrt	Anal. I

Udet, Ernst

Ritterlichkeit	Anal. II

Uhland, Ludwig

*Am 18. Oktober 1816	Binder
*Bertrand de Born	Anregung 1/78
Die deutsche Sprachgesellschaft	Sprachh. 1
Fräuleins Wache	Anth. 8
*Frühlingsglaube	Anal. I — Hippe — Hotz — mot. Ged. 6 — Vögeli I
*Frühlingslied des Rezensenten	Anth. 2
*Das Glück von Edenhall	Baumgärtner, Ballade — Kamp 7 — Reclam 7 — Vögeli I
*Der gute Kamerad	Anth. 10 — mot. Ged. 5 — Rinsum 4 — Spektrum — Wiese, Lyrik II
*In ein Stammbuch	Anth. 10
*Die Jagd von Winchester	Wiese, Lyrik II
*Lob des Frühlings	Bauer 6 — Klett 5
*Neujahrswunsch	Anth. 9
*Die Rache	Klett C 6 — Neis, Balladen
*Des Sängers Fluch	Reclam 3
*Schwäbische Kunde	Neis, Balladen

Unruh, Fritz von

Ein Geschlecht	Mennemeier 1
Opfergang	Reich 2

Uz, Johann Peter

*Die Rose	Urbanek
*Der Schäfer	Reclam 2

Valentin, Karl

Das Aquarium	ASL

Buchbinder Wanninger	ASL – Bauer 6 – Kamp 6 – Klett 8 – Manz 1 – TS GRH 9
Geräusche	Bauer 5 – Nayhauss
Der Hasenbraten	Klett 7
In der Apotheke	Leha – TS G 6
Ein Mitternachtsständchen	ASL
Musterung in alter Zeit	Bauer 8
Der neue Buchhalter	ASL
Der Radfahrer	Klett 5
Das Schreiben	ASL
Semmel(n)knödel(n)	ASL
Streit mit schönen Worten	ASL
Ein Weltuntergang	ASL

Valentin, Thomas
Die Puppe — Bachmann I

Vaupel, Karl
Kameraden — Anal. I

Versen, Lothar von
*Kaufen beruhigt — Giehrl

Vesper, Guntram
*Besuch in einer abgelegenen Druckerei — Kunert
*Die Gewohnheit zu zittern — Anth. 8
*Die Inseln im Landmeer — Kurz
*Mäusealltag — DD Heft 97
*Tagebuch Anfang Februar — Anth. 10
*Ein Vormittag auf dem Lande — Lit. 3/86

Vesper, Will
*Mahnung — Merold

Vigée, Claude
*Winterweiden — Anth. 11

Völuspa — Nordal, Sigurdur: Völuspa (Wiss. Buchgesellschaft). 1980

Vogel, Jakob
*Kein selger Tod in der Welt — mot. Ged. 3

Volkmann-Leander, Richard von
Goldtöchterchen — Baumgärtner
Wie der Teufel ins Weihwasser fiel — Hippe, Bd. 4

Volksballade
*Elsleinlied — Freitag
*Es waren zwei Königskinder — Anal. III – Reclam 1 – Freitag – TS R 8 und H 9
*Hero und Leander — Freitag
*Schloß in Österreich — Reclam 7
*Ulrich und Ännchen — Freitag

Volksbuch
Dr. Faustus — AM 1 – Anal. III – König 105 – LDU 1 – WW 1/77
Fortunatus — UTB 1225
Hug Schapeler — Rinsum 5

© Schöninghbuch 3 506 77895 1

Reynke de Vos	BfDL 1/86 – UTB 1031
Die Schildbürger	LU 4 – Theiß
Till Eulenspiegel	AM 1 – Anal. I – Basis 3 – Baumgärtner – Horizonte 1 – LU 4 – PD 22/77 – proj. du. 1 – Theiß – UTB 1288 – WW 1/77

Volkslied
*Es geht eine dunkle Wolk' herein	Goes
*Es ist ein Schnee gefallen	Texte D H 9
*Es ist ein Schnitter	mot. Ged. 5
*Ein fröhlich Osterlied	Anal. I
*Frau Nachtigall	Rinsum 5
*Ich hört ein Sichel rauschen	Wiese, Lyrik I
*Kein Feuer, keine Kohle	Anth. 11
*Kein schöner Land	Anal. I
*Laß ab, es ist umsonst	Anal. III
*Mit Lust tät ich ausreiten	Anth. 12
*Röslein auf der Heiden	mot. Ged. 4
*Wer jetzig Zeiten leben will	mot. Ged. 2
*Willst du dein Herz mir schenken	Anth. 6

Voß, Johann Heinrich
*Klingsonate	Helmers
*Der siebzigste Geburtstag	Reclam 2

Vring, Georg von der
*Aufgehender Mond	mot. Ged. 1
Eine Blume blüht auf	Prisma 3
*Cap de Bonne Esperance	Anth. 1
Der Schwalbenschwanz	Texte DU 5/6
Soldat Suhren	Reich 2
*Van Goghs Haus in Arles	mot. Ged. 10
*Waldlager bei Billy	Riedler 2
*Wieskirche	Anth. 7
*Zwielicht	mot. Ged. 1

Wackenroder, Wilhelm Heinrich
Berlinger	DU 1/87
Herzensergießungen eines kunstliebenden Klosterbruders	Epochen 480

Wagenfeld, Karl
Die Pest	Anal. I

Waggerl, Karl Heinrich
Gewitter	Anal. II
Eine lustige Schulstunde	Anal. I

Wagner, Christian
*Auf dem Rigi	mot. Ged. 10
*Blühender Kirschbaum	Goes
*Ostersamstag	Anth. 3
*Spätes Erwachen	Anth. 11

Wagner, Heinrich Leopold
Die Kindermörderin	ASL – Huyssen – Kafitz 1 – Klett AL 39919 – Lit. 2/81 – LuM – Modellanalysen 8

Wagner, Richard
Die Meistersinger von Nürnberg

Borchmeyer: Das Theater Richard Wagners. Modellinterpretationen (Reclam)

Wagner, Richard
*Rostregen (Gedichtband)

Kurz

Waiblinger, Wilhelm
*Der Kirchhoff

ZDPh 1988, Sonderheft

Wallraff, Günter
Am Fließband

Anal. III − Goette − Klett 5 − proj. du. 3

Der Aufmacher   Beck 14
*Hier und dort   Goette − mot. Ged. 7
Ihr da oben, wir da unten   Beck 14
Sinter zwo   Deutsch Kurs 4 (S. 63)

Walser, Martin
Der Absticher   Beck 18
Brandung   Dörfler − Kurz
Brief an Lord Liszt   Kurz 80
Ehen in Phillipsburg   Beck 18 − Lützeler
Eiche und Angora   Beck 18
Das Einhorn   Beck 18 − Brauneck II
Ein fliehendes Pferd   Beck 18 − König 376/377 − Kurz 6 − Lehmann II − Lit. 2/79 und 1/84 − Old. Int. 88606 − Zimmermann III

Die Gallistelsche Krankheit   Beck 18
*Großmutters Nase   Kopplin
Halbzeit   Beck 18 − Brauneck II − DU 4/74
    Die Artikel, die ich vertrete   Int. VI
Jenseits der Liebe   Beck 18 − Kurz 6
Ein Kinderspiel   Beck 18
Die Klagen über meine Methoden   Basis 4 − Zobel
Die Rückkehr eines Sammlers   Basis 4 − Durzak, Kg.
Das Sauspiel   Beck 18 − Suhrkamp 2006
Ein schöner Sieg   Zimmermann II
Das Schwanenhaus   Kurz 80
Der schwarze Schwan   Beck 18 − Brauneck − Ismayr
Seelenarbeit   Beck 18 − Kurz 6 − Lehmann IV − PD 43/80
Der Sturz   Beck 18 − Brauneck II − Kurz 5
Überlebensgroß Herr Krott   Beck 18 − Brauneck − Kienecker, Drama
Der Umzug   Bachmann VIII
Der Vertreter   Prisma 5
Der Wurm   Bachmann VII
Die Zimmerschlacht   Beck 18

Walser, Robert
Ballonfahrt   Bauer 9
Basta   Zobel
Der Gehülfe   DU 1971, Beiheft 1 − Lützeler − Neis, Erzählkunst
Geschwister Tanner DU 1971, Beiheft 1
Jakob von Gunten   Brauneck I − DU 1971, Beiheft 1

Der Knabe	Int. VIII
*Mikrogramm III	Anth. 7
Minotaurus	Rinsum 3
*Die Reiterin	Anth. 5
Die schöne Frau von Thun	Anth. 3
Das Stellengesuch	Lobentanzer 1
*Stunde	Vögeli I
Der Tänzer	Int. VIII

Walter, Otto F.

| Die Verwilderung | Lit. 3/78 |

Walter, Silja

*Mein kleiner weißer Hund	Vögeli II
*Der Seidelbast	Vögeli II
*Der Tanz der Welt	Vögeli II

Walters, Helmut

*Kommuniqué	Lehmann
*Lagebesprechung	Lehmann
*Normallagen	Lehmann

Walther von der Vogelweide

*Ahî wie kristenlîche	DUK 2
*Aller werdekeit ein füegerinne	Kuhn
*Bin ich dir unmaere	Kuhn
*Diu krône ist elter	Binder
*Frô Welt, ir sult dem wirte sagen	Reclam, Lyrik
*Herre got, gesegene mich vor sorgen	DUK 2
*Die herren jehent	Kuhn
*Herzeliebez frouwelîn	Anal. III – Goette – Hippe – Kuhn – Reclam, Lyrik – Wiese, Lyrik I
*Ich bin als unschedeliche frô	Kuhn
*Ich hân ir so wol gesprochen	Kuhn
*Ich hân mîn lêhen	König 88
*Ich hoere iu sô vil tugende jehen	Kuhn
*Ich hôrte ein wazzer diezen	DU 2/76 – mot. Ged. 2 – Rinsum 5
*Ich minne, sinne lange zît	Kuhn
*Ich sach mit mînen ougen	DU 2/76 – mot. Ged. 2
*Ich sach swaz in der werlte waz	ZDPh, 1/85
*Ich saß ûf eime steine	Anal. III – Anregung 1/79 – Bauer, Lyrik – DU 1/56, 4/67 und 2/76 – DUK 2 – Goette – Hotz – König 88 – Lesezeichen 10 – Manz 1 – mot. Ged. 2 – Prisma 5 – Reclam, Lyrik – TS GR 9
*Ir reinen wîp, ir werden man	Kuhn
*Ir sult sprechen willekomen	Festschrift
*Maneger frâget, was ich klage	Kuhn
*Mîn frowe is underwîlent hie	Kuhn
*Mir hat her Gerhart Atze	Anth. 10
*Müeste ich noch geleben daz ich die rôsen	Anth. 1
*Muget ir schouwen	Kuhn – Lesezeichen 8 – WW 6/72

*Nemt, frouwe, disen kranz	Göttner, Heide: Logik der Interpretation (Fink). 1973 — Kuhn — Wiese, Lyrik I
*Nieman kan mit gerten	TS R 8
*Nu alrest lebe ich mir werde	Reclam, Lyrik
*Owê war sînt verswunden	Strelka
*Saget mir iemen waz ist minne	DUK 2
*Sô die bluomen	Hippe — Kuhn — WW 6/72 und Sammelband II
*Under der linden	Anth. 9 — DUK 2 — König 88 — Kuhn — Reclam, Lyrik — Wiese, Lyrik I
*Uns hât der winter geschât über al	Anal. III — Kuhn — Leha — Spektrum — TS GR 7
*Die verzagten aller guoten dinge	Wiese, Lyrik I
*Wil ab iemen wesen frô	Kuhn
*Zwô fuoge hân ich doch	Kuhn

Warbeck, Veit

Magelone	Ertzdorff

Wassermann, Jakob

Der Fall Maurizius	Reich 2
Das Gold von Caxamalca	Klett, Lesehefte

Wechsberg, Joseph

Im Tunnel	Baumgärtner

Wecker, Konstantin

*Ich will noch eine ganze Menge leben	Lobentanzer

Weckherlin, Georg Rudolf

*An das Teutschland	König 296 — Reclam 1
*Die Lieb ist Leben und Tod	mot. Ged. 4
*Liebliches Gespräch von der Liebe	König 296
*Von ihren überschönen Augen	Praxis 2

Wedekind, Frank

*Brigitte B.	Freund, Ballade — Neis, Balladen
Fritz Schwigerling (Der Liebestrank)	UTB 1498
Frühlings Erwachen	Berg — DD 10/79 — Grundlagen 6068 — KdD — Lucas — RUB 8151(2)
Der Kammersänger	Lit. 2/78
Lulu-Tragödie	KdD — Wiese, Drama II — WW 2/85
Der Marquis von Keith	Lit. 1/80
*Der Tantenmörder	Hinck — Neis, Balladen — Reclam 7

Weder, Heinz

*Sodoma malte die Geißelung al fresco	Kranz

Weerth, Georg

*Arbeite	DU 2/79 — mot. Ged. 8
*Es war ein armer Schneider	Reclam 4
Humoristische Skizzen aus dem deutschen Handelsleben	DU 2/79 — TS GR 9
Die hundert Männer von Haswell	TS GRH 8
*Das Hungerlied	Texte D 6

Wegner, Armin T.
  *Ich bin Robinson Crusoe   BfDL 3/68 – Prisma 4

Weinheber, Josef
  *Anbetung des Kindes   Auswahl 5
  *Bauerngarten   Anal. I – Auswahl 5
  *Dezember   Anal. I – Riedler 2
  *Handwerker   mot. Ged. 8
  *Im Grase   Anal. III
  *Jahraus, jahrein   Anal. II
  *Kaisergruft   mot. Ged. 7
  *Kammermusik   Vögeli I – Wiese, Lyrik II
  *Das Landhaus   WW 1/72
  *Das reine Gedicht   Hippe
  *Uneigennützigkeit   Köpf (S. 119)
  *Vorfrühling   Anal. I – Auswahl 7

Weisenborn, Günter
  Die Aussage   Int. IV – Texte DU 7
  *Ballade vom Eulenspiegel   DU 3/54
  Berlin   Prisma 5
  Zwei Männer   Anal. II – Auswahl 7 – Bachmann
                                           II – DD 21/75 – Goette – Int.
                                           Prosa – Klett 8 – TS R 7

Weiß, Ernst
  Der Arzt   Krusche
  Georg Letham – Arzt und Mörder   Reich 2

Weiß, Konrad
  Ein Aufenthalt auf dem Fischland   Prisma 5
  *Propria Peregrina   Anth. 12
  *Weile am Weg   Holl, Hans Peter: Bild und Wort
                                           (Schmidt). 1978

Weiss, Peter
  Abschied von den Eltern   AM 3
  Beobachtungen aus meinem   Prisma 5
    Versteck
  Die Ermittlung   BfDL 2/66 – Brauneck – Grund-
                                           lagen 6073 – Ismayr – KdD –
                                           Mennemeier 2 – Müller, Dramen 2
  *Gesang vom Lager   Prisma 3 – Spektrum
  Hölderlin   Mennemeier 2 – Michel – proj.
                                           du. 7
  Meine Ortschaft   Anal. III – Goette
  Der Schatten des Körpers des   DU 3/85
    Kutschers
  Trotzki im Exil   Mennemeier 2
  Der Turm   Mennemeier 2
  Die Verfolgung und Ermordung   Brauneck – Buddecke – Grundla-
    des Jean Paul Marat   gen 6074 – KdD – Ismayr – Men-
                                           nemeier 2 – Poetica 3/71 (Fink) –
                                           Rinsum 1 – Suhrkamp 2006
  Die Versicherung   Mennemeier 2
  Viet Nam Diskurs   Ismayr

Weißenborn, Theodor
  Als wie ein Rauch im Wind   Kurz 6
  Das Haus der Hänflinge   Auswahl 10

Der Hund im Thyssenkanal	Bachmann VII
Die Probe	Klett C 6 – MuB
Die Sache mit Dad	Bachmann V – Int. IX – Texte D H 7
Der Sprung ins Ungewisse	Kamp 8
Die Stimme des Herrn Gasenzer	Bachmann IV – Int. IX
Die Stromschnellen von Lundry	Kamp 8 – TS G 7

Weitbrecht, Andreas

*Teilung	mot. Ged. 2

Weizsäcker, Carl Friedrich von

Umgang mit der Technik	Anal. III

Wellershoff, Dieter

Am ungenannten Ort (Hörspiel)	Beck 29
Anni Nabels Boxschau	Beck 29
Bau einer Löwengrube (Hörspiel)	Beck 29
Die Bittgänger (Hörspiel)	Beck 29
Doppelt belichtetes Seestück	Beck 29
Einladung an alle	Beck 29 – DU 2/84
Eskalation (Fernsehspiel)	Beck 29
Flüchtige Bekanntschaft	Beck 29
Glücksucher (Fernsehspiel)	Beck 29
Hysteria Paradies, schwarz	Beck 29
Der Minotaurus	Beck 29
Phantasten (Fernsehspiel)	Beck 29
Die Schatten (Hörspiel)	Beck 29
Die Schattengrenze (Roman und Fernsehspiel)	Beck 29
Ein schöner Tag	Beck 29
Die Schönheit des Schimpansen	Beck 29
Das Schreien der Katze im Sack	Beck 29
Der Schütze liegt in sich gerade	PD 11/75
Die Sekretärin	Beck 29
Die Sirene	Beck 29
Die Toten (Hörspiel)	Beck 29
Wiederkommen	Beck 29
Wünsche (Hörspiel)	Beck 29

Werfel, Franz

*Als mich dein Wandeln	Goes
Barbara oder Die Frömmigkeit	Reich 2
*Das Bleibende	Anth. 6
Der Dichter und der kaiserliche Rat	Texte D R 10
*Elternlied	Volkmann
*Die Hoteltreppe	Neis, Gedichte
*Kindersonntagsausflug	Prisma 2
*Morgenhymnus	Anth. 3
*Der Schneefall	Anal. III
*Vater und Sohn	Anth. 5 – Riedler 2
*Veni Creator Spiritus	Denkler

Werner, Zacharias

Der vierundzwanzigste Februar	Kraft

Wernher der Gartenaere

Meier Helmbrecht	Anregung 1/71 – Festschrift für Kurt Ruh (Finhorn, Helmbrecht)

	(Niemeyer). 1979 — König 292 — Rinsum 5 — WW 2/72 und Sammelband II

Wernicke, Christian Jan
*An den Leser — Reclam 2

Wesendonk, Mathilde
*Im Treibhaus — Anth. 4

Wessobrunner Gebet — Anregung 1/70 — Rinsum 5 — Spektrum

Weyrauch, Wolfgang
*Aber wie — Anth. 9
Beginn einer Rache — Int. X
Diebsgeschichte — proj. du. 6
Das Ende von Frankfurt a. M. — Basis 4
Gleichzeitig — AM 1
Im Gänsemarsch — Durzak, Kg.
Die japanischen Fischer — Klett, Lesehefte — Praxis 3
Mein Schiff, das heißt Taifun — Bachmann I
Mit dem Kopf durch die Wand — Int. IX
Uni — Durzak, Kg.

Wickram, Jörg
Amadis — Ertzdorff
Von einem armen Studenten, der aus dem Paradies kam, und einer reichen Bäuerin — Horizonte 2 — LU 4 — Prisma 2 — Spektrum
Von einem, der ein ehrliches Anerbieten an die Herren tat, er wäre sonst gehängt worden — LU 4
Von einem, der einen Fürsprecher überlistete, nachdem es ihn der Fürsprecher selbst gelehrt hatte — LU 4
Von einem, der seine Schuld beichtete — LU 4
Von einem Landstreicher, der Hundzethonier für Katzethonier den Kürschnern verkaufte — LU 4
Von einem Pfaffen der sprach: Hergott, wehre du dich dahinten! Ich will mich davorne wehren. — LU 4
Von einem Reiter, der seinen Hund auch in das Bett legte — LU 4
Von zwei bösen Nachbarn — LU 4
Vorrede zum „Rollwagenbüchlein" — LU 4

Wiechert, Ernst
Das einfache Leben — Int. III
Der Hauptmann von Kapernaum — Int. III
Hirtennovelle — Graf — Int. III
Das Mädchen Namenlos — Anal. I
Mein erster Adler — Int. VII
Der Todeskandidat — LU 1

Wiedner, Edith
*Hannover: Genius Loci — mot. Ged. 10

Wieland, Christoph Martin
Die Abderiten
Agathon

Wiese, Roman I
Hemmerich, Gerd: Christoph Martin Wielands Geschichte des Agathon. Kritische Werkinterpretation (Carl). 1979

Wiener, Oswald
Die Verbesserung von Mitteleuropa

ASL

Wieprecht, Christoph
*Du Bauer, der du hinterm Pfluge schreitest
*Martinwerk

mot. Ged. 8

mot. Ged. 8

Wiesel, Elli
Chassidische Feier

Kunz 5

Wildenbruch, Ernst von
Die Quitzows

Müller, Dramen 2

Will, Peter
*Wetterfahnen

Anth. 9

Willehalm

Ehrismann

Wimschneider, Anna
Herbstmilch

DU 4/90

Winckler, Josef
*Der Dynamo
*Eiserne Sonette
   *Domdunkle Halle
Der Teufelsritt

mot. Ged. 8

Anal. II – mot. Ged. 8
Anal. I

Windmöller, Eva
Ein Land von Musterschülern

Goette

Winkler, Eugen Gottlob
Anekdote aus dem spanischen Bürgerkrieg

Prisma 4

Winnig, August
Gerdauen ist doch schöner

Anal. I

Winter, Georg
*Das Faultier

Anth. 11

Wittenwiler, Heinrich
Ring

ZDPh 1/85

Wittfogel, Karl August
Der Flüchtling
Der Mann, der eine Idee hatte
Die Mutter
Rote Soldaten

Mennemeier 1
Mennemeier 1
Mennemeier 1
Mennemeier 1

Wölfel, Ursula
Schule und Beruf

AM 1

Wohmann, Gabriele
Abschied für länger
*Alte Frau, ratlos an der Hotelrezeption

Lit. 3/80
Riedler 1

© Schöninghbuch 3 506 77895 1

Ausflug mit der Mutter	Kurz 6 und 7
Denk immer an heut nachmittag	Bachmann VI – Int. IX – TS G 7
Etwas	Volkmann
Frühherbst in Badenweiler	Kurz 6
*Gestern	Kienecker, Lieder
Ich Sperber	Int. VIII – Jugendahl, W.: Erziehungsziel: Sprachliche Verständigung (Kamp). 1978 – Texte D R 9
Januar	DU 3/72
Die Klavierstunde	Bachmann VI – Int. IX – Zobel
Knurrhahn-Stil	Auswahl 10 – Int. VIII
Kompakt	Bachmann VIII – TS G 9
Ländliches Fest	Durzak, Kg.
*Liegenbleiben	Kunert
Muränenfang	Texte D R 10
Nachmittag	Zobel
Rudolph und Aline	UTB 1519
Sand der Enttäuschung	UTB 1519
Schönes Gehege	Kurz 6
Der Schwan	Int. VIII
Verjährt	Durzak, Kg.

Wolf, Christa

Der geteilte Himmel (Auszug)	Basis 6 – Beck 4 – DU 2/81 – Old. Int. 88628 – Rinsum 2
Juninachmittag	Beck 4
Kassandra	BfDL 2/85 – DD Heft 97 – Dörfler – König 372/373 a – Kurz – Lit. 3/85 – Zimmermann III
Kein Ort nirgends	Literarische Utopien von Morus bis zur Gegenwart. Hrsg. von Klaus L. Berghahn und Hans Ulrich Seeber (Athenäum). 1983
Kindheitsmuster	DU 2/78
Moskauer Novelle	Beck 4
Nachdenken über Christa T.	Beck 4 – Berghahn/Seeber (s. o.) – Brauneck II – DU 6/80 – Lehmann IV – Lit. 3/78 – Lützeler – Old. Int. 88628 – UTB 1457
Störfall	DU 5/89
Till Eulenspiegel	Beck 4
Unter den Linden	Beck 4 – Meyer

Wolf, Friedrich

Der arme Konrad	Mennemeier 1
Cyankali	Klett AL 39907
Kunst ist Waffe	Goette
Mohammed	Mennemeier 1
*Der Sprichwort-Song	Peter
Der Unbedingte	Mennemeier 1

Wolf, Ror

Danke schön, nichts zu danken	DU 2/73
*Rammer & Brecher (3. Sonett)	Anth. 7

Wolfenstein, Alfred

*Glück der Äußerung	Reclam 5

© Schöninghbuch 3 506 77895 1

*Hingebung des Dichters   Denkler
*Städter   König 364/365

Wolfram von Eschenbach   Wapnewski, Peter: Die Lyrik
                             Wolfram von Eschenbachs (Beck)
*Den morgenblic bî wahtaeres DU 2/84 — Reclam, Lyrik
  sange erkôs
Parzival   Ehrismann — DU 2/57, 6/62, 2/68
                             und 4/85 — König 152 - 155 — LDU 1
                             — Rinsum 5 — WW 6/71, 3/85 und
                             Sammelband II
(Auszug)   AM 1 — Anal. III
(Prolog)   WW 3/71
Titurel   WW, Sammelband II
*Ursprinc bluomen   Wiese, Lyrik I
*Von der zinnen wil ich gên Schröder, Werner (Hrsg.): Wolf-
                             ram Studien (Veröffentlichungen
                             der WvE-Gesellschaft) (Schmidt).
                             1970

Wolken, Karl Alfred
*Zu früh, fanden wir   Riedler 1

Wolzogen, Karoline von
Schillers letzte Krankheit und Anal. III
  Tod

Wondratschek, Wolf
*Adam jr.   Anth. 10
Deutschunterricht   Goette
*Die Einsamkeit der Männer   Kurz
*In den Autos   Anth. 4 — Hotz 1 — Reclam 6 —
                             UTB 1115
Mittagspause   Bachmann VIII
Postkarten   Rinsum 5
Zufälle   DU 5/71

Des Knaben Wunderhorn
*Das bucklichte Männlein   Anth. 4

Zahl, Peter Paul
*brokdorfer Kantate   Modellanalysen 5
*innenwelt   UTB 1115
*mittel der obrigkeit   Anth. 2

Zaunert, Paul
Die verstorbene Gerechtigkeit WW, Sammelband II

Zech, Paul
*Fabrikstadt an der Wupper   mot. Ged. 10
*Fabrikstraße Tags   Denkler — König 364/365 — Rin-
                             sum 5
*Der Hauer   mot. Ged. 8
*Die Häuser haben Augen aufgetan Denkler

Zehetmeier, Winfried
Kerameikos   Riedler 1

Zeller, Eva
*Berlin   mot. Ged. 10
Die Hauptfrau   Kurz 6
*Jacobs Kampf mit dem Engel Kranz

© Schöninghbuch 3 506 77895 1

Lampenfieber	Kurz 5
Nein und Amen	Kurz
Solang ich denken kann	Kurz
Der Turmbau	Bachmann VI – Int. IX
*Winterpsalm nach dem Tod Gottes	Kurz 7

Zernatto, Guido
*Dieser Wind der fremden Konti- nente	Anth. 11

Zesen, Philipp von
*Ein Jambisch Echonisch Sonnet	Kaiser, Lyrik

Zimmering, Max
*L'art pour l'art	Peter

Zimmermann, Alois
*Requiem für einen jungen Dichter	Meyer

Zinzendorf, Nikolaus Ludwig von
*Lied vor einer Königl. Erb- Printzeßin	Reclam 2

Zoderer, Joseph
Lontano	Kurz

Zollinger, Albin
*Stille des Herbstes	Anth. 2
*Wo aber fliegen die Abendvögel hin	Vögeli I

Zornack, Annemarie
*In Gesellschaft	Riedler 1

Zschorsch, Gerald
*Puppenspieler	Kunert

Zuckmayer, Carl
Barbara Blomberg	Beck 34
*Elegie von Abschied und Wie- derkehr	Prisma 4
Ein Europäer in Hollywood	Prisma 5
Der fröhliche Weinberg	ASL – Beck 34
Der Gesang im Feuerofen	Beck 34
Der Hauptmann von Köpenick	AR 50 – Beck 34 – Grundlagen 6363 – Hinck, Kom. – KdD – König 150 – Lucas – Old. Int. 88605 – RUB 8138(2) – UTB 1498
Schuster Voigt	Goette
Das kalte Licht	Beck 34
Katharina Knie	Beck 34
Kranichtanz	Beck 34
Das Leben des Horace A. W. Tabor	Beck 34
*Lob der Spatzen	Bohusch – Horizonte 1 – mot. Ged. 9
Der Rattenfänger	Beck 34
Der Schelm von Bergen	Beck 34
Schinderhannes	Beck 34
Des Teufels General	Beck 34 – Brauneck – Grundla-gen 6367 – KdD – König 283
Über die Brücke	Prisma 2

Die Uhr schlägt eins	Beck 34
Ulla Winblad	Beck 34
*Die Wölfe	mot. Ged. 9 — Vögeli I

Zur Linde, Otto
*Vorstadt	mot. Ged. 1

Zweig, Arnold
Der Streit um den Sergeanten Grischa	Lehmann III — Reich 2

Zweig, Stefan
*Brügge	mot. Ged. 10
Die Entdeckung Eldorados	Prisma 5
J. A. Suter, der Entdecker Australiens	Texte DU 7
Kampf um den Südpol (Auszug)	Prisma 4
Die Legende der dritten Taube	Anal. III
*Letztes Gedicht	Anth. 13
Schachnovelle	AR 66 — Basis 6 — Manz 2
Wilson versagt	ZDPh 2/88

Zwerenz, Gerhard
Legende vom letzten Gaul	Bachmann VIII
Nicht alles gefallen lassen	DUK 1 — Texte D R 7

© Schöninghbuch 3 506 77895 1